마가렛 수녀는 왜 모두의 적이 되었는가

마가렛 수녀는 왜
모두의 적이 되었는가

The
Burdens of
Sister
Margaret

17세기 수녀원의 내밀한 역사

크레이그 할라인 지음
이영효 옮김

cum libro
책과함께

일러두기

1. 이 책에서 성경 인용문의 번역은 《성경》(한국천주교중앙협의회, 2005)을 참고하였다.
2. 인명과 지명은 외래어표기법을 따랐다. 단 가독성을 해치거나 관행상 영어식으로 표기하는 경우에는 영어식으로 표기하고 외래어표기법에 따라 병기하였다.
   예) Antwerp→앤트워프(안트베르펜), Margaret→마가렛(마르하릿)

호기심 많은 독자에게

외부인에게 수녀원은 신비의 대상이다. 1950년대에 벨기에의 한 텔레비전 다큐멘터리 프로그램은 4세기 이후 호기심 많은 사람들이 궁금해하던 의문을 제기했다. "그 담 뒤에서 수녀들은 무엇을 했을까?"

수녀원을 신비하게 보는 것은 수녀원 생활이 외부에 공개되지 않기 때문이다. 수녀원에 들어가는 여성들은 우리 모두가 사랑하는 세속의 세계를 거부한다. 그들의 의복은 유행을 무시한다. 수녀원은 절제를 강조한다. 수녀원의 벽은 세속과 분리됨을 상징한다. 우리가 그들을 이해하기 위해 접할 수 있는 자료들은 개인감정이나 실제 경험보다 공식 기록이나 단체 이념을 담은 것들이 단연 많다. 그들의 내밀한 생활을 자세히 알 수 있는 경우는 대개 스캔들을 일으킨 수녀나 성녀 등 예외적인 사례를 통해서이다. 왜냐하면 이들은 '일반' 수녀들보다 수녀원에 대해 더 많은 자료와 소문을 만들어냈기 때문이다.

나는 옛 스페인령 네덜란드(대략 현재의 벨기에 지역) 수녀원들의 기록 보관소에서 여러 해 여름을 보내면서 그 사실을 확신하게 되었다. 나는 이 여성들이 어떻게 살았는가를 구체적으로 밝혀줄 기록을 찾으려는 희망으로 자료를 뒤졌다. 하지만 수녀원 규칙을 기록한 화려한 장식의 책들, 탑처럼 쌓아 올린 지루한 법률 문서들, 성자와 같은 놀라운 행적을 자세히 기록한 두터운 기록부들만을 찾아냈다. 인간미를 드러내는 사적인 편지는 단 한 통도 찾기 어려웠다. 그런데 어느 날, 베들레헴이라는 이름을 가진 한 수녀원의 내밀함을 알려주는 한 다발의 자료를 기적같이 발견했을 때의 나의 기쁨이란. 베들레헴 수녀원은 옛 대학 도시인 뢰번(루뱅)Leuven에 수백 년 동안 남아 있었다. 약 5분 동안 자료를 들춰본 후에 내가 이제까지 찾던 것이 바로 이 자료임을 깨달았다.

그것은 단순히 이 사료 다발이 수백 년 된 것이기 때문만은 아니다. 이 문서 보관소에는 그처럼 오래된 자료들이 이것 말고도 아주 많았다. 자료의 양이 많아서도 아니다. 심지어는 중세 때부터 남겨진 엄청난 자료들을 소장한 수녀원들도 여러 곳에 달했던 것이다. 수녀원의 명성이 나의 관심을 끈 것도 분명 아니다. 베들레헴은 뢰번과 그 주변에 있는 스물네 개의 수도원들 중에 가장 초라한 수도원이었다. 이 사료 뭉치가 특별한 것은 바로 그 자료들이 공식 기록을 훨씬 능가하는 내용을 담고 있어서였다. 즉 한 장 한 장 모두 수녀들 자신이 기록한 것이었다.

자료 대부분이 수녀들의 감정에 대해 간간이 아주 조금씩 전할 뿐이고, 수녀원의 신앙생활에 대해 공식 방문자들이 남긴 지루하고 상투적인 이야기들을 전하거나 규범은 친절하게 기록하면서 그 실천 행적에 대해서는 무심한 진술을 남긴 데 반해, 이 사료에는 숨 막히게 자세한 내용과 열정이 담겨 있었다. 나는 이 자료들이 지금까지 어떻게 보존될 수 있었는지 놀랐고, 그 자세한 내용에 놀랐으며, 정기적인 침묵 수행을 맹세한 수녀원에서 벌어진 소란에 놀라고, 그리고 자료에 드러난 다양한 관점에 놀랐다. 더욱 매력적인 것은, 이 자료가 수녀원의 규칙적인 생활을 다루고 있으면서도 내가 찾고 있던 수녀들의 '온갖 자질구레한' 이야기를 더 많이 담고 있다는 점이다. 물론 어떤 공동체나 가정에서처럼 베들레헴 수녀원에서도 떠들썩한 사건이 발생했다.

베들레헴 수녀원의 기록은 유럽 종교사에서 특히 극적인 시대였던 1600년에서 1650년 사이, 즉 초기 종교개혁 직후의 시기에 대한 것이 가장 많다. 마르틴 루터Martin Luther, 장 칼뱅Jean Calvin, 혹은 영국의 헨리 8세Henry VIII가 이끈 프로테스탄트 종교개혁 외에도 가톨릭 종교개혁이 전개되었다. 교황 바오로 3세Paulus III, 이그나티우스 로욜라Ignatius Loyola, 스페인의 가톨릭 국왕 펠리페 2세Felipe II, 혹은 기념비적인 트리엔트 공의회(1545~1563)가 그 주역이었다. 그러나 역사가들은 오랫동안 이 종교적 사건의 대단한 주역들만을 더 많이 연구했고, 실제로 가톨릭 종교개혁이 어떻게 작동하였는지 그 방대한 측면에 대해서는 잘 알지 못했다. 매우 다양한 모습으로 전개된 가톨릭 종교개혁은 특정 시대와 장소의 일반 성직자 혹은 평신도들에게 과연 무엇을 의미했는가? 이 질문에 답하기 위해서는 개인들 혹은 수백 명의 사람들, 다양한 집단들, 그리고 그들의 고백 내용들을 살펴봐야 하지만, 이 책에서 자세히 살펴볼 집단은 바로 '여성 수도자'인 수녀원 여성들이다.

이 여성들은 항상 가톨릭 유럽 사회의 소수자였다. 하지만 그들은 수적으로나 심리적으로나 중요한 소수 집단이었다. 어떤 곳에서는 수녀들의 총 인원이 남자 수도자들의 수를 능가했다. 16세기 중반에는 저지대 국가들(대략 지금의 네덜란드와 벨기에에 해당) 전체에 약 1만 명의 여성 수도자들이 있었다. 그 수는 남성 성직자 수의 세 배였다. 그리고 일반인들, 성직자, 도시 관리들이 여성 수도자의 행위 규범에 대해 매우 잦은 의견 표명을 했다는 것은, 수녀원이 단순히 그 숫자를 넘어서는 영향력을 행사했음을 암시한다. 그들이 남긴 자세한 기록을 보면, 베들레헴의 소박한 프란체스코회 수녀들도 당시의 주요 종교 논쟁에 직면했음을 알 수 있다. 나는 그들의 경험이 가톨릭 종교개혁의 중요한 부분을 생생하게 보여줄 것이라고 판단했다. 이 자료들은 베들레헴 수녀원에 대해서만 말해주는 것이 아니라, 로마 가톨릭 신자들이 여전히 여성들의 이상적 삶으로 여기던 수녀원 생활 모습을 보여준다(베들레헴 수녀원은 어떤 면에서는 전형적인 수녀원이었고 또 다른 면에서는 그렇지 않았다). 이 시기의 많은 기관들처럼 수녀원도 개혁을 해야 한다는 상당한 압박을 받았다. 즉 수녀원을 더 엄격하게 유지할 것, 더 주의 집중하여 성가를 부를 것, 더 열성적으로 기도할 것, 더 근면하게 노동할 것, 더 검소하게 옷을 입을 것, 더 자애롭게 사랑할 것, 그리고 더 신속하게 복종할 것 등이 요구되었다.

종교개혁 시기의 수녀원 생활에 대한 이 세밀한 그림의 무대는 작은 공간이며 등장인물의 수도 적다. 또한 트리엔트 공의회의 영향을 받았던 시기 중의 짧은 기간을 다루고 있다. 그러나 다른 미시사와 마찬가지로 이 그림은 더 큰 주제 및 운동과 연관이 있다. 이러한 연관성은 종종 겉으로 명시되기보다 내러티브 속에 새겨져 있기 때문에 여기서 간단히 그에 관해 언급하겠다.

첫째, 베들레헴에서 일어난 일들은 여러 점에서 17세기 스페인령 네덜란드에서만 볼 수 있는 혹은 이 수녀원에서만 일어난 사건들일 수 있다. 그러나 그들이 당면한 도전은, 중세 초기 이후 계속해서 유럽 대부분의 가톨릭 수도자들이 겪었던 경험이다. 즉 특별한 우정 대

보편적 사랑, 이단 대 복종, 개인의 주장 대 공동체의 요구, 세속적 필요와 사치를 구분하는 것, 세속 세계에 살면서 그와 거리를 유지하는 것 등은 항상 수도원 생활의 주된 갈등이자 도전이었다.

둘째, 이 수녀들의 경험 그리고 그 이전과 이후 다른 수녀들의 경험은 그들이 여성이었다는 사실에 매우 큰 영향을 받았다. 여러 역사가들이 보여주었듯이, 여성을 성직자로 임명하지 않는 전통과 함께 여성들에게 더 엄격한 수도원의 규율은 같은 수도자이지만 남성과 여성의 생활에 큰 차이를 가져왔다. 즉 성별로 다른 기대를 유발했으며, 그들의 정치적 영향력과 교회 조직에서의 영향력 차이도 가져왔다. 여성이 남성보다 더 마법에 걸리기 쉽다는 오랜 믿음도 역시 비슷한 차별이며, 이 이야기에 나오는 수녀들도 그러한 차별적 인식의 대상이었다.

셋째, 베들레헴 내부와 주변에서의 갈등이 항상 (여성) 수녀원 대 (남성) 성직자 집단의 문제였던 것은 아니다. 때때로 수녀 대 수녀, 성직자 대 성직자, 심지어 일부 수녀들과 성직자들 대 다른 수녀들과 성직자들의 갈등이 있었고, 그 모두는 평신도와의 연합과도 얽혀 복잡했다.

마지막으로 그리고 매우 완곡하게 내가 제안하는 것은 (최근 다른 연구자들도 말한 바 있지만 나 스스로도 바라건대) '가톨릭 종교개혁'이라는 포괄적인 용어를 사용하여 행위자들의 이념과 행동을 정의하는 대신 당시 행위자들이 저지른 잘못, 현명함, 모순 등을 드러내 그 용어에 생명을 불어넣자는 것이다. 종교개혁을 실현하려는 교회 관료들의 큰 역할에도 불구하고, 그 과정은 상부 사람들이 결정하고 하부 사람들이 복종하는 단순한 일방통행이 아니었다. 오히려 그것은 마가렛(마르하릿) 스밀더르스Margaret Smulders 수녀와 다른 베들레헴 수녀들 같은 수백만 평범한 인물들의 의지와 욕망을 내포했다. 종교개혁은 트리엔트 공의회에 의해 영구히 그리고 보편적으로 그려진 선명한 청사진이 아니었다. 오히려 그것은 지방이나 지역의 차이를 허용하는 일련의 가이드라인이었다. 사실 종교개혁의 중요한 부분은 그 지침들에 대해 말과 행동으로 논쟁하는 것이었다. 더구나 베들레헴이나 다른 공동체에서 벌어진 논쟁이 모두 가톨릭 종교개혁에 대한 것은 아니었다. 여성 수도원 생활의 계속된 시련은 종교개혁 시기의 일반적인 교회 개혁 사건들과는 종종 아무 관계가 없었다. 그러므로 내가 가장 관심을 갖고 중요하게 생각한 것은, 실체 없는 꼬리표를 붙이기보다 움직이는 등장인물들을 만들고 실제 개개인이 신앙생활을 영위하고 재구성하는 것을 보는 것이었다.

이제 과감한 주장과 추측은 충분히 했으므로, 나는 이야기를 형상화하는 훨씬 재미있는 작업으로 이 책의 남은 부분을 채우도록 하겠다.

이번에 나온 새 판본은 1994년에 출판된 하드커버본의 약 3분의 2 분량으로, 1628년에서 1633년 사이에 베들레헴 수녀들이 수녀원 생활의 속성에 대해 쓴 풍부한 내용의 편지들을 자세히 다룬 2부의 내용을 많이 축약했다.

레스컨 요스 Lesken Joos: 1609년부터 베들레헴 수녀원의 평신도 수녀; 수녀원 진료소의 책임자; 헨리 요스Henri Joos의 조카 혹은 사촌; 아드리아나 트라위스Adriana Truis의 지지자.

마가렛 스뮐더르스: 1606년부터 1648년 죽을 때까지 베들레헴 수녀원의 종신 서원 수녀; 수녀원에서 두 번(1616~1618, 1624~1636) 추방당함; 아드리아나 트라위스의 주요 비판자.

마리아 요스 Maria Joos: 1609년부터 1660년 사망할 때까지 베들레헴 수녀원의 종신 서원 수녀; 1629년부터 재무 담당 수녀; 헨리 요스의 여동생; 아드리아나 트라위스의 지지자.

마리아 코닝크슬로 Maria Coninxloo: 1619년부터 1670년 죽을 때까지 베들레헴 수녀원의 종신 서원 수녀; 수녀원장 아드리아나 트라위스의 비판자이자, 수녀원 부원장인 카타리나 레이케부르Catharina Rijkeboer의 지지자.

마티아스 호비위스 Mathias Hovius: 1596년부터 1620년 죽을 때까지 메헬렌의 대주교; 마가렛의 고난 초기 베들레헴 수녀원 감독권을 가진 주교; 헨리 요스를 고해신부직에서 해임시킨 책임자.

바르바라 노선 Barbara Noosen : 1595년경부터 1625년 죽을 때까지 베들레헴 수녀원의 종신 서원 수녀; 1619년부터 수녀원장.

아드리아나 트라위스 : 1605년부터 1668년 죽을 때까지 베들레헴 수녀원의 종신 서원 수녀; 1613년경부터 1629년까지 재무 담당 수녀; 1625년부터 끝까지 수녀원장; 헨리 요스의 친구.

안나 피흐나롤라 Anna Vignarola : 1624년부터 1673년경 죽을 때까지 베들레헴 수녀원의 종신 서원 수녀; 1635년부터 1668년까지 수녀원 부원장; 1650년 이후 재무 담당 수녀; 아드리아나 트라위스와 헨리 요스의 주요 지지자.

야코프 보넌 Jacob Boonen : 1621년부터 1655년 사망할 때까지 메헬렌의 대주교; 마가렛이 고난을 겪던 대부분의 기간 동안 베들레헴 수녀원 감독권을 지닌 주교.

요스트 바우카르트 Joost Bouckaert : 스헤르펜회벌Scherpenheuvel에 세워진 유명한 순례 성당의 사제를 1610년부터 담당; 1619년부터 디스트Diest의 교구장; 1639년부터 1646년 사망할 때까지 이페르의 주교; 1624년부터 마가렛 스뮐더르스의 성실한 고해신부이자 후원자.

요안나 스훈세터르스 Joanna Schoensetters : 1623년부터 베들레헴 수녀원의 평신도 수녀; 요리사; 아드리아나 트라위스에 반대한 수녀원 유일의 평신도 수녀.

카타리나 레이케부르 : 1617년부터 1635년 죽을 때까지 베들레헴 수녀원의 종신 서원 수녀; 1626년부터 수녀원 부원장; 아드리아나 트라위스의 소극적 비판자.

페테르 판데르 빌 Peter Van Der Wiel : 메헬렌 성당 참사회의 장기 부주교 및 야코

프 보년 대주교의 총대리; 1643년 죽을 때까지 베들레헴 수녀원의 정기

공식 방문자.

헨리 요스: 1604년부터 1618년 해임될 때까지 베들레헴 수녀원의 고해신부;

1624년부터 1638년 죽을 때까지 몰Mol의 사제; 레스컨 요스의 친척이자

마리아 요스의 오빠.

차례

1부 어떻게 거의 모든 사람이
마가렛을 싫어하게 되었는가?

회상

1618년 5월, 성모 마리아의 달, 베들레헴 수녀원의 객실. 수프와 계란으로 점심식사를 할 즈음 방문이 임박했다는 소식이 창살문을 통해 전해졌다. 이때 수녀는 종종 방문이 연기되던 불쾌한 경험을 떠올렸고, 이내 대주교 일행이 늦더라도 방문 약속은 지킨다는 사실을 상기했다. 그래서 손을 부여잡고 기다리기보다는 그들이 도착할 때까지 동료 수녀들의 잘못을 기록하기로 했다. 그녀는 할 이야기가 정말 많았다. 하지만 수녀원에 잉크와 종이가 충분하지 않으므로 모든 이야기를 하지는 않을 생각이었다. 또한 수녀원의 명성을 완전히 무너뜨리고 싶지도 않으므로 그녀는 다른 수녀들이 자신을 비난할 이유가 없다는 것을 보이는 정도로만 폭로할 셈이었다.

물론 그녀에게 죄가 없는 것은 아니었다. 사실 그녀는 자신의 죄를 과연 용서받을 수 있을지 의심했다. 그러나 자신의 죄가 구제받지 못한다면, 자신을 이 객실로 추방한 저 성인인 체하는 위선적인 방탕자들은 더더욱 구제받을 수 없다고 그녀는 생각했다. 자신처럼 의지가 확고하고 신의 은총을 추구하는 중년의 수녀가, 어떻게 자신의 삶을 바치기로 맹세한 수녀원에서 추방되는 모욕을 당한단 말인가? 수녀원에 붙은 객실로 쫓겨난 것은 아주 먼 곳으로 가는 것보다 더 나빴다. 수녀들을 가까이 보면서 추방을 초래한 모든 소소한 굴욕의 상처가 더 생생하게 되살아났고, 다른 수녀들이 자신을 미워하는 것도 매일 상기되었기 때문이다. 심지어 수녀원 고해신부도 그녀를 위안해주지 않았다. 그녀가 신부의 위로를 거부했기 때문이 아니라, 그가 정식으로 그녀의 고해를 거부했다. 그는 그녀의 불명예를 가중시켰고, 특별히 예수회 고해신부를 보내겠다는 약속도 지키지 않아 그녀를 분노하게 만들었다. 그녀는 지금까지 3년간 예전과 같은 잘못을 저지를 징후도 보이지 않았고 다른 수녀들의 실수와 잘못도 목도했기 때문에, 왜 그들이 계속 자신을 그토록 무시하고 그들과 함께 살 기회를 다시 주지 않는지 궁금했다. 그들은 자신들의 결점이 얼마나 많은지를 깨우치기만 한다면, 그녀의 잘못을 이해하고 용서할 것이다.

그녀는 수녀원의 내막을 많이 알 수는 없었지만, 여전히 성가대에 앉는 것이 허용되었고 수녀원 내부 사람들에게서 믿을 만한 소식을 들었다. 또한 쫓겨나 있는 객실에서, 방문을 기꺼이 반기는 수녀들과 만나는 외부인들의 끝없는 흐름을 관찰했다. 그녀가 보고 들은 것은 대부분 대주교의 최근 개혁에 어긋나는 것이었으며 수백 년 된 수도원의 규범도 거스르는 것이었다. 그러한 위반 사항을 알려야 한다. 그리고 이번에는 그녀나 다른 수녀가 해왔던 것보다 훨씬 지속적으로 자세히 보고해야 한다. 지난 20년 동안 베들레헴을 방문한 성직자와 한 모든 면담에서, 그녀는 자신이 옳거나 그르다고 알고 있는 것을 양심에 따라 밝히겠다는 통상적인 맹세를 해왔다. 그러나 지금 그녀는 과거처럼 간단한 구술 증언을 하는 데서 더 나아가, 수녀원의 잘못들을 하나하나 열거하는 연대순 기록을 더할 생각이다. 그처럼 극단적인 일을 하지 않으면, 수녀원은 예전처럼 미적지근한 상태가 계속되다가 점점 악화될 것이다. 물론 객실에 있는 그녀 자신의 불행한 상황도 재고되어야 한다. 만약 그녀의 죄가 다른 수녀들의 죄보다 크지 않다고 대주교가 확신한다면 그녀의 상황은 개선될 것이다. 그녀는 유명한 자서전을 쓴 아빌라의 테레사Teresa of Avila처럼 혹은 지역의 존경을 받은 헨트Gent의 마리아 페티트Maria Petyt처럼 영적인 저자가 아니다. 하지만 그녀는 자신이 비교가 안 될 정도로 영적인 보고자임을 증명할 것이다.

그녀의 유일한 친구인 카타리나 레이케부르 수녀가 새 종이를 전해주자, 그녀는 감추었던 지난 일들을 떠올리며 새로 그려진 성 요셉 그림을 응시한 후 곧 써나가기 시작했다. 글을 쓰는 데는 어떤 그럴싸한 형식이 필요하지 않았고, 기록해놓은 것도 없었으며, 특별히 주의해서 강조해야 할 점도 없었다. 그녀가 말하고자 하는 것은 그녀 내부에서 오랫동안 불타고 있었기 때문이다. 그녀는 한 달 넘은 기억과 온갖 불행한 일화들의 보고를 뒤졌다. 그리고 드디어 감정에 호소하며 쓴 서른두 장의 빽빽하고 커다란 노트가 완성되었다. 그것은 잘 정돈되고 세련된 화려한 노트와는 거리가 멀었다. 그녀는 주의를 끄는 서문, 매끄럽게 이어지는 장면 전환, 간결한 문장, 혹은 명료한 결론 그 어느 것도 신경 쓰지 않고, 다만 대주교가 수녀원의 수많은 문제들 특히 최근에 원장을 맡게 된 아드리아나 트라위스에 의해 초래된 문제들을 인지하도록 하는 데 집중했다.

아드리아나가 남자 및 여자 친구들에게 감당할 수 없는 사치스러운 선물을 하고, 자기 편 사람들만을 아끼고, 부책임자인 부원장을 소외시키는 것에 대해 대주교는 어떻게 생각할까? 원장은 놀랍게도 부원장에게 "너무 퉁명스럽고 심술궂게" 말하곤 했다. 원장은 부끄러운 줄도 모르고 이전 고해신부와 창살문에서 장난을 치며 놀았다. 그곳은 외부인들과 대화하도록 면회실에 마련된 빗장 쳐진 구역이었다. "원장은 고해신부 이야기를 하거나 그에 관한 말을 들을 때면 자신의 심장이 얼마나 빨라지는지 모른다. 원장은 자신도 모르게 그러한 모습을 보이고 종종 수상쩍은 냄새를 풍겼다." 이 사례로도 부족하다면, 원장이 인부들에게 보인 수치스러운 나약함은 어떤가? 그녀는 작업과는 아무 관련이 없는 시시껄렁한 주제에 대해 인부들과 "앞에서 뒤에서, 위에서 아래에서, 아침 일찍 그리고 저녁 늦게" 이야기를 나누었다.

혹은 원장의 아랫사람인 방자한 어린 수녀 안나 피흐나롤라는 어떤가? 원장과 안나 수녀는 "마치 사랑에 빠진 바보들처럼" 종종 함께 걷곤 했다. "그들은 팔짱을 끼거나, 팔로 서로의 목을 감싸 안거나, 마치 교회 뜰에서 금방이라도 춤출 것처럼 손을 맞잡고 걸었다. 아무도 그들을 보지 않는다고 생각하는 것 같았다." 원장이 안나를 사랑하는 것의 100분의 1이라도 나머지 수녀들을 사랑했다면, "그것으로 충분했을 것이다". 안나는 성당 바닥이 왁스 찌꺼기로 덮일 만큼 많은 초를 써서 숨 막힐 정도로 성가대석을 화려하고 사치스럽게 장식하는 데 몰두했는데, 대주교는 그것을 어떻게 용인할 것인가? 더구나 안나는 미사를 집전하러 온 젊은 지도신부에게 위험할 정도로 빠져들었다. 또한 원장이 그렇게 존경하는 고해신부에게 과도하게 헌신하기도 했다. 다른 외부인에게 보인 안나의 애정은 또 어떠한가? 방문자가 누구든 "그들이 어느 나라 어느 지역에서 온 사람이든, 세속인이든 성직자든, 그들이 있는 곳에" 안나가 있었다. "그들은 안나를 한 번 보기만 하면 혹은 대화를 나누기만 하면, 모두 그녀와 친구가 되고 싶어 했고 그녀와 함께 있기를 원했다. 만약 개가 거리에서 뛰쳐나오면 그녀는 순식간에 개와도 친구가 될 것이라고 우리들은 종종 말하곤 했다.”

수녀들이 “그처럼 급하고 성의 없이 서로 속도를 앞질러 가며 하는” 성가대에 어떤 방문자가 감동을 하겠는가? 그것은 성무일도(매일 정해진 시간에 하느님을 찬미하는 교회의 공적公的 공통 기도—옮긴이)가 아니라 마치 하나의 익살극 같았다. “가장 많이 그리고 가장 빨리 침을 흘리는 수녀가 가장 큰 상과 칭찬을 받는” 곳이었다. 거만한 마리아 수녀가 부원장을 향해 “마치 개가 짖는 것처럼” 소리치는 것은 또 어떤가? 혹은 원장 진영의 마지막 구성원인 낮은 지위의 평신도 수녀가 수녀원을 마음대로 들락날락하고, 종신 서원한 수녀들에게 명령을 내리고, 수녀원의 과거 불명예스러운 이야기들과 심란한 소식들을 반복하는 것은 어떤가? 마가렛은, 일부 수녀들이 그녀의 방 아래층 객실에서 특별한 외부 손님들을 맞을 준비를 소란스럽게 하면서 기도와 공동 노역을 빼먹는 것을 잘 알고 있었다.

어떤 기억들이 그리고 어떤 강렬한 감정들이 마가렛 수녀로 하여금 이 시대 어느 수녀의 기록보다 수도원 생활에 대한 중요한 이야기를 쓰게 했는지는 그녀 자신만이 알고 있다. 수녀원이 바른 길로 가기를 바라는 그녀의 희망이 정확히 어디서 끝날지 그리고 복수를 향한 그녀의 욕망이 어디서 시작했는지도 그녀만이 알고 있다. 그러나 그녀가 남긴 편지의 엄청난 양만 보더라도 이 이야기는 단순히 수녀원 내부 결함에 대한 가벼운 기술에 그치지 않았다. 수녀들은 빽빽이 쓴 짧은 편지들에서 수녀원의 가장 쓰라린 결점들도 보고했다. 마가렛의 과거를 보면, 그녀가 어떻게 수녀원 밖으로 쫓겨났고 왜 그녀가 수녀원 꼭대기에서 외로운 참새처럼 수녀원을 감시하기 시작했는가를 더 명확하게 보여주는 다른 단서들이 있다.

Part 1

어떻게
거의 모든 사람이
마가렛을
싫어하게 되었는가?

시작

1604년부터 1616년까지 어린 수녀. 마가렛이 보낸 음울한 어린 시절의 이야기는 그녀가 애초에 어떻게 해서 수녀원에 들어오게 되었는가를 말해준다.

베들레헴에 들어온 다른 수녀들처럼, 그녀의 고향이 브뤼셀 근처 스탈러Stalle라는 것을 제외하고는 어린 시절과 청소년 시절에 대해 알려진 바가 없다. 가족에 관해 부모의 이름이 안드리스 스뮐더르스 Andries Smulders, 마리아 안드리스Maria Andries라는 것과, 1년에 6플로린이라는 적은 금액만 수녀원에 내겠다고 했을 정도로 수입이 미미한 사회계층이라는 것만 알려져 있다. 1604년에 입회할 때 그녀의 나이를 통해서도 어떤 다른 것을 추측할 수 없다. 21세는 당시 젊은 여성이 수녀 생활을 시작하는 전형적인 나이였기 때문이다.

유일하게 아주 사소한 단서 하나가 그녀의 입회 동기를 말해준다. 즉 마가렛은 트리엔트 공의회 이후 어지러운 시기에 다른 많은 여성

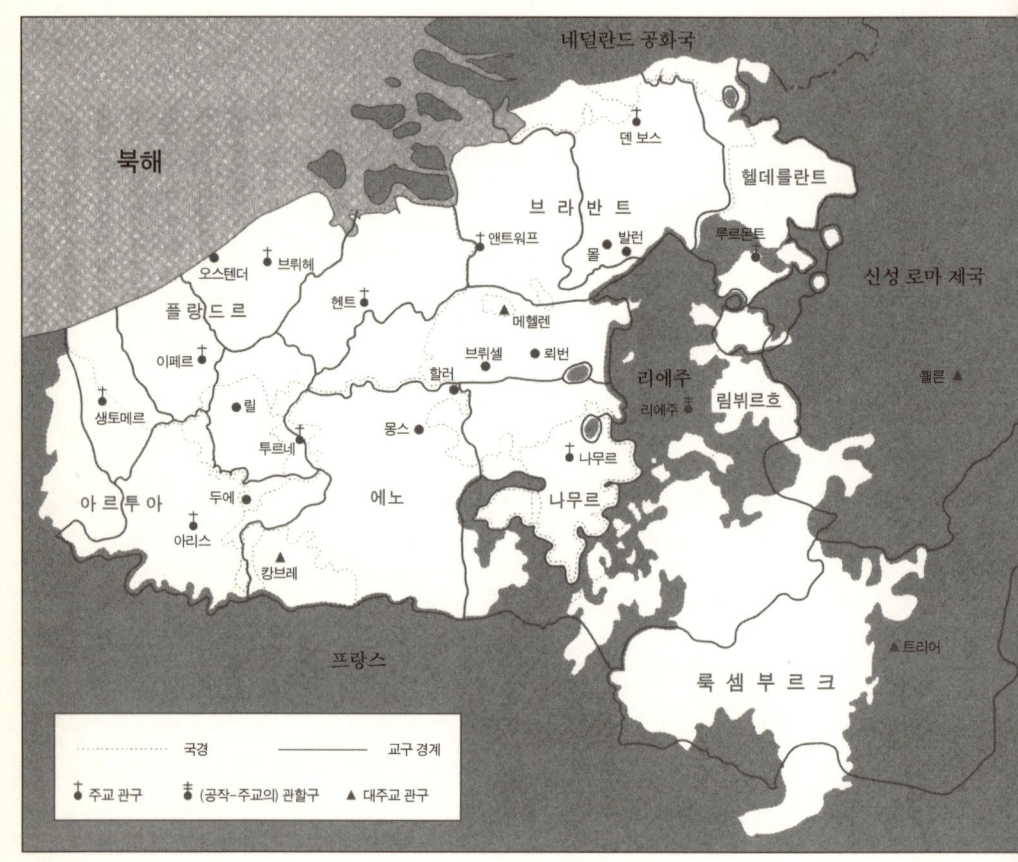

네덜란드 공화국

북해

헬데를란트

덴 보스

브 라 반 트

신성 로마 제국

오스텐더 · 브뤼헤

앤트워프 · 몰 · 발런

루르몬트

플 랑 드 르

헨트

쾰른 ▲

이페르 ·

메헬런 ▲

림뷔르흐

생토메르 ·

· 릴

브뤼셀 · 뢰번

리에주

할러

리에주 ♠

아 르 투 아

투르네 ·

몽스 ·

에 노

나무르 ·

나 무 르

두에 ·

아리스 ·

캉브레 ▲

프랑스

트리어 ▲

룩 셈 부 르 크

··········· 국경   ———— 교구 경계

♦ 주교 관구   ♠ (공작-주교의) 관할구   ▲ 대주교 관구

스페인령 네덜란드
(출처: 미국 브리검영 대학교 지리학과)

들처럼 진심으로 수녀원에 이끌렸다. 딸 많은 부모가 결혼 지참금보
다 더 싼 수녀원 지참금을 선호하여 딸을 강제로 들여보내거나, 조카
딸이 세속 세계를 떠나면 그 유산을 받게 되는 비열한 보호자 삼촌이
강제로 수녀원에 보낸 경우가 아니었다. 1606년 4월에 수녀 서원을

위한 면담에서 마가렛은 대주교의 대리인에게 다음과 같이 말했다. 즉 자신은 오랫동안 이 수녀원에 들어오고 싶어 했으며, 누구도 그녀에게 수녀원에서 지내라고 강요하지 않았고, "신에게 더 잘 헌신하기 위해" 자신의 남은 생애를 수녀원에서 보내기를 희망한다고.

베들레헴의 다른 수녀들도 비슷하게 말했다. 심지어 판에 박은 듯한 신앙고백에서 더 나아가 자신들이 자유의지로 입회했다는 것을 대면자에게 확신시키려 했다. 즉 가족의 압박이나 경제적인 이유에서 혹은 실패한 연애에 대한 낭만적인 반응으로 입회한 것이 아니라고 했다. 하지만 이것들은 모두 진부한 상투어일 뿐이다. 설사 그렇더라도 누가 그렇게 말하겠는가? 트리엔트 공의회 포고문이 자발적인 입회 이념을 강조했지만, 수녀원에 입회하는 여성들은 온갖 감정의 영향을 받았을 것이라고 우리는 추측할 뿐이다. 마가렛의 경우에 중요한 것은 수녀가 되겠다는 결정을 스스로 했음을 밝혔다는 점이다.

또 하나 분명치 않은 점은 마가렛이 어떻게 해서 스무 명에 달하는 프란체스코회 수녀들이 있는 이 수녀원에 들어오게 되었는가 하는 점이다. 수녀원이 많은 시대였지만, 아무리 규모가 작은 수녀원일지라도 입회 경쟁 탓에 연줄이 중요했다. 특히 이탈리아의 페시아Pescia처럼 입회 신청자 경쟁률이 3 대 1에 달할 경우에는 더욱 그러했다. 베들레헴 수녀들 대부분이 뢰번 지역민이 아니었고 브뤼헤, 헨트, 혹은 브뤼셀처럼 먼 곳에서 왔다는 사실도 역시 후원 관계가 작용했다는 것을 암시한다. 마가렛이 어떻게 베들레헴을 알게 되었고, 입회 당시의 경쟁은 얼마나 치열했으며, 젊은 여성을 이 수녀원에 지명할 권리를 갖는 후원자를 마가렛 집안이 어떻게 알게 되었는가가 궁금한 점이다.

마가렛의 결정에 영향을 미친 또 다른 것은 그녀 집안의 재정 상태와 사회적 지위였을 것이다. 즉 자신이 생각하는 수녀원의 명성과 재원이 자기 집안의 형편에 부합했느냐의 여부이다. 아마도 마가렛은 베들레헴이 자신만큼 가난하기 때문에 그 수녀원을 목표로 한 것이 아니었을까. 그 당시 베들레헴은 남부 네덜란드의 다른 많은 수도원들처럼 네덜란드와의 전쟁으로 큰 타격을 입었다. 과거에는 전체 **네덜란드**(저지대 국가들을 의미)의 17개 지역이 카를 5세Karl V 황제(1500~1558)와 그의 아들인 펠리페 2세(1527~1598)의 통치하에 느슨하게 통일되어 있었다. 그러나 1560년대에 여러 지역이 프로테스탄트 종교의 이름으로 혹은 전통적인 네덜란드 자치라는 명목으로 펠리페 2세에 대항하여 반란을 일으켰다. 1585년경에 남부 지방이 스페인에 충성을 선언했고 그 후 스페인령 네덜란드Spanish Netherlands로 불렸다. 반면 북부 지방은 독립을 선언했고 새로운 네덜란드 공화국Dutch Republic이 되었다. 그 결과 1648년까지 북부와 남부는 계속 전쟁을 벌였고, 베들레헴처럼 초라한 수녀원에도 정치적 변화와 물질적 손실을 초래했다.

그러나 전쟁만이 베들레헴을 옹색하게 만든 것은 아니었다. 그 수녀원은 1402년에 창립될 때부터 가난했다. 라우렌트 더 프루더Laurent de Vroede라는 사람이 "프란체스코Francesco 성인의 제3수도회에 소속된 가난한 수녀들을 위해" 뢰번에 있는 황폐한 집과 정원을 남겼다. 그 집은 시의 신新경계 안에는 속하지만 구舊경계 밖에 있는 꽤 외진 지역에 위치했고 그 이웃집은 반 헛간이었다. 수십 년 동안 수녀들은 어엿한 교회도 없이 건물 일부를 개조한 방을 임시변통 성가대석으로 쓰고, 그곳에서 성가를 부르고 기도하고 미사를 올렸다. 이렇게 소박하게 시작했지만 점차 공간을 늘려갔다. 입회하려는 수녀의 수가 늘고 독실한 기증자의 재원이 쌓이면서 16세기에는 조그만 새 교회를 지었다. 다른 수녀원들의 성장 모습과 마찬가지로, 베들레헴 수녀들은 건물을 기증 받거나 기부 받은 자금으로 지은 건물들을 주변에 서서히 늘려 나갔다. 그러나 수녀원의 물질적 수준, 프란체스코 수도회에서의 지위, 그리고 대부분 수녀들의 사회적 배경은 플랑드르 지방의 크림치즈만큼이나 오래도록 소박한 채로 유지되었다. 상층 가문에는 매력적이지 못했던 베들레헴은, 미혼 딸들의 거처를 물색 중인 중산층 혹은 간신히 중류층에 속한 가문에 주로 호소했다. 혹은 가장 이상적으로, 아시시Assisi의 프란체스코 성인의 삶의 방식에 부름을 받았다고 느끼는 젊은 여성들에게 호소했다.

4세기 이집트에서 수도원이 만들어진 이후 그리스도교 여성들은 세속과의 결별이라는 이념에 사로잡혔다. 특별히 여성들을 위한 최초의 수도원 '규칙' 혹은 일련의 규범들은 5세기 초에 만들어졌다. 그 이후 셀 수 없는 수도회들이 탄생했고, 각 수도회는 독특한 특징을 지녔으며, 대부분 남성 수도원과 여성 수도원을 두었다. 일부 수도회는 여성 수도회를 해체했지만, 마가렛의 시대에 여성 수도자의 수는 급격히 증가했으며 비방자들도 그들의 존재를 당연하게 받아들였다. 사실 여성이 선택할 수 있는 수도회의 종류가 이 당시에는 너무 다양해서, 특정 집단의 기원을 찾기란 쉬운 일이 아니었다.*

베들레헴의 역사는 다른 수녀원만큼 복잡했다. 베들레헴은 13세기

---

* 나는 'monastic(수도사)'이라는 용어를 말 그대로 혹은 상징적으로 세속과 결별한 모든 수도자들을 포함하는 말로 광범위하게 사용한다. 프란체스코회와 도미니크회의 탁발 수사들은 수도사가 아니며, 아우구스티누스 교단의 수사와 수녀들도 수도사가 아니다. 하지만 그들 모두는 전문 수도자 세계의 일원이었다.

초에 창건된 프란체스코 수도회의 이른바 제3수도회에 속했다. 원래 제3수도회는 세속 세계를 떠나 프란체스코회의 제1수도회(남성)나 제2수도회(여성)에 합류할 수 없는 일반인들(세속적 책임감을 떨칠 수 없었던)로 구성되었다. 그들은 세속 세계의 한가운데에서 더 독실한 삶을 추구했다. 그들은 스스로 마련한 회개 의복을 입고, 기도 규정을 준수하고, 주기적으로 금식을 하고, 규칙적인 고백성사를 하며, 겸손과 자선을 실천함으로써 자신들의 헌신을 표현했다.

그러나 이 시기에 신앙을 추구하던 대부분의 사람들은, 제1수도회와 제2수도회처럼 세속과 결별하는 전통적인 수도원 생활에 여전히 더 깊은 관심을 가졌다. 그것은 경건하게 청빈·정결·순명을 맹세하고, 표준 규칙 아래 공동체 생활을 하고, 침묵을 지키고, 성무일도(하루에 일곱 번 올리는 기도)의 공동 성가를 부르는 것을 의미했으며, 여성들에게는 엄격한 은둔 생활을 의미했다. 이러한 전통적인 수도원 생활양식은 점차 프란체스코회의 제3수도회에 의해 모방되었고, 1377년에는 제3수도회의 '정식' 수도사 집단이 세속적인 양식의 제3수도회와 자신들을 구별하기 위해 자체 규범을 만들었다. 일부 여성 제3수도회는 프란체스코 수도회 특징 중의 하나를 계속 지켰다. 그것은 병자를 돌보거나 소녀들을 교육하는 것이었다. 그러나 일부 수녀원은 은둔 생활을 수용하고 완전한 명상 기관이 되었다. 제2수도회와는 규범의 본질에서는 차이가 없고 사회적 지위만이 낮을 뿐이었다.

의욕적인 묵상 중심의 제3여성수도회가 14세기 말경 저지대 국가들에서 나타났다. 그 수도회는 수녀들이 회색 옷을 입는 관습 때문에 주로 회색 수녀회Grey Sisters로 불렸다. 대부분 수녀회는 여전히 교육과 병자 간호에 몰두했다. 그러나 뢰번의 수녀원은 185년간 환자 간호를 한 후 1587년에, 통틀어 몇 개 안 되는 명상 중심 회색 수녀회의 하나가 되었다. 수녀원의 소박한 지위뿐만 아니라 이처럼 은둔 생활에 더 치중하는 방식이 마가렛의 결정에 분명 영향을 미쳤을 것이다.

마가렛은 베들레헴으로 오는 길을 빈손으로 오지 않았다. 가난한 수녀원들은 신입 수녀들에게 많은 것을 요구할 수는 없었지만 일부 물품은 가져오게 했다. 마가렛의 경우 그 물품은 다음과 같았다. 고품질의 회색 천으로 된 네 개의 수녀 베일, 노동복 보디스work bodice를 만들 옷감, 페티코트, 블라우스, '콧물닦이'용 손수건 서른여섯 장, 베갯잇 여덟 장, 앞치마 열 장, 매트리스, 담요, 대접들, 의자, 쿠션, 주전자, 가지 달린 촛대, 빗자루, 작은 탁자, 성무일과서, 스타킹과 구두 그리고 최근 구매한 물품이나 앞으로 구매할 물품들(수녀 서원을 한 후 필요하게 될 여섯 개의 검은색 베일 등). 그러나 무엇보다 중요하게도 마가렛은 자신의 여생을 베들레헴에서 보내겠다는 의지를 가지고 왔다.

마가렛은 뢰번을 방문한 적이 있거나 아니면 750년쯤 된 도시를 전혀 몰랐고 베들레헴으로 오는 길에 본 5층 높이의 스카이라인에 눈길이 쏠렸을 것이다. 만약 그녀가 그때 몰랐다면 나중에라도 그 도시의 자랑스러운 역사를 알게 되었을 것이다. 위대한 예술가 디르크 바우츠Dirck Bouts와 퀜틴 메치스Quentin Metsys(퀜틴 메치스의 성 Metsys는 Massys, Messys로도 표기하며 프랑스어로는 캥탱 마시로도 읽는다. 여기서는 뢰번의 예술가로 표현했으므로 네덜란드어로 읽었다—옮긴이)의 고향이자, 찬사를 받는 대학이 있고, 수많은 백작과 유명한 공작들 그리고 다른 훌륭한 귀족들이 방문했으며, 심지어 미래의 카를 5세가 될 카를 합스부르크Karl Habsburg 소년이 1509년에 축제에 참석하러 온 곳이 뢰번이라는 사실을 말이다. 마가렛은 외국 군대에 저항하다 최근 실패한 일, 도시의 생명줄인 데

일Dijle 강의 홍수 혹은 전염병의 창궐 등 이 도시의 어두운 측면도 알게 되었다. 그로 인해 뢰번의 인구는 1525년에 1만 9,000명이었는데 1565년에는 1만 4,000명으로 줄었고, 1600년에는 도시 인구가 겨우 1만 명에 지나지 않았다. 그러나 뢰번 사람들은 생존했다. 그들의 주요 산업인 농업, 포도 재배, 양조업은 번성했고, 그들의 2차 산업인 피혁, 스토브 제조업, 대리석 석조업도 살아남았다. 그리고 거의 1,000명에 달하는 수도자들이 도시의 24개 남·녀 수도원에 살았다. 침입자들을 막기 위해 삼각형 모양의 성채를 강화한 도시 성문을 지나 마차를 타고 거리를 통과할 때, 마가렛은 박공지붕에 작은 창문이 딸린 3층, 4층 집들을 도로 양편에서 발견했다. 그 집들은 중심가로 갈수록 더 밀집되었고, 도시 중심에는 시장과 거대한 고딕 시청사가 있었다. 거기서 좌회전하여 내부 벽에 있는 또 다른 문을 지나면 수녀원에 이르는 길이 나오고, 몇 블록을 더 가면 베들레헴에 도착했다.

수녀원의 명성을 자랑하는 것은 소박했다. 수녀원은 그 지역의 순교자인 성 레닐디스St. Renildis의 몇 가지 유품을 소장했다. 수녀들에 따르면, 그 성인은 팔·다리 사고를 막아주는 데 특히 탁월했다. 유럽의 여러 유명한 수도원들과 달리 베들레헴은 성인을 배출하지 못했고 성인의 치아, 예수 면류관의 가시 혹은 1만 1,000명의 처녀 성인들 중 한 명의 머리카락 뭉치처럼 눈에 보이는 유물도 소장하지 못했다. 77명의 수녀들이 있었던 중세 시토회 수녀원 헤르토헨달Hertogendaal 혹은 당시 72명의 수녀들이 있던 시토회 보프레Beaupré처럼 큰 수녀원들과도 비교가 되지 않았다. 베들레헴에는 수녀원 분당을 세우고 수도회의 새로운 흐름을 이끌 열정을 가진 수녀들이 없었다. 사회의 유명 인사도 없었다. 건축적으로 의미 있는 혹은 통일미를 갖춘 건물도 없었다. 베들레헴의 성가대석은 초라했다. 기껏해야 수녀원의 수제품이 지역에 알려져 있었다. 베들레헴은 어떤 위대한 신앙 저술가도 없었고, 심지어 소박한 도서관마저 없었으며, 내세울 만한 종교적 예술품도 없었다. 피렌체에 있는 산마르코San Marco 수도원과 달리, 벽과 방들을 장식하기 위해 안젤리코Fra Angelico 수사처럼 칭송받는 화가를 고용할 여력이 전혀 없었다. 수녀들은 어떤 놀라운 정신적 혜안이나 경험에 대한 수기도 쓰지 못했고, 중세의 전설적인 수녀원의 일부 수녀들처럼 라틴어로 대화할 능력도 없었다. 베들레헴은 뢰번에 있는 다른 어떤 수도원보다 초라했고, 길거리에 너무 가까워서 정숙한 분위기를 유지하기 힘들었으며 강에 너무 가까워서 수녀원 후면의 벽 뒤에서 상스러운 말을 하는 선원들과 강물의 홍수가 찾아들었다. 베들레헴은 지역에만 알려져 있고 지역에서 기능하며 평범한 성물과 성가대석을 갖고 있었던 점에서, 분명 당시 대부분의 수녀원들과 크게 다르지 않았다. 그러나 수많은 수도원들 중에서 눈에 띄지는 않았지만, 베들레헴은 가톨릭 사회에서 엘리트에 속한다는 자부심을 지녔다. 베들레헴의 '회색 수녀회'는 가톨릭 여성들이 최상으로 여기는 수도자 생활 방식을 실천했기 때문이다. 즉 수녀원의 벽과 잠긴 문 안에 격리되어 청빈 · 정결 · 순명을 경건하게 선서하고, 대부분의 시간을 기도와 찬송에 보내며, 그 사이 육체노동과 연구의 시간을 가졌다.

마가렛이 무엇에 이끌려 이 수녀회와 평범한 환경을 선택했는지 모르지만, 일단 도착한 후 그녀는 수녀회에서 요구하는 2단계의 예비(수습) 기간을 시작했다. 1년간은 청원자로 지내는데, 속세에서 입던 옷을 입은 채로 수녀들 가까이에 살며 수녀원 생활의 리듬 특히 성가를 익히는 기간이다. 이 기간이 지나면 수녀들은 마가렛을 예비 수녀로

LOVANIVM.

J. 판데르 바런(J. van der Baren), 1604년 뢰번 전경. 왼편에서 두 번째로 큰 교회는 성 제르트루다(St. Gertrude) 교회이다. 베들레헴은 제르트루다 바로 오른편에 있으며 이 파노라마 에서는 보이지 않는다. 그림 한 중앙에 있는 높이 솟은 뾰이 숫은 요새 뒤에 위치하고 있기 때문이다.

[출처: 암스테르담 시립미술관 판더르 켈런-메르턴스(Vander Kelen-Mertens), 뢰번]

뢰번에 있는 성 수태고지 수녀회(St. Annunciation Sisters) 수녀원. 이 수녀원은 베들레헴보다 분명
더 눈에 띄고 건축적인 통일성도 갖추고 있지만, 그 규모와 외형을 볼 때 베들레헴과 비교하기 적절
한 대상이다.
(출처: 암스테르담 시립미술관 판더르 켈런-메르턴스, 뢰번)

받아들일 것인지 투표하고, 통과하면 다시 1년간의 시험 기간이 주어
진다. 이때 서약한 수녀들이 입는 성의聖衣와 허리끈을 제외하고 '일
반 천'으로 만든 예비 수녀 옷을 받는다. 예비 수녀 기간에는, 베일을
쓴 종신 서원 수녀들과 계속 떨어져서 생활하며, 수녀의 일원이 되는
법에 대해 더 자세한 훈령을 받는다. 이 기간 중에 글을 읽고 쓰는 법
을 배우며, 수도회의 규칙과 수녀원의 정관에 대해서도 분명히 배운
다. 정관은 자신 안에 있는 세속적 욕망을 죽이고 수도회 총회 결정을
따르며 순명하는 것(매주 회의를 열고 잘못을 교정한다), 선서를 한 수녀들과
개인적인 대화를 나누지 않는 것, 일곱 시간의 성무일과를 배우는 것,

성가대에서는 경건한 마음가짐을 하는 것이다. 다시 말해, 작은 벌레들을 엄지손으로 짓이겨서 성가대 좌석에 뭉개고 싶은 유혹을 피하고, 숲 속의 야생 사슴이나 천박한 농부처럼 여기저기 사방을 휘둘러 보는 대신 똑바로 정면을 보거나 성가 책에 초점을 맞추고, 목소리를 너무 높이거나 급하게 주워섬기지 않고 모든 단어를 확실하고 경건하게 발음하고, 단지 머리만 끄덕거리지 않고 몸 전체를 무릎까지 구부려 절하는 것이다. 또한 정관은 모든 말다툼을 멀리하고, 기숙사에서는 침묵하며, 식사 중에 절주하고, 동료 수녀들에게 친절히 대할 것을 요구한다. 또 사악한 열정을 다스릴 것과 수녀원의 재산을 조심히 다룰 것 그리고 조신하게 행동할 것도 요구한다. 즉 몸의 한쪽을 쓸 때 다른 쪽은 움직이지 말고, 절제하여 몸을 쓰되 웃을 때는 이빨을 보여서는 안 되고, 말할 때는 손을 움직이거나 입술을 문지르거나 머리를 흔들거나 눈썹을 치켜 올리거나 팔을 밖으로 뻗거나 어깨를 사용해서는 안 되고, 음료를 마실 때는 두 손을 사용해야 하고 한숨을 쉬거나 음료를 불거나 입술을 부딪쳐 쩝쩝거리거나(모두 식탐의 표지이다) 주위를 두리번거리거나 말을 해서는 안 된다.

　마가렛의 수녀원 거주를 독려하기 위해, 수녀원을 떠난 사람들의 이야기도 들려주었다. 경계해야 할 일화를 담은 책들이 여러 권 있었다. 속세로 돌아가겠다고 부모와 함께 호소한 두 명의 수련 수녀가 그 후 전염병으로 죽었다. 어떤 수련 수사는 수도원을 떠나 춤추러 갔다가 지붕에서 떨어진 타일에 머리가 깨져 죽었다. 방황하던 또 다른 수련 수사는 잘 훈련받은 성가대원이었는데, 수도원을 세 번이나 떠났지만 마지막 귀로에서 신의 벌로 성대에 병이 생겨 노래도 부를 수 없었고 결국 죽고 말았다. 이러한 이야기들을 듣다 보면, 참다운 소명을 강조한 시기에 예비 수도자들이 얼마나 자유롭게 수도원을 떠날 수 있었을지 의문이 든다. 후에 역사가 헤네비에버 레이너스Geneviève Reynes가 수도원으로의 자발적 입회라는 트리엔트 공의회 규정이 "적극적으로 완벽하게 잘 시행되지 못했다"고 평가할 만하다. 특히 부모에게 '복종해야 하는 두려움'을 나이 든 여성보다 더 지닌 10대 중반 소녀들의 경우에 그러했다. 레이너스 교수에 의하면, 17세기와 18세기에 프랑스에서 서원을 한 수녀들의 거의 3분의 1이나 되는 많은 수가 자신의 의사에 반하여 그리고 부모와 갈등을 겪는 게 무서워서 서원을 했다. 그러한 수치를 증명하기는 불가능하다. 하지만 자신이 수녀원에 들어가는 것이 가문의 이익을 위한 최선의 길이라는 말을 듣거나, 자신이 수녀원을 적법하게 탈퇴하더라도 사회적 비난에 직면하거나, 이제 더 어려워진 중매결혼을 위해 새로 더 많은 지참금을 자신의 가족이 함께 긁어모아야 할 처지에 놓이면, 그 젊은 여성은 어떻게 대응하겠는가? 수녀원에 들어오게 된 수많은 동기를 보면 부모와 형제들의 뜻을 거역하고 서원을 한 용감한 사례도 있다. 예를 들어 아시시의 성녀 클라라St. Clara는 일곱 명의 오빠들에게서 도망쳤고, 파리의 다섯 살 된 아를리의 안-바틸드Anne-Bathilde de Harlay는 1616년에 지방 수녀원에 있는 숙모를 방문한 후 그곳에 너무 매료되어 떠나기를 거부하고 열한 살에 수녀 서원을 하여 자신의 부모를 고통스럽게 했다.

이유가 무엇이었든 마가렛은 수습 기간을 잘 견뎌냈고 1606년에 속세를 떠나 수녀가 될 것을 서약하기로 결정했다. 이를 위해 수녀원 상급자들 및 메헬렌의 대주교나 그의 대리인과 면담을 해야 했고 수녀들의 승인을 받아야 했다. 그래서 원장은 마가렛의 이름을 수녀회 총회에 세 차례 상정했고, 그 후 마가렛은 수녀들 앞에 세 차례 나와 엎

드린 채 자신을 받아줄 것을 겸허하게 요청했다. 마가렛이 스물세 살 생일을 넘기자마자 수녀들 중 다수가 그녀를 받아들이는 데 동의했다. 주교들과 주임 사제들이 다른 일로 바쁠 때 흔히 그렇듯이, 마가렛도 정식 서원식을 하기 전에 몇 주나 몇 달을 기다려야 했을까? 그것은 알 수 없지만, 수녀 서원식은 그해가 가기 전에 열렸고, 같은 해에 엄청난 폭풍우가 뢰번과 스페인령 네덜란드 지역에 들이닥쳤다. 폭풍우의 거센 바람은 교회 종들까지 파괴했고 수십 년이 지난 후에도 그 일이 사람들 입에 오르내렸다. 마가렛과 주변 사람들은 그녀가 수녀 서원을 할 즈음에 사납게 몰아쳤던 날씨를 불길한 징조였다고 회상했을지 모른다.

　서원식을 하기 전 마가렛은 자신의 보잘것없는 속세 물품들을 수녀원에 공식 기증하고 머리를 짧게 잘랐다. 대부분 수녀원에서 수녀들은 서원에 맞추어 현금 '기부'를 해야 했다. 그것은 수녀원 기금을 위한 것이고 동시에 수녀 자신을 부양하기 위해서였다. 그러나 기부금을 마련할 수 없었던 마가렛과 같은 여성들은, 트리엔트 공의회 이후 몇십 년간 사실상의 모든 입회비를 없애도록 종용하는 법령의 혜택을 보았다. 공의회 법령은 또한 청빈 선서를 하기 위해서는 일정한 재정적 지위에 있어야 한다는 개념도 비판했다. 그러한 법령들이 과거뿐 아니라 앞으로도 선포될 것이라는 사실은 수도원의 이상이 세속 세계의 현실 무게를 감내하기가 얼마나 힘들었는가를 보여주지만 당시에 수도회의 도의심이 강한 것은 마가렛에게 도움이 되었다.

　수녀 서원 의식 중에 마가렛은 성가대석을 교회와 나누는 문을 통해 입장했고, 지구장이 마가렛의 새로운 삶의 징표들인 성의聖衣, 허리끈, 그리고 수녀 베일에 성유를 발랐다. 그 상징들을 마가렛에게 입히기 전에, 지구장은 그녀에게 그가 명한 대로 다음 선서를 하게 했다. "나, 마가렛 수녀는 전능하신 하느님과 성스러운 성모 마리아와 프란체스코 성인과 모든 다른 성인들에게 맹세합니다. 교황 레오 10세Leo X가 인정한 우리의 성부聖父 프란체스코의 제3수도회의 가르침을 따라 이 수녀원의 원장과 메헬렌의 대주교에게 복종을 맹세합니다. 그리고 죽을 때까지 영원한 정결과 소유 포기와 영원한 은둔 생활을 맹세합니다." 그리고 성의를 입고, 회색 두건 위로 검은색 베일을 쓰고, 다음과 같이 예수 그리스도와의 숭고한 결혼의 영광을 선언했다. "그리스도의 신부여 오시오. 그대를 위해 준비한 주님의 영원한 왕관을 받으시오Veni sponsi Christi, accipe coronam quam tibi dominus praeparavit in aeternum." 그리고 마가렛이 이 맹세를 지킨다면 영생을 얻을 것을 약속했다. 수녀원장과 수녀들은 마가렛을 성가대석의 그녀 자리로 안내했고, 이어서 성령과 성모 마리아 그리고 프란체스코 성인의 성흔聖痕을 찬송하는 기도와 노래가 이어졌다. 찬송은 프란체스코의 다음과 같은 권고로 마무리되었다. "신이 당신을 축복하고 돌보시게 하라. 신의 섭리와 자비가 당신에게 드러나게 하라. 신에게 복종하고, 신이 당신에게 평화를 주시게 하라."

수녀 서원식의 마지막 단계는 만찬이었다. 마가렛의 경우는 이 수녀원의 기준에 비추어보아도 다른 수녀들 때보다 덜 화려했지만, 마가렛과 그녀의 신에게는 충분히 훌륭한 만찬이었다. 그리하여 중세 시대의 전형적인 수녀보다는 훨씬 많은 나이인 스물세 살에 마가렛은 예수 그리스도의 신부가 되었고, 세속 세계와는 완전한 결별을 고했다. 1606년 여름에 마가렛은 수녀원의 완전한 구성원으로서 기숙사, 성가대석, 총회실, 식당에서 자신의 자리를 확보했다.

그 후 10년 동안 마가렛이 다른 수녀와 달랐던 점은 보이지 않는다. 오히려 나중에 겪게 된 고난의 시기에 그녀는 이 초기 시절을 기쁘게 회상했을지도 모른다. 그러나 어떤 시점부터 무엇인가가 매우 잘못되기 시작했고, 마가렛이 수녀원을 완전하게 만들려는 길로 처음 들어설 때 예상했던 것보다 훨씬 악화되었다.

2

악마들

1616년 9월 26일, 베들레헴의 면회실. 대주교의 총대리(교구장을 보필하기 위해 교구장이 임명한 사제나 주교―옮긴이)는 오늘 자신의 짧은 공식 방문 중에 수녀들에게 할 단 하나의 질문이 있었다. 그것은 "마가렛 수녀의 수녀원 복귀가 허용되어야 하는가?"였다. 마가렛이 언제 처음으로 베들레헴을 떠났는지, 몇 주 동안, 몇 달 동안, 혹은 몇 년 동안 떠났었는지를 말해주는 자료는 남아 있지 않았다. 그러나 불과 10년 전에 결코 수녀원 밖으로 가지 않을 것을 서약한 마가렛이 수녀원을 떠난 일은 중요한 사건이었다.

열다섯 명 남짓 되는 수녀들 중에 아홉 명만이 이 문제에 대한 의견 청취를 위해 불려왔다. 총대리의 방문이 매우 드문 일이라는 것을 아는 몇몇 수녀들은 이 기회를 이용하여, 수녀원의 지나치게 '근엄한 관리 방식'과 더불어 그들을 괴롭히는 다른 문제에 대해서도 의견을 개진했다. 그러나 항상 그렇듯이, 창살문의 반대쪽에 있는 총대리는 그의 주된 질문인 "마가렛이 돌아와야 하는가?"를 물었다.

이 질문에 토론은 없었다. 왜냐하면 거의 모든 사람이 반대했기 때문이다. 대주교가 우긴다면 마가렛을 받아들이겠지만, 선택하게 한다면 그들은 단호히 반대할 것이다. 일부 수녀는 비용이 더 들더라도 마가렛을 수녀원 밖에 머물게 하고 수녀원이 도움을 주는 것이 더 낫다고 했다. 두 명의 수녀는 마가렛이 돌아오는 것을 보느니 차라리 '빵과 물'만 먹고 살겠다고 했다. 한 수녀는 마가렛이 밖에 머무는 것이 그녀의 '강인함'을 기르는 데 최상이라고 보았다. 다른 수녀들은 정신적인 징후들을 언급했다. 즉 훌륭한 고해신부의 열성적인 노력 덕분에 수녀원이 다시 마가렛 없이 더 평화로워졌고, 신께 감사하게도 '과거의 분노들'도 마가렛과 함께 사라졌다는 것이다.

마가렛이 무슨 일을 했기에 수녀원의 평화를 뒤엎고 이 같은 증오를 불러일으켰던 것일까? 한 수녀는 마가렛이 따돌림을 당한 근본 이유는 그녀가 다른 사람들의 잘못을 빨리 찾아냈기 때문이라고 암시한다. 나이 든 수녀는 더 분명하게 불만을 제기했다. 즉 마가렛은 외부 후원자들과 기부자들에게 너무 겁을 줘서 만약 마가렛이 돌아오면 이 후원자들은 다시는 수녀원을 방문하거나 수녀원이 꼭 필요로 하는 희사품을 가져오지 않을 것이라고 했다. 또한 후원자들이 수녀원에 오더라도 마가렛과 그녀의 말썽에 대해 다른 외부인들과 수다를 떨며 수녀원을 소란스럽게 하고 수녀원의 명성에 입은 상처를 더 가중시킬 것이라고도 했다. 또한 마가렛의 귀환은 수녀원을 다시 평화롭게 만들기 위해 열심히 노력한 고해신부를 화나게 할 것이며, 마가렛이 돌아오면 그는 수녀원을 떠날지도 모른다고도 했다.

그러나 마가렛에 대한 가장 심한 악평은 그녀의 사악한 본성에 대한 비난이었다. 안나 마르셀리스Anna Marcelis 수녀는, 마가렛이 수녀원을 떠나기 전에 방들에 "형상들images이 산재했고" 거의 매일 저녁 수녀원 앞에 이상한 개가 나타났다고 진술했다. 그 개는 머리가 땅바닥에 있어서 "거의 보이지 않았다"고 했다. 그리고 마가렛이 수녀원을 떠난 후에는 이 형상들이 사라졌다고 증언했다. 그러한 주장의 의미를 총대리나 다른 수녀들은 분명히 알았다. 고양이, 여우, 검은 양, 황소, 거미, 독수리, 곰, 검은 돼지, 특히 사나운 개들은 종종 악령이나 사악한 마술과 연관되었다. 안나는 마가렛이 한때 자신에게 '마술magical arts'을 가르쳐주려 한 적이 있다고 회상했다. 막달레나 레먼스Magdalena Remmens 수녀도 비슷한 이야기를 했다. 그녀와 다른 평신도 수녀*는 마가렛의 구원을 위한 순례 길에 나섰는데, 한적한 도로에서 이상하게 말없이 '춤추는 유령들' 때문에 겁에 질린 적이 있었다. 그리고 밤에는 기숙사에서 막달레나와 다른 수녀들이 '굉음'을 들었고, 역시 마술과 연관되는 달빛이 거의 모든 수녀들의 방을 특별히 밝게 비추는 것을 보았다. 안나처럼 막달레나 수녀도, 마가렛이 떠나자 이런 일들이 다시는 일어나지 않았다고 했다.

분명 마가렛을 향한 심한 분노가 있었다. 즉 마가렛이 외부인들을 공격하여 수녀원에 들어올 물질적 혜택을 막았고, 수녀원 내에 분열을 일으키고 내부 평화를 깨뜨려 수도원 생활의 기본 규칙 중의 하나를 어겼다는 것이다. 더 나아가 그녀는 더욱 기본적인 것, 즉 종교와

---

* '평신도 수녀'는 고립 생활의 맹세를 하지 않은 수도자들을 말한다. 그들은 수녀원에 필요한 바깥일과 심부름을 자유롭게 할 수 있었다. 그들도 서원을 하지만 종신 서원을 한 수녀들보다는 덜 엄격한 종류의 맹세이며, 수녀원 입회 전과 후의 지위도 일반적으로 더 낮다. 베들레헴에는 보통 여섯 명의 평신도 수녀가 있었다.

인간의 본질에 어긋나는 일을 저질렀다. 마가렛은 16세기와 17세기에 널리 퍼진 여성 질병인 '마법witchcraft'에 연루되었다.

베들레헴의 수녀들은 이 시기 다른 사람들처럼 영靈의 세계가 남긴 흔적들을 보았다. 신이 땅에 떨어지는 모든 참새들을 인지하고 사람 머리의 머리카락 수까지 알고 있으며 사탄 역시 신을 거역하는 데 주의를 집중하고 있다면, 우연히 일어나는 일은 없다. 혜성, 지진, 기적, 질병, 성적 불능, 양이 된 돼지, 우유를 만들지 못하는 젖소, 기형아의 출산, 이 모든 것은 신의 노여움을 나타내는 징조이거나 그의 적대자인 사탄이 자신을 드러낸 것으로 여겨졌다.

신은 천사들을 거느리고 사탄은 악마들을 거느리지만, 둘 모두 인간을 대리인으로 하여 작업을 한다. 가톨릭 유럽 세계에서 신의 은총은 죽은 성인의 성스러운 힘과 유물이 있는 수많은 성지에서 볼 수 있고, 또한 신도들 사이에서 치유와 축복을 행하고 있는 미래의 성인들에게서도 보인다. 사탄도 역시 황량하거나 으슥한 곳에서 활동을 하며, 마녀나 마귀 들린 사람의 모습으로 인간 안에서 움직인다. 두 형태의 사탄 대리인을 구분하는 방법이 14세기와 15세기에 개발되었는데, 마귀 들린 사람은 강제로 귀신에 들린 사람으로 죄가 가벼운 반면 마녀는 자발적으로 사탄과 계약을 맺고 세상에 대한 힘을 얻는 대가로 그의 종이 된 사람이라고 보았다. 근대 초기에 많은 사람들은 이 사탄의 대리인들이 성스러운 대리인들보다 더 활발하게 활동한다고 생각했다. 사탄이 신과 그의 협력자들보다 더 힘이 세서가 아니라, 인간이 많은 죄를 저지른 대가로 사탄의 활동을 신이 허락했기 때문이라는 것이다. 혹은 매우 공적인 의식을 통해 사탄의 영령들을 무찌름으로써 신의 더 위대한 능력을 드러내기 위함이라는 것이다.

이러한 초자연적인 악의 드라마에서 여성은 무대의 중심과 앞, 뒤, 그리고 측면에 있었다. 여성은 수백 년 동안 그들이 "일으킨 재난들"이라는 긴 목록과 함께 이미 충분한 수난을 겪어왔음에도 불구하고, 마녀에 대한 제도적 개념 정의를 통해 결국 또 하나의 상흔을 입게 되었다. 즉 남성 전문가들에 따라 여성은 남성보다 마녀가 될 확률이 더 높다고 판정받은 것이다. 이런 판정을 내린 전문가들로는 1485년에 첫 출판된 《말레우스 말레피카룸*Malleus Maleficarum*》 혹은 《마녀들의 망치*Witches' Hammer*》의 저자들이자 도미니크회 종교재판관인 하인리히 크라머Heinrich Kramer와 야코프 슈프렝거Jacob Sprenger를 들 수 있다. 이 독실한 남자들은, 여성은 남자보다 더 음탕하고 따라서 사탄의 육욕에 더 쉽게 유혹되며 항상 사탄의 주된 미끼가 되었다고 설명했다. 여성이 분명 완전히 사악하지는 않다. 놀랍도록 성스러운 삶을 산 여성도 충분히 많기 때문이다. 그러나 여성은 남성보다 더 극단적인, 아주 나쁘거나 아주 선한 경향이 있다.

이처럼 여성과 마법을 강하게 연결시키는 관점은 매우 새로운 것이었다. 사악한 영령이 존재한다는 믿음은 기독교에서 처음부터 있었던 생각이지만, 중세 말까지는 여성과 남성이 똑같이 모두 사악한 마술을 행하는 것으로 고발되고 재판받았다. 그러나 1550년경에 이르러 여성이 더 쉽게 마법에 걸린다는 생각이 유럽 전역에 널리 퍼졌다. 그리고 그 관념에 윤색이 가해졌다. 즉 여자 마녀는 자신의 영혼을 초자연적인 힘과 맞바꿀 뿐만 아니라 사탄의 성적 도구가 된다는 것이다. 마녀는 밤이면 사탄의 연회가 열리는 비밀 장소로 날아가는데, 그곳에서는 거대한 신성모독의 주연이 열리며 어린아이들이 잡아먹히고 사탄과 그의 충직한 하인들 사이에 교접이 이루어졌다. 그러한 환상적인 장면은 일반 민중의 상상의 산물이 아니라 마녀를 정의하고 잡아들이는 일을 담당한 사람들, 다시 말해 신학자, 변호사, 종교재판관 그리고 다른 지식인들이 만들어낸 것이었다. 그러나 더 많은 사람들이 재판에 불려오고, 박식한 기소자들에게서 더 많은 상세한 이야기를 듣게 되고, 또 일반인들이 마녀라고 지목한 사람에 대해 더 많은 죄목으로 기소하면서, 악마의 연회 개념은 그 내용이 훨씬 확장되었다. 그 결과 16세기와 17세기에 마녀로 기소된 수만 명의 사람들 중에 약 80퍼센트가 여성이었다. 기소된 사람 가운데 다수는 무죄로 풀려났지만, 사형당한 사람은 남성보다 여성이 압도적으로 많았다(저지대 국가들에서는 열에 아홉이 여자였다).

마가렛의 상황을 설명하는 또 다른 요인은 바로 귀신 들림이었다. 여성이 남성보다 더 귀신 들리는 성향이 있는지에 대해 전문가들은 침묵했지만, 수녀들을 포함한 특정 유형의 여성이 분명 그렇다는 데에는 동의했다. 사실 마가렛의 동료 수녀들이 잘 알고 있었듯이, 그 시대 가장 악명 높은 귀신 들림의 사례에는 수녀원들이 연루되어 있었다. 1600년에서 1650년 사이 프랑스와 스페인령 네덜란드에 있는 모든 수녀원이 광적인 귀신 들림의 발작을 공표했고, 일부는 저지대 국가들의 여성 수녀원에서 일어난 "악마의 귀신 들림 전염병"이라는 말을 쓰기도 했다.

그러므로 마가렛이 열성적인 마녀였건 혹은 마지못해 사탄을 추종했건 지옥과 연관되어 있다는 베들레헴 수녀들의 주장은 그들 스스로 꾸며낸 것이 아니었다. 그러한 생각은 당시 널리 퍼져 있었다. 사실 베들레헴 수녀들은 다른 사람들보다 두려워할 이유가 더 많았다. 바로 자신들 수녀원 가까이에 그러한 추문이 떠돌았기 때문이다. 수녀 서원을 한 직후나 심지어 하기 전에도 그들은 수녀원에 전해 내려오는 가장 어두운 이야기를 분명 들었을 것이다.

1601년에 베들레헴 수녀 중 한 명이 마녀로 몰려 처형되었다. 저지대 국가들에서 최초의 마녀사냥은 15세기 말에 불이 붙었고, 1580년대부터 1600년대의 첫 몇십 년 동안 가장 심했으며 바로 그때 베들레헴의 마녀도 등장했다. '그들의 마녀'가 한 명에 불과했다는 사실은 불안에 떨던 베들레헴 수녀들에게 위안이 되지 못했다. 그들에게 이 사건은 추하고 매우 민감한 사건이었고, 그래서 1616년 총대리 방문 때 어떤 수녀도 이 사건을 드러내놓고 언급하지 않았을 것이다. 그러나 베들레헴 회색 수녀회의 마리 에베라르츠Marie Everaerts라는 수녀에 대한 음울한 이야기는 어쨌든 여러 다양한 자료들에 기록되었다.

마리의 고난은 1599년에 시작되었다. 그녀는 불문명하지만 '중대한 죄'를 범한 이유로 메헬렌 대주교의 명령에 따라 베들레헴 내에 수감되었다. 2년간의 수감 기간 중에 그녀의 병은 악화되었다. 바로 그 기간에 그녀가 완전히 악마에게 넘어가 일련의 사악한 행동을 저질렀을 거라고 추정되었다. 1601년의 재판에서 마리는 악마와 특유의 계약을 맺었음을 고백했다. 즉 주변 사물과 사람들을 통제하는 초자연적인 힘을 받는 대가로 그에게 복종을 맹세했다는 것이다. 또한 기독교 신앙을 버리겠다고 맹세하고, 악마를 따라 춤추러 가고, 마녀들의 집회에서 인간의 고기를 먹고, 마녀와 악마 사이를 매개하는 고양이 등 "길들여진 동물"과 한패가 되고, 무릎을 꿇고 악마를 자신의 신으로 숭배하며, 밤에는 심지어 성스러운 장소에서 그와 육체관계를 맺으러 날아가고, "여러 축성한 제물들을 적에게" 바쳤다고 했다.

그러한 놀라운 고백은 이 시기에 마녀로 판결 받은 사람들의 전형적인 진술이었다. 특히 마리처럼 고문을 받고 자백한 경우에 그러했다. 베들레헴 수녀들과 가장 밀접히 관련된 내용은, 마리가 자신의 새로운 힘을 사용하여 다른 수녀와 성직자에게 여러 가지 극악한 공격을 가했다고 인정한 것이다. 또한 마리는 자신의 동료 수녀 가운데 하나인 마리 스비턴Marie Switten이라는 수녀에게서 마법을 처음 배웠다고 주장했다. 마리 에베라르츠는 악마에 의해 자신의 고향인 메헬렌의 성벽 밖에 있는 나무로 끌려갔고, 그곳에서 춤을 추며 사악한 희생 제물을 바치는 마리 스비턴과 다른 수녀를 보았거나 혹은 그들 모습에서 악마를 보았다고 했다. 마리 에베라르츠는 또한 마리 스비턴의 몸에 있는 여러 표식을 보고 그녀가 마녀라는 것을 오랫동안 알고 있었다고 주장했다.

이 고백 때문에, 그리고 그녀가 명백한 죄에 대해 일말의 후회도 보이지 않았기 때문에, 그러나 대주교의 교회 법정은 사형 등 중대한 처벌을 행할 수 없었기 때문에, 시 법정은 이 사건을 넘겨받아 마리 에베라르츠의 교수형과 화형을 선언했다. 이와 같이 가망 없는 사건에서는 흔히 주어지는 처벌이었다. 사형 집행인은 1601년 2월 27일에 교수형을 집행했다. 마리 스비턴은 알려지지 않은 이유로 더 가벼운 처벌을 받았다. 1602년 6월에 대주교의 교회 법정은 그녀에게 베들레헴 수녀원을 떠나 퀼른Köln이라는 도시의 "꽤 좋은 장소"에 거주할 것을 명령했다. 그녀는 퀼른에서 가능한 한 수도자의 생활방식을 따르려 노력해야 했다.

베들레헴 수녀들이 두 명의 마리와 마가렛 수녀를 연관 지은 것은 당연했다. 대주교에게 나중에 보낸 편지에서 수녀원장은 다음과 같이 썼다. "우리 수녀원에 마녀가 있었다는 이야기가 아직도 떠돌아다닌다. 그것은 23년 전의 일이며, 마가렛 수녀가 그러한 마녀가 아니기를 신께 기도한다." 또 다른 수녀도 수십 년이 지난 후에 여전히 두려움에 떨며 과거의 공포를 기술했다. 그리고 아마도 수녀원이 침략군의 습격을 받고 쾰른으로 도피한 1580년대에 그곳에서 수녀들이 마법에 물들었을 것이라는 의견을 개진했다. 수녀들이 뢰번으로 돌아온 1587년에는 이미 손상을 입은 후였다. 그 때문에 수녀원은 이후 15년간 그리고 아마도 오래도록 고통 받았을 것이다.

1616년 총대리의 방문 때 베들레헴에서 마법에 대해 그처럼 많은 걱정이 쏟아진 것도 바로 이러한 골치 아픈 과거가 있었기 때문이다. 하지만 이 시기에 사안을 좀 더 치밀하게 보고 마가렛이 '진짜' 자발적인 마녀였는지 아니면 마리 에베라르츠처럼 단순히 본의 아니게 귀신이 들린 것인지를 알아보려는 수녀는 없었다. 세속 판사들과 교회 재판관들이 귀신 들림을 마법으로 종종 혼동하여 보는 경향이 있었는데, 전문가가 아닌 사람들이 구태여 그 둘을 구분하려는 수고를 할 필요는 없었던 것이다.

대주교는 베들레헴 수녀들의 두려움에 귀를 기울였고, 결국 마가렛은 이때 수녀원에 돌아가지 못했다. 그러나 악마들 이야기와 마가렛의 추방에는 더 많은 사연이 얽혀 있었고, 그것은 마가렛 가슴속 깊이 간직되었다. 그녀는 향후 2년간 그것을 폭로하기로 마음먹었는데, 이로써 그녀는 자신의 희망대로 결백을 입증하고 결국 수녀원에 돌아오게 될 터였다. 그러나 그것은 또한 마가렛을 비난하는 수녀들의 감정을 자극했을 것이며 과거보다 훨씬 심한 그들의 비난을 초래했을 것이다.

3

고해신부들

1618년, 6월부터 12월까지. 마가렛은 결코 자신을 마녀 혹은 악마의 열성적인 하인이라고 생각하지 않았다. 그녀가 처음 베들레헴을 떠났을 때, 마가렛은 자신이 귀신 들렸다는 것도 믿지 않았다. 그녀는 나중에야 귀신 들림이 마녀보다 더 경미한 증상임을 알았다. 그러나 그녀의 무서운 병이 처음 나타났을 때 마가렛은 그 본질이 무엇이든 자신이 그 병 때문에 수녀원을 떠난 것이 아니라고 항상 주장했다. 오히려 그녀는 더 수치스러운 이유로 수녀원을 떠났다. 즉 수녀원 고해신부의 성적 추행 때문이었다. 고해신부는 마가렛이 없을 때 수녀원의 평화를 회복하기 위해 많은 노력을 했다고 알려졌다.

여성 수도원에는 적어도 두 가지 일반적인 사실이 있다. 모든 수녀원은 고해신부가 필요하고, 모든 고해신부는 남자라는 것이다. 여성 수도자들이 정신적 조언자로 봉직하지만, 그 역할은 개인 신성에 의해 부여받는 것으로 성직자단이 부여한 권위는 아니었다. 더구나 그것은 성사聖事와는 무관했다. 수녀들은 교회 구성원 신분일지라도 신자들의 고백을 듣거나, 미사를 집전하거나, 강론을 하는 것이 허용되지 않았다. 수녀원은 이 모든 일을 담당하는 그리고 일반적인 조언과 도움을 줄 사제를 불렀는데, 수녀원의 고해신부를 임명하는 일은 원칙적으로 지역 주교가 관할했다. 수녀들은 고해신부의 주기적인 봉사를 확실히 하기 위해 그들에게 봉급을 주거나 숙소를 제공하기도 했다.

그 시스템이 얼마나 잘 작동하는가는 해당 인물에 달려 있었다. 어떤 고해신부는 분명 만족스러웠고 수년간 수녀원에 봉직했다. 하지만 미사를 소홀히 하거나 강론을 빠트리는 신부도 있었고, 공공연히 스캔들을 만들거나 수녀들 몇 명을 따돌리는 고해신부도 있었다. 뢰번의 회색 수녀회는 그들의 고해신부로 선정된 헨리 요스Henri Joos에 대해 오랫동안 만족을 표했다. 그는 이탈리아 페시아의 산타 키아라Santa Chiara 고해신부들처럼 경박하지 않았다. 그는 헨트 근처 네벨러Nevele에 있는 수녀원의 고해신부처럼 무례하지도 않았다. 그는 다수 고해신부들처럼 비밀을 누설하거나 '양심을 옥죄는' 불편을 끼치지 않았다. 그는 자신이 돌보는 수녀들에게 화를 내서 그들이 그의 면전에서 소리 지르게 하지 않았다. 브뤼셀의 한 수녀가 고해신부에 대해 불평했듯이, 고해성사 중에 다그치지도 않았다. 브뤼셀의 수녀는, "당신은 살인자예요. 당신은 내 양심을 열고 마치 빗자루를 쓸 듯이 열심히 고해를 받아내네요"라고 말했다. 헨리 요스가 베들레헴에서 14년간 봉직하는 동안 그러한 비난은 결코 제기되지 않았다.

스페인령 네덜란드 동부에 있는 발런Balen 출신인 헨리 요스는 1590년대에 대학교 학생으로 뢰번에 왔다. 그는 대학에서 신학 학사 학위를 취득했고, 공부를 마친 후 1604년에 베들레헴 수녀원에서 한 블록 떨어져 있는 성 제르트루다 본당*의 부사제라는 직책에 임명되었다. 그는 도착하자마자 근처 수녀원의 비참한 상태를 알게 되었고 베들레헴 수녀들 몇 명과 안면을 트게 되었으며 관대하게도 도움을 주기로 했다.

당시 베들레헴 수녀원은 매우 가난했고 직전에 마녀 마리 에베라르츠의 사건도 있었기 때문에, 새로 막 입회한 마가렛을 비롯한 수녀들은 자신들을 "불쌍히 여겨 자선을 베푼" 헨리 요스의 겸양에 감사했다. 그는 수녀원이 영구 직책의 고해신부를 구하지 못했고 고해신부에게 줄 돈도 없다는 것을 알았다. 수녀들은 그가 그리스도교의 사랑으로 제르트루다 본당의 직무에 더해 고해신부 일을 자발적으로 맡았다고 했다. 그가 보수를 받지 않고 수녀들에게 '신의 대리자'로 봉직한 것은 가난한 수녀원에서 일어나는 일이었다. 또한 수녀원 지도자들이 과수원을 팔거나 연금을 양도할 때 그가 열심히 수녀원을 대변한 것도 확실하다. 그는 의연금도 내고 미사도 집전했으며 수녀들의 고백도 성실히 들어주었다. 베들레헴 밖에서 들리는 그의 명성도 역시 좋았다. 대주교 측 사람들이 제르트루다 본당을 방문했을 때는 칭찬이 넘쳐났다. 가장 앞장서서 교구장이, "헨리 요스는 교구민들의 칭찬을 받고 있으며 교구민들이 그를 매우 좋아하고", 교구에는 "어떤 스캔들도 없고" "모두가 친하게 교제한다"고 썼다.

---

* 성 제르트루다는 교구 교회일 뿐만 아니라 아우구스티누스 교단 수도원의 부속 기관이었다. 그때 사제는 아봇(Abbot)이었는데, 당시 맡은 일이 너무 많아서 항상 본당 일을 부사제에게 위임했다. 부사제는 1년에 수백 플로린을 받고 맥주와 목재를 지급받았다. 그러므로 헨리 요스가 사실상 본당 사제와 마찬가지였다.

그러나 헨리 요스는 성인 달력에 오르지 못했다. 마가렛 수녀의 고발이 없었다 해도 그의 회계장부를 보면 이유를 알 수 있다. 트리엔트 공의회의 규정에 따른 것이기는 하지만, 그의 장부는 너무 자세하게 말끔히 정리되어 있어 천상 세계에 대한 강렬한 열망이 보이지 않았다. 그는 사기꾼 주물공을 붙잡은 것을 자랑스럽게 기록했고, 성 제르트루다 성당 제단을 값비싸게 장식한 것을 애정을 기울여 적었으며, 보석들과 초록색 및 붉은색 천, 가죽 그리고 금박 천사들에 지출한 내역을 정확히 계산했다. 물론 세속적인 일들을 보살피는 것이 분명 필요했다. 누군가는 1606년 태풍으로 손상된 곳에 주의를 기울이고, 교회 묘지의 손상된 무덤들을 돌보고, 오르간을 고치고, 부활절 기부금의 내역을 파악하고, 사제관에 기품 있는 새 의자를 들이고, 교회 지붕을 손봐야 했다. 그러한 일이 반드시 심오한 영성을 방해하는 것은 아니지만, 헨리 요스는 속세의 일을 너무 좋아했다.

그러나 베들레헴의 다수 수녀들에게 그는 단순히 일을 열심히 하는 그리고 능력 있는 세속 행정가 이상이었으며 천국에 갈 성직자였다. 헨리는 분명히 고해신부 지위도 즐겁게 누렸다. 성 제르트루다에서 상급 성직자들에게 하듯이 자신을 낮추고 절을 할 필요 없이 수녀원에서는 거의 왕이었기 때문이다. 그는 자신감에 차 있었고 수녀원에서 매우 존경받았으므로, 1609년에 그의 여동생과 사촌이 베들레헴 입회를 신청했을 때 수녀들은 주저 없이 그들을 받아들였다. 마가렛과 레스컨 네인스Lesken Nijns 수녀만이 고해신부에게 매혹당하지 않았지만 그들의 감정은 수년 동안 알려지지 않았다. 마침내 그들이 발설했을 때, 그렇게 오랫동안 수녀원에 봉사하고 그처럼 지속적인 호의를 누렸던 고해신부는 갑작스럽게 쫓겨나게 되었다.

레스컨 수녀는 마가렛보다 1년 앞서 1605년에 베들레헴에서 수녀 서원을 했는데, 1618년 6월에 처음으로 헨리 요스에 대해서 중대하지만 불명확하게 적시된 고발을 했다. 그녀는 문서 배달인인 뢰번의 파터르 드홀란더르Pater Dhollander를 통해 이 서신을 베들레헴의 상관인 메헬렌 대주교 마티아스 호비위스Mathias Hovius에게 보냈다. 이 시대에 공식 재판을 거치지 않은 다른 많은 성적 추문 사례들처럼 그녀의 고발도 완곡하게 기록되었을 뿐이고 주요 문서는 파기되었다. 그러나 그 고발이 노년에 매우 바쁘게 업무를 수행하던 대주교의 주의를 즉각 끌었고 마가렛 수녀가 제기한 더 상세한 성적 고발과 곧 연계되었다는 것은, 이 사례의 본질과 중요성을 말해준다.

7월 4일경 대주교는 충분한 검토를 거쳐 수녀원장 유도카Judoca로 하여금 조용히 헨리 요스를 베들레헴에서 떠나게 하라고 지시했다. 대주교는 또한 뢰번에 비서를 보내, 수녀원의 고해신부를 해임한다는 것을 사적으로 헨리 요스에게 알리도록 했다. 이것은 대주교 호비위스가 레스컨 수녀의 말을 믿었다는 것을 반드시 의미하지는 않는다. 사실 대주교가 8월에 레스컨 수녀로 하여금 자신의 거처로 와서 직접 이야기하도록 허용했을 때, 그는 자신의 일기에 그녀가 정직하지 않은 것 같다고 썼다. 더구나 헨리 요스를 해임한 후에 대주교는 그에게 더 매력적인 제안을 했다. 즉시 메헬렌으로 와서 자신이 소중히 여기는 신학교에서 강사 혹은 낭독자로 일할 것을 권했다. 헨리는 즉각 흥미를 보이며, 메헬렌으로 가서 대주교에게 그렇게 하겠다고 말했다.

과연 그런 제안을 한 까닭은 무엇일까? 사제에게 훈육이 필요하다고 여기면 열정적인 대주교 호비위스는 그것을 과감히 시행했다. 그러나 레스컨 수녀의 경우 대주교는 사실관계가 애매하다고 보았기 때문에, 그의 주요 관심은 일단 소문을 잠재우는 것이었다. 그래서 그는 네덜란드 프로테스탄트들에게 선전거리를 주지 않고 가톨릭 신도들도 화나지 않게 하면서 헨리 신부를 베들레헴에서 떠나게 하기 위해 그를 더 높은 자리로 내쫓은 것이다. 이런 조치에 대해 수녀들은 그들의 유능한 고해신부가 승진 발령을 받았다고 생각할 것이었다.

그러나 그 계획은 대주교가 바랐던 것보다 더 복잡해졌다. 성 제르트루다의 교구민들과 베들레헴 수녀들이 메헬렌에 대표단을 보내 헨리 신부를 뢰번에서 이적시키는 것에 반대했기 때문이다. 그리고 헨리 신부가 신학교의 직위에 취임하는 대신 뢰번에서 시간을 보내고 있을 때, 수녀들에게 다음과 같은 생각이 떠올랐고 대주교의 계획은 흔들리기 시작했다. 고해신부가 아직 뢰번에 있다면, 그가 수녀들의 고해를 듣기 위해 수녀원에 오거나 적어도 방문할 수는 있지 않은가? 그리고 종신 서원을 한 레스컨 수녀가 이 와중에 메헬렌에 있는 대주교를 만나기 위해 수녀원을 떠나는 것이 그렇게 중요한가?

8월 말경에 레스컨의 이야기가 새 나가기 시작했다. 베들레헴 수녀들은 헨리 요스의 성품을 칭찬하는 한 묶음의 조서를 대주교에게 보냈다. 조서들이 더 이상 뢰번에서의 이적 문제가 아니라 그의 성품에 대한 내용이었다는 것은, 이제 수녀들이 고해신부에게 가해진 진짜 혐의와 그 고발자를 알았다는 것을 뜻했다. 수녀들은 레스컨 수녀에게 너무 분노했다. 대주교도 레스컨 수녀의 입을 막으려 했기 때문에, 그녀를 멀리 떨어진 덴 보스Den Bosch에 있는 수녀원으로 옮기도록 조치했다.

레스컨 수녀는 불신을 받고 떠났지만, 대주교는 여전히 헨리 신부를 베들레헴의 고해신부로 복직시키거나 혹은 단순한 방문자로 허용

마티아스 호비위스, 1596~1620년 메헬렌의 대주교
(출처: 왕립문화유산연구소, 브뤼셀, ⓒ IRPA-KIK Brussel)

하지 않았다. 헨리 신부는 불쾌한 존재가 되어갔다. 다른 무엇보다 대
주교는 헨리가 자신을 둘러싼 소란에 조금도 개의치 않는다고 생각했
다. 또한 대주교 자신이 금지시켰음에도 헨리가 계속 베들레헴에 드

나드는 것을 건방지다고 생각했다. 그는 유도카 수녀원장이 헨리 신부를 받아들이고 혹은 평신도 수녀들을 뢰번에 보내 그의 숙소에서 기다리게 하는 것도 잘못이라고 생각했다. 그리고 오래지 않아 헨리 신부를 신학교에서 일하도록 제안한 것을 후회하게 되었다. 1618년 10월 말에 대주교는 헨리 신부에게서 완전히 등을 돌렸다.

이때쯤에 대주교가 헨리 신부와 선을 긋게 된 또 다른 그럴 만한 이유가 있었는데, 그 이름은 마가렛 스뮐더르스였다. 레스컨 수녀를 둘러싼 이 모든 소란 중에 마가렛은 물론 베들레헴에 있지 않았다. 이때 그녀는 베들레헴 수녀들과 오랜 유대를 갖고 있는 메헬렌의 검은 수녀회Black Sisters에서 지내고 있었을 가능성이 매우 높다.* 레스컨 수녀에 의해 촉발된 위기의 와중에 호비위스 대주교는 1618년 7월 14일, 갑자기 마가렛을 자신의 거처로 불렀는데 마가렛이 즉시 도착했기 때문이다. 많은 짐을 지고 있는 대주교가 오랫동안 쫓겨난 신세로 불명예스럽게 지내는 평범한 수녀를 이 특정한 시기에 부른 것은 분명 우연이 아니었다. 그는 마가렛의 소재를 알고 있었고, 자신 앞에 놓인 매우 민감하고 불확실한 쟁점에 대해 마가렛이 정보를 갖고 있을 것이라고 생각했다.

7월 14일 마가렛과의 첫 만남에 대한 대주교의 기록은 분명치 않다. 마가렛과 이루어진 후속 면담들도 마찬가지로 애매하게 기록되었다.

---

* 사실 '베들레헴' 이라는 이름은 원래 메헬렌 회색 수녀회의 이름이었다. 메헬렌 수녀원은 1580년대에 프로테스탄트 군대에 의해 붕괴되었다. 거의 인원이 고갈된 뢰번의 회색 수녀회는 빈 방이 많았으므로, 대주교는 1587년에 메헬렌에 새 수도원을 짓기보다 두 수녀원을 합치기로 결정했다. 메헬렌의 수녀들은 뢰번의 수녀원에 자신들 수녀회의 이름을 붙였고, 그들의 명상적 생활방식, 지도력, 그리고 서류들도 갖고 갔다. 그 일부 문서는 메헬렌에 두 수녀원이 있었을 당시 회색 수녀회와 검은 수녀회 사이의 오랜 관계를 명확히 보여준다.

그러나 최종 면담이자 가장 중요한 만남이었던 10월 중순 기록에서 대주교는 마가렛이 "나에게 개인적으로 말하고 써 보낸 것은 진실임을 확신했다"고 썼다. 다른 기록들처럼 더 이상 자세한 언급은 없었다. 하지만 앞서 대주교가 레스컨 수녀와 동시에 마가렛을 면담한 것, 그리고 헨리 요스가 바로 이달에 대주교의 눈 밖에 난 것, 이 모든 것은 대주교의 기록이 과거 고해신부인 헨리 요스와 관련이 있음을 강하게 시사한다.

이때 마가렛은 그 후 1624년에 다른 고해신부에게 한 것과 똑같은 설명을 대주교에게 했을 가능성이 높다. "모든 사람이 의견을 갖고 있다"고 기록한 그 고해신부는, 마가렛이 1616년에 수녀원을 떠났으므로 그녀 자신을 사로잡았던 악마들에게서 해방되었을지 모른다고 썼다. 그러나 그는 마가렛이 떠난 진짜 이유는 "육욕의 감정으로 그녀를 자주 괴롭힌" 헨리 요스에게서 도망치기 위함이라고 했다. 바로 이것이 이 모든 사건에 대한 가장 명백한 증거였고, 대주교가 다른 기록에서 그렇게 여러 번 숨기려고 한 진술의 의미였다. 마가렛은 성적 괴롭힘과 귀신 들림이 연관되어 있다고 이 고해신부에게 계속 이야기했다. 고해신부의 찢어진 편지에는 충분한 내용이 남아 있고, 마가렛의 주장에서 다음 둘 중의 하나를 추측할 수 있다. 즉 귀신 들림은 헨리의 접근 이후에 일어났거나 혹은 그의 접근 때문에 일어났다.

성추행은 중죄에 속했으므로 이 주장은 매우 중요했다. 또한 이 진술은, 마가렛이 자신을 둘러싼 초자연적인 현상을 자신이 동조한 결과인 마법이 아니라 악마의 귀신 들림으로 이해했음을 보여준다는 점에서도 중요하다. 사실 그녀의 비난 대상은 악마뿐만 아니라 헨리 요스이기도 했다. 마가렛 정도의 자리에 있는 사람이라면, 사악한 영령이 종종 악마가 아닌 인간 대리인을 통해 희생자들에게 들어온다는 가설에 익숙했다. 악령에 들렸던 여성인 스파던스Spadens는 1618년에, "어떤 남자가 내 목을 잡고 입 속에 바람을 불어넣고 내 입술의 세 군데에 키스를 하고 푸른 반점을 남겼으며 내가 이해하지 못할 말들을 했다"고 증언했다. 그 이후로 그녀는 아프기 시작했고 이상한 사건들과 감각을 경험했으며, 결국 판자처럼 뻣뻣하게 굳어서 다른 사람이 옷을 입혀줘야만 했다(일시적인 긴장 증상은 귀신 들린 사람들 사이에 흔했다).

악의 세계에서 비밀 첩보원으로 산 사람이 악을 포용하게 되는 것처럼 악마를 퇴치한 사람이 악마를 불러낼 수도 있다는 것을 마가렛은 잘 알고 있었다. 구마사(퇴마사)들 중에는 변절자들이 매우 많았다. 1615년 앤트워프(안트베르펜)Antwerp에서 열린 교구장 회의는, 악마 퇴치일을 하던 일부 사제들이 악마의 꼬임에 넘어간 것을 개탄했다. 다음해에 카푸친Capuchin 수도회의 한 수사는 메헬렌의 대주교 법정에서, 자신이 독단적으로 구마 의식을 행했을 뿐만 아니라 적에게 넘어가 사람들을 악령으로 괴롭혔다고 고백했다. 구마사에서 변절한 일부는 순진한 여성들을 유혹하는 데 자신의 힘을 사용하기도 했다. 100년 전 스페인에서는 악마를 쫓아낼 수 있을 뿐만 아니라 자신의 힘으로 여자들을 유혹할 수 있다고 떠벌린 구마사를 고발하는 증언들이 있었다. 헨리 요스도 그러한 능력이 있었을까? 그에게는 분명 그런 기회가 있었다. 왜냐하면 그의 지지자들도 헨리가 마가렛 수녀와 레스컨 수녀에게 사적인 구마 의식을 행했다는 것을 인정했기 때문이다. 그러한 의식은 어떤 가해나 유혹을 피하기 위해 반드시 증인들 앞에서 하게 했지만, 사악한 마음을 가진 사람은 손쉽게 그러한 지침을 무시하고 대상을 속이거나 악용했다. 10년 전에 세상을 놀라게 한 사례를 보면, 브뤼셀에 있는 수녀원의 수녀들이 고해신부가 사탄을 쫓는 의식을 하면서 스스로 옷을 벗고 수녀들의 옷도 벗긴 후 '은밀한 부분'을 만지고 자신의 혀를 수녀들의 입속에 넣었다고 폭로했다. 지금 마가렛은 헨리 요스가 악마를 쫓아내면서 그리고 육체적 접근을 시도하면서 그녀를 유혹했다는 것을 넌지시 말하고 있다.

수도원을 연구한 역사가들은 수녀원에서 일어난 모든 소란의 배경에는 성적인 두려움과 스캔들이 있을 것이라고 오랫동안 짐작해왔다. 그러나 마가렛의 경우 성적 접촉이 참으로 문제가 되었고, 다른 사례들에서도 성적 추문이 있었다. 한 역사가는, "성적으로 정숙하지 못한 사람에게 악마의 '귀신 들림'이 일어난다는 생각은 특히 수도원 저술에서 쉽게 찾을 수 있다"고 지적했다. 그처럼 연관 짓는 사고는 아마 마가렛에게도 영향을 미쳤을 것이다. 앞서도 언급했듯이, 저지대 국가들의 수녀원에서 일어난 귀신 들림 사례들은 상당 부분 성추문을 내포했다. 1609년에서 1611년 사이에 프랑스의 엑상프로방스Aix-en-Provence에서 일어난 악명 높은 사건들, 그리고 고해신부가 자신들을 유혹하려고 마법을 걸었다고 여러 수녀들이 고발한 루됭Loudun의 사례에서도 마찬가지였다. 그 사례에서 한 주요 증인은, "악마들이 나를 조종하여 내 영혼을 도울 사람에게 사악한 욕망과 음탕한 감정을 갖게 했다"고 증언했다. 사탄과 싸우는 데 앞장섰던 성 안토니오스St. Antonios도 악마가 공격할 때는 항상 두 가지 유혹을 받았다. 즉 정결을 잃는 것과 부를 획득하는 것이었다. 귀신 들림은 분명 단순히 악마에게 사로잡혀 두려움에 떨게 되는 것일 뿐만 아니라 성적인 유혹이기도 했다.

그러므로 악마를 퇴치하는 사람이 동시에 악마를 불러들일 수 있다고 마가렛이 믿었다면 그녀는 당시 흐름을 잘 알았던 셈이다. 그녀는 또한 악령이 있는 곳에는 사악한 행동이나 육욕이 바로 뒤따른다고 믿었다. 헨리 신부의 일에 대한 마가렛의 기억이 희미하고 혼란스러운 것, 혹은 그녀가 어떻게든 자신의 귀신 들림을 그의 성적 추행과 연관 지은 것은 마가렛 혼자만의 경우는 아니었다. 그러나 가장 중요한 것은 대주교 호비위스가 마가렛의 말을 믿은 것으로 보인다는 점이다. 사실 1618년 10월 이후 대주교의 행동은 그가 레스컨 수녀보다 마가렛의 말에 더 마음이 기울고 있었음을 보여준다. 비록 처음에 대주교가 마가렛도 레스컨처럼 베들레헴을 떠날 것을 원했지만, 그것은 화가 나서가 아니라 동정심으로 내린 결정이었다. 더구나 대주교는 결국에는 생각을 바꾸었다. 그는 마가렛의 이야기를 충분히 믿었고 그녀가 결백하다고 생각했으며, 혹은 단순히 그녀를 불쌍히 여기고, 마가렛이 베들레헴 수녀원으로 다시 돌아가게 했다. 10월 20일에 유도카 원장에게 편지를 쓰면서 대주교는 헨리 신부의 출입 금지를 다시 상기시키고, 원장과 수녀원이 마가렛 수녀를 '소란스럽지 않게' 받아들일 준비를 하라고 지시했다.

이 결정은 당연히 원장을 당황하게 했다. 그들이 아끼는 고해신부를 잃은 것 혹은 레스컨 수녀가 그를 비방한 것만도 충분히 좋지 않은 상황인데, 마가렛이 돌아온다는 것은 수녀들이 도저히 참을 수 없는 일이었다. 그들은 마가렛과 악마들과의 의심스러운 과거 그리고 불화를 일으키는 그녀의 성향을 잘 알았다. 그리고 이제는 마가렛이 레스컨 수녀처럼 헨리 신부를 비난하는 이야기를 했다는 것도 의심했다. 유도카 원장은 즉시 대주교에게 편지를 써서 그의 거처에서 개인 면담을 해줄 것을 요청했다. 그 사안이 매우 중대했기 때문에 대주교는 그 요청을 받아들였고, 1618년 11월 2일에 수녀원장에게 "모든 일을 밝혔다". 즉 그가 마가렛 수녀에게서 최근 몇 주간 들었던 내용을 알려주었다.

뢰번에서 돌아온 수녀원장이 베들레헴 수녀들에게 보고한 내용은 그녀들만 알고 있다. 그러나 원장이 과거에 헨리 신부에게 호감을 지녔던 것으로 보아, 아마도 그에게 우호적으로 그리고 마가렛에게는 불리한 쪽으로 이야기했을 것이다. 그녀가 어떻게 말했든 수녀들은 곧 그들의 이야기를 구축했다. 가장 공통된 이야기는 1672년이 되어서야 헨리 신부의 완고한 지지자 중의 한 명이었던 안나 피호나롤라 Anna Vignarola 수녀에 의해 알려졌다. 안나 수녀에 따르면, 이 훌륭한 고해신부는 베들레헴에서 수년 동안 넓은 아량으로 봉직했다. 그런데 수녀 서원을 할 만한 사람으로 보였지만 사실은 "사악한" "두 명의 여성"이 입회했다. 그들이 수녀 서원을 하고 나서 수녀원은 곧 밤낮으로 온갖 소란과 피폐함에 시달렸다. 두 여성의 고백을 비밀로 해야 하는 헨리 신부만이 그러한 혼란의 진짜 이유를 알았다. 하지만 그는 고백의 비밀을 깨트릴 수 없었다. 그는 가슴에서 우러나오는 호의를 베풀어 수녀들에게 구마 경구를 읽어주고 그들의 명예를 보호하기 위해 "비밀리에" 애썼다. 그러나 "사악한 동기와 질투심에서" 두 수녀는 신부에 대한 소문을 퍼트렸고 그를 "파멸"로 몰아넣었다. 결국 그는 대주교 호비위스에 의해 "수녀원에서 불명예스럽게 직위를 박탈당했다". 하지만 고발이 "너무 늦게" 접수되었기 때문에 대주교는 "충분한 정보를 얻지 못했다". 안나 수녀는 헨리 신부의 선의가 결국 악으로 보답되었다고 썼다.

불행하게도 헨리 신부에 대해서는 누구의 이야기가 맞는지 아무도 알 수 없으며, 이는 그처럼 내밀한 사례에서는 어쩔 수 없는 결론이다. 하지만 자신의 진술에 대한 안나 수녀의 강한 열정과 감정의 깊이를 볼 때, 그리고 마찬가지로 정반대의 진술을 강력하게 주장한 마가렛 수녀와 레스컨 수녀의 이야기를 볼 때, 이것이 베들레헴에서 수십년 동안 가장 중요한 문제였음은 분명하다. 이 사안 및 유사한 다른 스캔들에서도 중요한 것은 추문 그 자체가 아니라 그것이 공동체 생활에 미친 영향이다. 베들레헴 수녀원에서 이 스캔들은 헨리 신부를 좋아했거나 싫어한 사람들 모두에게 수년간 중대한 영향을 끼쳤다. 수녀 다수에게 명백한 사실은 그들이 좋아한 고해신부가 떠났고 그들이 두려워하는 마가렛이 곧 돌아올 것이란 사실이었다. 마가렛에게 분명한 것은 자신이 오해를 받았으며 헨리 신부는 부당하게 혐의를 벗었다는 것이다. 수녀들이나 마가렛 모두 그 영향을 결코 잊지 못했다.

마가렛이 이 모든 것을 다 알고 있었다고 비방하는 소문이 베들레헴에 퍼졌기 때문에, 마가렛은 당연히 수녀원에 돌아가기를 꺼렸다. 1618년 11월 23일에 대주교는 마가렛을 불러 "즉시 돌아가도록 종용했다". 3주 후에 그는 다시 수녀원장에게 마가렛을 받아들이도록 지시했다. 마가렛은 구마루스Gummarus라는 사제와 동행하여 수녀원에 돌아갈 예정이었다. 마가렛이 정확히 언제 돌아왔는지 아무도 기록하지 않았지만, 그녀는 최소 2년간 떠나 있다 돌아왔고 그 시점은 아마 1618년 12월이었을 것이다. 그녀는 조금도 환대받지 못했다.

유도카 원장은 마가렛이 돌아온 지 몇 달 되지 않아 1619년 2월경에 사망했다. 그녀는 여전히 헨리 신부를 믿었고 이 사건의 모든 문서를

"불태워"줄 것을 대주교에게 요청했다. 대주교와 총대리는 헨리 신부의 지지자들이 갖고 있던 수녀원 권력의 향방을 바꾸기로 결정하고, 차기 수녀원장 선거를 감독하기 위해 5월에 베들레헴으로 갔다. 그러나 비밀투표가 끝나고 헨리의 여동생인 마리아 요스Maria Joos가 과반수 득표를 얻은 것을 알고 대주교는 실망했다. 투표 결과를 수녀들에게 알리지 않고, 그는 자신이 수녀원장으로 선택한 후보를 수녀들이 수용할 것인지 여부를 묻기로 했다. 수녀들 다수는 의심쩍어했지만 그 후보를 수용하는 데 동의했다. 그러자 대주교 호비위스는 헨리 신부에 대한 태도가 중립적이며 최소한 마가렛을 공격하지 않을 것으로 생각한 수녀를 선택했는데, 바로 바르바라 노선Barbara Noosen이었다.

헨리 신부를 둘러싼 사건과 수녀원장 선거에 따른 두통으로 대주교 호비위스는 점차 베들레헴 일에 지쳐갔다. 1619년 말경 그는 베들레헴 수녀원 관할권을 지역 남자 수도회인 프란체스코회에 양도하는 생소한 조치를 취했다. 하지만 그 사안에 발언권을 지닌 관할 성당 참사회는 이를 허가하지 않았고, 대주교는 너무 지쳐서 그들과 싸움을 포기했다. 1620년 5월에 그는 78세의 나이로 사망했고, 베들레헴 수녀원에 대한 감독권은 그대로 유지되었다.

하지만 사망하기 전에 대주교 호비위스는 헨리 신부에게 신학교의 자리는 없어졌다고 말했다. 그는 또한 본당 사제직에서 헨리를 축출하기 위해 성 제르트루다에 있는 헨리 신부의 상급 사제에게 부정적인 내용의 전갈을 보냈다. 1623년 여름, 헨리 요스는 뢰번을 떠났다. 집안의 연줄 덕에 그는 뢰번의 북동쪽으로 약 하루 걷는 거리에 있는 몰Mol의 사제로 추천되었다. 그곳은 덴 보스의 감독 관구에 있으며, 그의 출생지 및 가족들이 있는 곳과 가까웠다. 그 본당은 성 제르트루다만큼의 명성은 없지만 매력적인 보상을 제공했다. 그 성당은 크고 모양새가 좋았으며 월급도 충분했고, 주교도 멀리 떨어져 있어서 헨리는 그 도시에서 가장 중요한 성직자였다. 그는 자기 아래 부사제를 두었고, 자신을 전혀 모르지는 않지만 그가 너무 오래 떠나 있었기 때문에 그의 비밀과 능력을 모르는 사람들 사이에서 새 출발을 할 수 있었다. 10분의 1 교구세 분배에 대한 많은 언쟁 후에 그는 마침내 본당 사제로 임명되었다. 뢰번에서 멀리 떨어진 곳에서 작성된 임명 서류는 성 제르트루다에서의 그의 20년 봉사를 예찬했다. 그리고 헨리 신부가 자신의 고향 가까이 살고 싶어 몰에 돌아온다는 감상적인 기록도 있었다. 임명 서류는 베들레헴에서 했던 그의 직무에 대해서는 전혀 언급하지 않았다.

떠나기 전에 마지막으로 성 제르트루다에 있는 헨리의 상급 사제는, 직무 초부터 끝까지 그의 세속 업무에 대한 기록을 자세히 작성할 것을 (헨리가 규칙적으로 해마다 기록을 제출했는데도) 헨리 신부에게 요구했다. 그래서 헨리 신부는 가로 15센티, 세로 20센티의 가죽 공책 맨 끝에 자신의 지출과 신용 대부를 잘 정리한 목록을 첨부했다. 지루한 회계책의 마지막 장에는 익숙한 라틴어 경구가 쓰여 있다. "당신이 무슨 일을 하든 신중하게 하고 그 목적을 생각하라. 목적이 과업을 영광스럽게 한다." 그러나 그의 마지막 말은 베들레헴의 일부 수녀들에게 그가 흉측한 행동을 했는지 여부에 더 적절한 결론이다. 베들레헴의 직무에서 그리고 다른 일에서도 그는 "내 노고에 대한 전능하신 신의 보상 외에 다른 어떤 것도" 바라지 않았다.

그가 정확히 어떤 보상을 받아야 할지 결정할 적임자로 마가렛 수녀와 레스컨 수녀 외에 또 누가 있겠는가?

4

절망

1624년 1월 17일 베들레헴. 귀신 들림의 문제와 헨리 신부 관련 사건은 베들레헴에서 마가렛이 불행했다는 것을 잘 보여준다. 그러나 앞으로도 더 닥칠 일이 있었다. 1618년에 수녀원에 돌아온 후에도 마가렛의 생활은 조금도 호전되지 않았다. 예전과 똑같은 사탄들이 다시 돌아와 그녀를 괴롭혔다. 기존 수녀들 그리고 몇 명의 새로운 수녀들이 계속 그녀를 거부했다. 마가렛은 너무 힘들어 그날 밤 자살을 시도했다.

바로 전날에 위기가 닥쳤다. 마가렛은 뢰번의 교구장을 통해 메헬렌의 새 대주교에게 자신이 밤에 "큰 소음" 때문에 공포에 떨었다고 말했다. 물건들이 던져져 산산조각으로 부서지고 침대보가 찢어졌다는 것이다. 그녀는 망연자실했지만 그 소동을 다른 누구에게도 감히 이야기하지 않았고 다른 수녀에게 자기 방에서 자달라고 부탁하지도 않았다. 자신과 악마들의 관계를 의심하는 수녀들이 확신을 갖게 만들고 싶지 않았기 때문이다. 그녀는 단지 다른 방으로 옮겨주기를 희망했다. 그 사이에 마가렛의 정신 상태는 나락으로 떨어졌다. 수녀원의 새 고해신부인 지역 프란체스코회 신부가 다른 수녀들에게서 마가렛에 관한 이야기를 듣고서 그녀를 위로하는 것을 거부했기 때문이다.

교구장을 통해 전갈을 중계하는 것으로 만족하지 못한 마가렛은 직접 대주교에게 편지를 썼다. 이 첫 편지를 시작으로 여백도 없이 산만하게 써 내려간 그녀의 서한들은 대주교의 책상 위에 쌓여갔다. 그녀가 밤에 겪은 고통을 그처럼 짧은 시간에 묘사하는 것은 너무 힘들다고 마가렛은 말했다. "그 문제는 너무 복잡해서 그것을 모두 쓰려면 오랜 시간이 필요하다"고 마가렛은 썼다. 사실 그녀는 그 문제에 대해 지난 18개월 동안 다른 누구에게도 감히 말하지 않았고, 뢰번의 교구장도 믿지 못하여 그에게도 세부 사항을 충분히 말할 수 없었다. 지금 그녀가 바라는 것은 대주교가 자신의 이야기를 들어주는 것이었다. 왜냐하면 새로 임명된 대주교는 그녀에 관한 모든 이야기를 아직 알지 못하고, 직접 만나 설명하는 것이 더 쉬우며, 메헬렌으로 그녀의 편지가 전달되는 중에 누가 그것을 읽을지 결코 알 수 없기 때문이다. 마가렛은 대주교에게 자신의 이야기를 자세히 들어줄 것을, 혹은 그럴 사람을 임명해줄 것을 간청했다. "저는 당신이 원하는 어느 때라도 당신에게 혹은 당신의 대리인에게 이야기할 준비가 되어 있으며 제 근심의 발단에 대해서도 말할 수 있습니다." 대주교가 그 임무를 위임한다면, 마가렛은 생각해둔 사람이 있었다. 그 사람은 카푸친 수도회의 수사인 요한 에반헬리스타Johan Evangelista로, 마가렛은 "마치 신 앞에서 말하듯이 모든 것을" 그 수사에게 말한 적이 있었다. 그러나 마가렛은 그가 그녀 문제를 정기적으로 다루기에는 너무 먼 곳인 앤트워프로 옮겨갔다는 소식을 들었다. "만약 그가 이 문제를 맡았다면 나는 이미 이 모든 짐에서 벗어났을 것이라고 감히 말한다. 왜냐하면 그는 이러한 일에 매우 경험이 많은 분별 있는 사람이기 때문이다."

마가렛이 에반헬리스타 신부 혹은 대주교와 이야기를 나누게 되기까지는 "굉장한 고통"을 겪어야 했다. 수녀원 동료들은 과거의 일 때문만이 아니라 최근에 일어난 사건 때문에도 마가렛에게 "사악한 의심"을 가졌다. 마가렛은 지난 성탄절 즈음에 한 골칫거리 수녀 지망자의 방에서 물건들이 없어진 것을 설명했다. 몇 명의 수녀들은 마가렛이 물건을 훔쳤다고 비난했다. 반면 다른 수녀들은 마가렛이 악마에게 그런 힘을 주었다고 했다. 그러나 마가렛 자신은 그러한 일을 결코 하지 않았으며 그렇게 하려는 "어떤 의지"도 없었다고 주장했다. 마가렛은 자신이 문제가 된 그 지망자와 사이가 좋지 않았다는 것은 인정했다. 그리고 그녀가 수녀원에 처음 들어올 때도 반대했음을 인정했다. 하지만 신에 맹세컨대, 최근 몇 주간 일어난 일들은 사악한 영령이나 악한 인간들의 행위라는 것이었다. "그러한 비난은 내 육신을 소모시키고, 나는 악마와 그의 사악한 하수인들 때문에 밤낮으로 고통 받는다. 그 모든 것을 견디기란 거의 불가능하다. 난 천성적으로 강인하지만 신의 부르심으로 죽게 될까 두렵다." 마가렛은 자신의 의지가 무너지기 전에 대주교가 개입해주기를 애원했다. "그렇지 않으면 계속된 유혹으로 나에게 나쁜 일이 일어날까 두렵다." 그녀는 온 마음을 다해 "수도자의 사명대로 살고자" 했다. "지체하지 마세요. 저는 지금 위험한 상태에 놓여 있습니다. 정초의 고해 이후로 아직 고해성사를 하지 못했고, 이 문제가 해결될 때까지는 고해할 생각도 없습니다"라고 그녀는 탄원했다. "이러한 증오와 질시는 수녀원에 그리고 저 자신에게 저주가 될 것입니다."

1월 17일과 18일 밤, 아마도 마가렛이 대주교에게 탄원서를 쓴 바로 그 밤에, 답을 듣지 못하여 절망에 빠진 마가렛은 자신의 배를 칼로 찌르고 자살을 시도했다. 수녀원장 바르바라 노선과 마가렛의 유일한 친구인 카타리나 수녀가 그 사건을 대주교에게 보고했고, 마가렛이 1월 25일 성 바오로 축일에 "기적적으로 치유되었다"고 첨부했다. 다른 수녀들이 마가렛의 자살 시도를 알았는지는 확실치 않지만, 이 일이 없었다고 하더라도 수녀들은 여전히 마가렛에 분노하고 대주교의 개입을 요청할 다른 이유가 있었다. 즉 마가렛이 치유된 성 바오로의 날에 더 많은 물건들이 수녀 지망자인 바르바라 벨리Barbara Beli의 방에서 없어졌기 때문이다.

1624년 1월 27일. 바르바라 노선은 5년 전 자신이 원장으로 승진한 것을 한탄했다. 대주교 호비위스는 그녀를 임명함으로써 원장 선거를 지배하는 파벌주의를 피하려 했다. 하지만 바르바라는 수녀들의 선거로 선출되지 않았기 때문에 오히려 그들의 불만을 초래했다. 그리고 원장으로 임명된 상황에서 바르바라는 헨리 요스의 반대자로 보일 수밖에 없었다. 그 자리는 수녀원 대다수 수녀와 반대편에 있는 위치였다.

그녀의 취임식은 인상적이었다. 종소리와 찬송가가 울려 퍼지는 가운데 대주교가 수녀원의 열쇠를 그녀에게 건네주고 그녀 머리에 왕관을 수여했다. 하지만 취임식 이후 바르바라의 유일한 위안은 원장 임무 수행이 자신의 영혼에 유익했다는 점이다. 즉 그녀는 다른 원장들에게 공감하는 법을 배웠다.

이날은 원장에게 또 다른 시련의 날이었다. 서원을 한 스무 명의 수녀 중 열아홉 명과 평신도 수녀들이(마가렛을 제외한 수녀 전원) 원장에게 다가와 최근 문제에 대해 대주교에게 탄원서를 보내는 것을 허락해달라고 했다. 수녀들은 그러한 행동이 모험이라는 것을 모두 알고 있었다. 왜냐하면 각 수녀가 대주교와 사적으로 교신할 권리를 갖고 있지만(다른 모든 편지들은 원장의 손을 거쳐야 했다), 대주교는 전체 수녀에게서 동시에 압력을 받는 것을 좋아하지 않았다. 그것은 공적인 항의와 유사했다. 수녀들이 어쨌든 편지를 보내려 한 것은 그들의 절박함을 증명한다. 한 수녀에 따르면, 그들은 마가렛을 내보내는 것 외에 "다른 어떤 것도 간절히 바라는 것이 없었다".

마가렛 수녀와 현 원장에 대한 가장 강경한 반대자인 아드리아나 트라위스Adriana Truis 수녀는 사각 편지지에 왼쪽 여백을 둔 채 25줄로 된 탄원서를 썼다. 그녀는 대주교가 "이 문제"를 종식시켜주기를 전체 수녀의 이름으로 "다시 한 번" 간청했다. 이제 "상황이 나아지는 대신에 매일 악화되는 것 같다". 불과 이틀 전에도 몇주 전에 그랬던 것처럼, 수녀들이 아침 기도를 드리고 있을 때 수녀 지망자인 바르바라 벨리의 침대보가 찢어지고 그녀의 옷들이 유리창 밖으로 던져졌다. 수녀들은 옷이 더럽혀진 것 때문에 화가 난 것이 아니라, 사악한 무엇 혹은 사람이 그 모든 일의 배후에 있다고 믿었다. 다른 수도자들처럼 베들레헴 수녀들은 악마가 수도자의 옷을 더럽히는 것을 유희로 즐긴다고 생각했다. 그래서 그들은 대주교의 "아버지 같은 관심"을 청원했고, 자신들을 도와준다면 그의 영혼을 위한 기도를 올리겠다고 약속했다.

바르바라 원장이 편지를 읽자, 수녀들은 원장의 허락뿐만 아니라 원장의 이름도 거기에 쓸 것을 요청하여 원장을 난처하게 했다. 서명을 하면 대주교의 불쾌함을 초래할 것이다. 하지만 서명하지 않으면 수녀들의 분노에 맞닥뜨릴 것이다. 원장은 그들과 함께 살고 먹고 기도하고 노동하고 숨 쉬는 사람이며, 그들의 무언의 도움 없이는 수녀원 생활의 고단함이 훨씬 더 심해질 것이다. 그래서 원장은 양측을 달랠 계획을 세웠다.

첫째, 그녀는 청원서에 서명을 했다. 편지지 여백의 한 가운데에 "바르바라 노선 수녀, 보잘것없는 수녀원장"이라고 썼다. 바로 옆에 서 있던 수녀들은 원장으로서 그녀의 이름이 수녀들 이름의 맨 위에 적혀야 한다고 지적했다. 당황한 원장은 서명에 선을 그어 지우고 다시 서명했다. 원장은 자신의 이름 아래로 나머지 수녀들의 이름이 서원 순서에 따라 적혀 내려가는 것을 지켜보았다. 수녀 중 절반은 전혀 이름을 쓸 줄 몰랐고 일부는 간신히 읽을 수 있을 정도로 썼다. 하지만 아무 문제가 되지 않았다. 아드리아나 트라위스 수녀와 마리아 요스 수녀가 기꺼이 그들을 도와주었다. 수녀 중 두 명은 자신의 이름 밑에 'X' 자를 표시했고, 다른 수녀들은 아드리아나와 마리아가 그들 대신 서명했다. 그것은 굉장한 그리고 단정히 정리된 문서였다.

청원서를 보내도록 원장에게 맡기고 수녀들이 자리를 뜨자, 바르바라 원장은 그녀가 계획한 두 번째 부분을 실행했다. 그녀는 자신이 서명한 이유를 대주교에게 설명하는 사적인 편지를 청원서에 동봉했다. 바르바라는 아드리아나와 같은 수녀들을 싫어했다. 아드리아나는 비열하고 인색하며 외부인을 지나치게 좋아했기 때문이다. 바르바라는 원장으로서 청원서와 거리를 두고 싶었다. 그녀가 마지못해 하는 식대로, 이 생각 저 생각을 맞춤법을 무시하고 불규칙한 철자로 쓰면서, 바르바라는 단지 "수녀들을 만족시키려고" 청원서에 서명했음을 설명했다. 최근에 벌어진 일들이 수녀들을 혼란스럽게 했기 때문에 그들은 충분히 당황할 만했다. 하지만 청원서는 너무 지나쳤다. 왜냐하면 현 상황에 대해 비난을 받을 사람은 바로 수녀들 자신이기 때문이다. 그들의 행동은 결국 "고통 받는 수녀를 절망에" 빠트렸다. 그들이 수녀 지망자 방에서 도둑맞은 물건들을 말하면서 마가렛이 그 배후이거나 혹은 "적어도 적에게 물건을 훔칠 힘을 주었다"고 한 것은 마가렛을 절망에 빠지게 할 뿐이었다. 바르바라가 할 수 있는 일은 실의에 빠진 마가렛이 "같은 시도"를 다시 못하게 막는 것이었다. 바르바라는 수녀들이 "이런저런 말들을 하고" 가버리면, 자신은 "수녀원의 평화를 위해 그 모든 소음을 듣고 감내하며 침묵해야 한다"고 한탄했다. "양측 모두에게" 구원은 요원했다.

바르바라 원장이 편지를 쓰던 바로 그때, 카타리나 레이케부르 수녀도 숙소로 돌아와 대주교에게 짧은 편지를 급히 썼다. 어린 수녀 중의 한 명인 카타리나는 수녀원의 여러 문제에서 바르바라 원장을 지지하는 소수에 속했고, 마가렛을 우정에 가까운 태도로 대한 유일한 수녀였다. 그녀 역시 대주교와 좋은 관계를 유지하고 싶었고, 그래서 자신이 수녀원의 평화를 위해 청원서에 서명했다는 것을 설명할 필요를 느꼈다. 적은 지면을 빽빽하게 채우면서 원장보다 더 세련되게 편지를 쓴 카타리나는 '양측'이 자신에게 도와달라는 요청을 수차례 했음을 기술했다. 한편으로는 마가렛 수녀가 다시 한 번 정식 수녀원 생활을 이어가기 위해 "최선을 다할 것을 나에게 진심으로 약속했다"고 카타리나는 썼다. 그러나 반대편에서는 수녀들이 "위급할 때 자신들을 도와줄 것을" 카타리나에게 요청했다. 마가렛이 영원히 사라질 때까지 그들에게 평화는 없을 것이라고 카타리나는 생각했다. "이 갈등이 너무 오랫동안 지속되었고 지금은 최악이기 때문"이다. 이 대소동이 마가렛의 책임이라면 "아마 우리는 그녀를 예언자 요나Jonah와 함께 바다로 던져야" 하겠지만 신만이 진실을 알고 있다고 카타리나는 결론지었다. 카타리나의 입장은 중립을 유지하고 신의 뜻을 추구하는 것이었다. 그녀는 편지 후기에 마가렛의 자살 시도 소식을 적었다. 카타리나는 편지를 접어 바르바라 원장의 편지를 전달하는 사람에게 몰래 주었다.

1624년 1월 말, 메헬렌에 있는 대주교 관저. 얼마 전인 1621년에 메헬렌의 대주교로 승진한 야코프 보넌Jacob Boonen은 이미 "빈민에게 베푸는 성직자"로 유명했다. 메헬렌과 다른 곳에서 주교로 봉직한 40년간 그는 수많은 운동에 자신의 이름을 걸었을 뿐만 아니라 돈도 기부했다. 주교 월급으로는 그러한 기부의 일부만을 낼 수 있었다. 그의 교구는 그 지역 17개 교구 중에서 땅은 가장 넓지만 재산은 1등이 아니었다. 보넌 대주교의 돈은 대부분 그의 어머니 헤르트뤼더Gertrude의 돈이었다. 그녀는 뢰번의 상인 판 헤트벨더Van Heetvelde의 상속인이었다. 그녀는 독실한 신앙으로 유명했으므로 보넌 대주교의 자애심은 아마도 어머니의 영향 덕분이었을 것이다. 야코프가 여섯 살이고 두 여동생들도 어렸을 때, 그의 어머니는 남편이 네덜란드인들에 의해 독살되었다는 소식을 들었다. 얼마 후 참회한 암살자들이 찾아와 그녀 발아래 무릎을 꿇자 헤르트뤼더는 그들을 기꺼이 용서했다.

야코프가 어머니에게서 미덕과 부를 물려받았다면, 일찌감치 명성

야코프 보넌, 1621~1655년 메헬렌의 대주교
(출처: 왕립문화유산연구소, 브뤼셀, ⓒ IRPA-KIK Brussel)

을 얻은 것은 친가 덕택이었다. 아버지 코르넬리위스Cornelius와 할아버지 야코프Jacob는 모두 스페인령 네덜란드의 유명한 최고행정법원 Council of State에서 근무했고, 어린 야코프도 그 뒤를 이을 것으로 보였다. 스물두 살에 뢰번 대학에서 법학 학사 학위를 받고 졸업한 후에 그는 동부 네덜란드에서 홀란트 문제를 주로 다루는 변호사로 일하기 시작했다. 그러나 그의 고향인 메헬렌으로 옮겨오자마자 그는 영향력을 행사할 수 있는 상급 성직자로 진출했다. 그것은 편익이나 권력 덕분이 아니었다. 그는 성직자가 되지 않고도 둘 모두를 가질 수 있었다. 그 길은 소명 의식 때문이었다. 기적을 행하는 그 지역 성모 마리아 그림 앞에서 감동의 기도 순간을 가진 후에 그는 성직자가 되기로 맹세했다. 그는 순식간에 교회 관직에 임명되었고, 마침내 1611년 38세의 나이에 사제 서품을 받은 후 1616년에 헨트의 주교가 되었다. 그의 후원자였던 대주교 호비위스가 죽자, 1621년에 그는 헨트를 떠나 메헬렌의 네 번째 대주교로 취임했고 죽을 때까지 그 직을 유지했다.

이후 30년간 야코프 보넌은 메헬렌 교구를 구성하는 일곱 개 관구에서만이 아니라 스페인령 네덜란드의 전 교구에서 최고의 인물이었다. 한 독실한 저술가는 그를 모든 땅의 지도자 모세Moses에 비유했다. 메헬렌의 대주교였으므로 보넌은 브라반트Brabant의 지방의회Estates에도 소속되어 가문의 능력인 정치적 역량을 발휘했고, 대공비大公妃 이사벨라Isabella의 최고행정법원 소속이 되었으며 주요 사절로 일했다.

그러나 정치 세계에 가담하면서도 야코프 보넌은 민중보다 전쟁과 음모에 더 신경을 쓰는 중세 혹은 당대의 귀족-주교들prince-bishops과는 달랐다. 그는 정기적으로 규모가 작은 수도원들이나 교구들을 방문했고 그들에 대한 자세한 보고서를 작성했다. 그는 몸소 교회 관직의 후

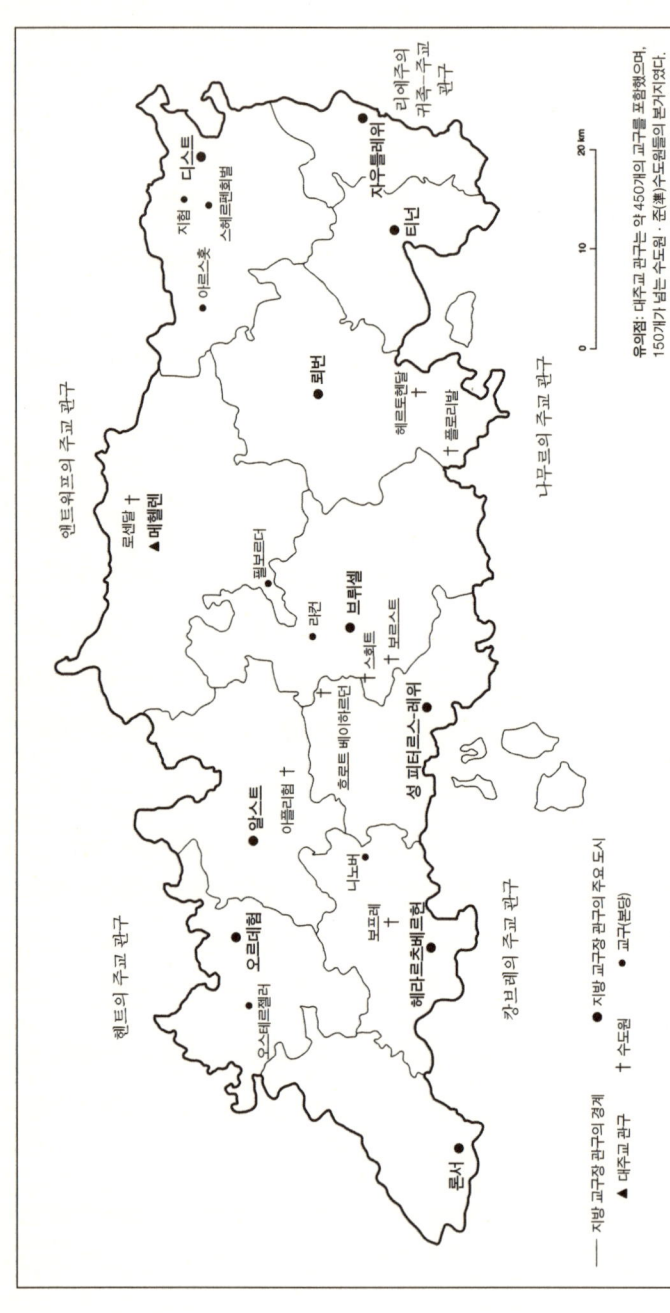

교구장 관구, 교회, 수녀원 등을 포함한 메헬렌의 대주교 관구
(출처: 미국 브리검영 대학교 지리학과)

지방 교구장 관구, 교회, 수녀원 등의 경계
▲ 대주교 관구   ✝ 수도원
● 지방 교구장 관구의 주요 도시   • 교구(본당)

유의점: 대주교 관구는 약450개의 교구를 포함했으며,
150개가 넘는 수도원·준(準)수도원들이 분가지었다.

보자들을 조사하고, 성직자의 저급한 설교, 과음, 무절제, 사소한 경쟁으로 인한 불평을 조사했다. 그는 브뤼셀의 군종 신부가 보낸 보고서, 즉 지역민 다수가 예수가 구세주임을 모른다는 내용을 근심스러운 마음으로 읽었다. 그는 대주교 관구 신학교의 문제를 비롯하여 여러 실망스러운 보고도 받았다. 대주교 친척의 잘못, 다툼을 벌이는 수녀원들과 고해신부들, 브뤼셀의 '요부들', 혹은 자기 방에서 나오지도 않고 설교도 하지 않는 남쪽 아라스Arras 주교의 게으름 등에 대해 들었다. 아마도 이 이른 시기에 야코프 보넌은 아직 밀라노의 카를로 보로메오Carlo Borromeo나 베로나의 마테오 지베르티Matteo Giberti처럼 전형적인 주교는 아니었지만, 그러한 이상을 매우 의식하고 그렇게 되기위해 열심히 노력했을 것이다.

그의 열정에도 불구하고, 뢰번의 한 수녀의 가장 급박한 사안은 대주교의 풍부한 경험과 자선을 필요로 하는 수많은 요청에 파묻혀 메헬렌의 감독 관저에서 떠내려갈 수도 있었다. 마가렛의 문제는 심각했지만 다른 급박한 사안들에 비하면 분명히 덜 중요했다. 즉 네덜란드 공화국의 침입 위협, 브뤼셀에 회개 여성들을 위한 거처를 만드는일, 전체 교구를 위해 공통 교리 문답 책을 새로 인쇄하여 사용하게하는 일 등이 시급했다. 회색 수녀회의 마가렛 수녀는 여러 삐걱거리는 경첩들 즉 짜증나게 하고 수리를 요하지만 실제로 고치기는 어려운 경첩 중의 하나였다. 대체로 대주교의 측근들이 그러한 문제를 처리했지만, 대주교가 충분히 중요하다고 판단한 사안에는 본인이 직접개입했다. 그리고 그러한 개입의 순간이 베들레헴에 다가왔다.

모든 서류를 검토한 후 대주교는 혼란스러운 사실과 틈새에 직면했다. 1월 25일에 누가 바르바라 벨리의 방을 뒤질 수 있었을까? 여러 세속적 설명이 가능했다. 마가렛은 17일에 자살을 시도했지만 바르바라 원장에 따르면 25일에는 나았다고 한다. 마가렛은 다른 수녀들이 성가대에 있을 때 자신의 침대에서 일어날 정도로 몸이 나았을까? 그리고 마가렛이 왜 그러한 일을 저질렀을까? 수녀원의 악의 근원이 자신이 아니라 수녀 지망자인 것처럼 보이게 하려고? 혹 다른 사람들이 마가렛을 의심할 것을 알고, 바르바라 벨리가 자신의 방을 휘저어놓은 것일까? 그래서 자신의 수녀원 입회를 반대한 마가렛에게 복수를 하려 한 것일까? 그러나 바르바라 벨리는 자기 방이 침탈될 때 다른 수녀들과 함께 성가대에 있었던 것으로 추측되었다.

그렇다면 초자연적인 설명이 필요하다. 대주교는 악령의 짓이라는 수녀들의 주장을 무시하지 않았지만, 법정 경험이 많았기 때문에 마법이라는 주장을 모두 믿지는 않았다. 그는 자신의 총대리 중 한 명의 의견, 즉 귀신 들림이나 마법에 대한 고발에는 신중을 기해야 한다는 말을 반복했다. 총대리는 당시 전문가들의 공통 의견을 인용하며 말하기를, "여성들은 종종 엄청난 상상력으로 만든 증거를 제시하기 때문에" 특별히 주의해야 한다고 했다. 그러나 대주교 역시 사악한 영령을 의심하지는 않았다. 그는 가장 최근에 펴낸 감독 교구 사제 안내서에 주의를 기울여, 악마의 횡행을 막을 신앙 고백문 하나를 직접 수정했으며 귀신 들림을 막는 다섯 개의 새 기도문을 추가했다. 그리고 그는 분명 프랑스와 저지대 국가들에서 악령과 관련되어 일어난 유명한 스캔들을 여럿 알고 있었다. 아마 그 악령들이 베들레헴에 출현한 것인지도 모른다.

몇 달이 지난 후에야 마가렛의 사안은 더 명료하게 드러났다. 대주교는 자신이 알고자 하는 내용이 부족하고 마가렛이 다른 누구와도 말하기를 꺼린다는 것을 알고, 우선 전문가를 호출하는 안전한 길을 택했다. 그 사람은 기회만 주어진다면 자신을 치유할 것이라고 마가 렛이 주장한 사람이었다.

5

해결사

1624년 2월 23일, 뢰번의 카푸친 수도회. 마가렛은 자신의 이상적인 고해신부라고 보았던 요한 신부의 주소를 잘못 알고 있었다. 사실 그는 뢰번의 마가렛 거처에서 불과 한 블록 떨어진 곳에 있었다. 일부 수사가 장식이 지나치다고 한 새 카푸친[끝이 뾰족한 모자(카푸친)가 달린 코트를 입어서 이렇게 부른다] 수도회에서 지내고 있었다.

카푸친 수도회는 프란체스코 수도회의 엄격한 규율과 훌륭한 예배를 복원하기 위해 1528년 이탈리아에서 만들어졌다. 이 수도회는 점차 북유럽으로 퍼져서, 16세기 말에는 앤트워프의 한 주교가 카푸친 수도회에 의해 "모든 사람"이 교화되었다고 선언할 정도였다. 연감에 따르면, 뢰번의 수도회는 흔히 그렇듯이 기적의 기도 덕에 1590년대에 모양을 갖추었다. 예를 들어 한 여성이 새 수도회를 건설할 예정지에 있는 자기 집을 팔지 않겠다고 하자, 신이 "자신을 따르는 사람들을 위해" 그녀를 "시체로" 만들어버렸다. 곧이어 죽은 여자의 딸이 마치 파라오처럼 집을 팔 준비가 되었다고 선언했다. 그 집은 팔려 수도회가 지어졌고 1619년에 확장되었다.

수사는 서른다섯 개의 방 중 하나에서 정원을 내려다보며 자신의 과거, 그리고 최근 마가렛 수녀와 만난 일을 떠올렸다. 대주교 보넌이 보고하라고 했을 때, 그는 마가렛의 상황을 자신이 어떻게 생각하고 있는지 기꺼이 보고하려 했으나 그것이 무슨 소용이 있을까 의심했다. 하지만 그것은 그의 겸손이었다. 왜냐하면 그는 평범한 카푸친 수사가 아니었기 때문이다. 헤라르뒤스 페르스하런 판덴 보스Gerardus Verscharen van den Bosch는 25세인 1614년에 요한 에반헬리스타라는 이름으로 수도회에 들어갔고, 1623년경에는 이미 뢰번 수도원의 상급자 즉 원장이었다. 1624년에는 자리가 비어 있던 궁핍한 루르몬트Roermond 주교직에 그의 이름이 언급되었다. 그곳은 청빈을 따르는 카푸친 수사 같은 사람만이 살 수 있는 곳이다. 요한은 또한 정신생활을 기술한 책 세 권을 쓰기도 했다. 그가 살아 있는 동안에는 수사와 수녀들만 그 책자를 비공개로 읽었지만, 그것이 출간되자 학자들은 그를 저지대 국가가 배출한 위대한 카푸친 저술가 세 명 가운데 하나로 명명했다. 끝으로 그는 현세를 거부하고 내세를 추구하는 금욕적인 생활 습관으로 유명했다. 즉 매일의 명상, 두 시간의 야간 취침, 그리고 열성적인 기도와 연구, 이 모든 것이 하늘을 바라보며 자비를 구하는 그의 초상화에 반영되어 있다. 그 초상화는 1635년에 그가 흑사병으로 죽은 직후 그려졌다. 그러므로 살아서나 죽어서나 요한 에반헬리스타는 영적인 문제 특히 전문 성직자들 문제의 권위자로 존경받았다. 이러한 명성과 함께 그가 과거에 마가렛 수녀와 면담을 했다는 것이 야코프 보넌의 주의를 끌었다.

이 수사는 성 아우구스티누스St. Augustinus의 이름과 그리스도 수난 장면이 새겨진 수도회 정문을 나가서 다리를 건너 몇 블록을 지나 위치한 회색 수녀회 수녀원을 얼마나 자주 방문했을까? 2년 동안의 방문과 서신 교환을 한 후에 그는 대주교에게 엄연히 말했다. 마가렛이 단독으로 소용돌이를 일으킨 수녀원과 그녀 자신 모두에게 마가렛의 고통은 "매우 위험하고 심각하다"는 것이었다. 그의 첫 방문 때 마가렛은 즉시 자신의 깊은 마음속을 그에게 드러냈는데, 그녀는 수녀원 고해신부나 어느 누구에게도 그렇게 하기를 싫어했다고 기록했다. 이 것만으로도, 마가렛이 이미 말했듯이, 그녀의 문제가 실로 "매우 복잡한" 것임을 그는 분명히 알았다.

이 복잡한 문제는 이상한 소리, 외로운 밤, 악마에 대한 두려움 등에 대한 마가렛의 진술을 분명 포함했다. 왜냐하면 에반헬리스타 신부가 가장 처음 시도한 것이 바로 마가렛에게서 악령을 쫓아내려 한 것이라고 대주교에게 말했기 때문이다. 여러 주 동안의 중요한 시기에 그는 악령 퇴치 의식을 행하기 위해 매일 마가렛을 방문했다. 그는 마가렛을 마녀라고 생각하지는 않았지만 악마들이 그녀 주위에 있다고 확실히 믿었다.

그는 과거 자신의 경험과 동시대 다른 전문가들의 견해에 따라 이러한 결론에 도달했음이 분명하다. 성인들, 마녀들, 귀신 들린 자들, 심지어 여행자들은 앞선 사람들이 만들어놓은 유형을 모방하여 행동하는 경향이 있다. 고통 받는 자들을 다루는 사람도 마찬가지였다. 요섭 클라이츠Joseph Klaits는 다음과 같이 지적했다. "악령에 홀린 사람의 상담을 맡은 사람은 대개 성직자였고, 그들은 귀신 들림에 대한 자신의 사전 지식에 비추어 아픈 사람의 행동을 해석했다. 그들은 초자연적으로 생긴 장애로 고통 받는 피해자들의 공포를 강화하면서 증상 치료를 시작했다." 빈틈없는 에반헬리스타마저도 그러한 암시에 걸려들었다. 그렇다고 해서 그나 마가렛이 귀신 들림을 지어냈다거나 그들 생각이 진실하지 않았다는 것은 아니다. 오히려 D. P. 발커르 Walker가 기술했듯이, 다른 사례들에 대한 그들의 지식이 "상당 부분 그들의 행동을 결정했다"고 본다. 한 예로 1629년에 네덜란드 고해신부가 한 여인에게 악마가 그녀의 목을 휘감고 있다고 말하자, 그녀는 기절하여 "대여섯 시간 동안 말을 못하고 누워 있었다". 사실 헨리 요스 혹은 베들레헴의 다른 수녀들이 마가렛에게 귀신 들림을 최초로 암시한 것은 놀라운 일이 아니다.

에반헬리스타 신부와 마가렛은 수많은 사례들에서 귀신 들림의 주요 특징을 추출했다. (1) 갑자기 이방 언어(대개 그리스어, 라틴어, 혹은 히브리어)를 말하고 이해할 수 있는 능력, (2) 투시 능력, (3) 비정상적인 육체적 힘, (4) 성물에 대한 공포와 혐오감, (5) 살인 혹은 자살 시도, (6) 오랜 '실신' 혹은 졸도. (3)번과 (4)번 증상이 가장 흔했고, 대개 몸과 얼굴이 곡예하듯이 뒤틀리거나 일그러졌다. 1599년에 한 프랑스 여성은 이리저리 뛰고 호弧를 그리고 몸을 비틀면서, 얼굴이 검게 변했고, 혀를 손가락 너덧 개 길이로 내밀었으며, 눈동자를 앞뒤로 굴리고, 입을 벌렸다. 그녀가 이러한 증상을 꾸며낸 것으로 드러났지만, 그녀는 분명 조사관들이 기대하는 것을 알았다. 마가렛의 증상으로는 수녀원에서의 소동이나 자살 시도가 있었다. 에반헬리스타 신부도 면회실에서 마가렛을 기다리는 중에, 그녀가 실신하여 누워 있으므로 만날 수 없다는 전갈을 바르바라 수녀원장에게 받은 적이 몇 차례 있었다. 그 이후의 고해신부도 마가렛의 얼굴이 이상해지고 감정이 급

요한 에반헬리스타의 성스러운 초상화
(출처: 앤트워프의 카푸친 수도회)

변하는 것을 목도했을 것이다.

그러나 여러 가지 통상적 징표가 드러난 마가렛과 같은 사례에서도 에반헬리스타 신부는 그것을 감지하는 것이 매우 힘든 일임을 알았다. 당시의 최고 지성인들도 악령, 선령good spirits, 그리고 자연 질병을 구별하는 법에 대해 의견이 달랐다. 나중에 성녀로 추앙된 테레사의 최초 정신 상담자들조차 그녀의 무아지경을 "악마 들린 망상"이라고 불렀고, 단순히 "자연발생적인" 육체적 질병에 시달리는 일부 피해자들도 자신들이 악령으로 가득 차 있다는 생각을 쉽게 받아들였다. 전문가들은 그들이 간질, 히스테리, 우울증을 치료하는 의사와 상담했으면 훨씬 좋아졌을 것이라고 보았다. 그러나 불행히도 귀신 들림이 우울증 때문에 생길 수 있다는 것이 당시 의학계의 일반 상식이었다. 카타리나 레이케부르는 마가렛도 그러한 과정을 경험했다고 후에 보닌 주교에게 언급했다. 카테리너 얀선스Catherine Janssens라는 수녀도 어렸을 때부터 "매우 절망적이었고 신의 자비를 받을 가망이 없어서 그 이후 자신은 악마에게 포획되었다"고 고백했다. 심지어는 당시 최고의 의학적 소견 역시 오랫동안 독신 생활을 하고 그 때문에 젊은 여성보다 '체액humor'이 더 건조해진, 특히 40세가 넘은 수녀들이 우울증에 걸리기 쉽고 귀신 들림에 가장 취약하다고 결론지었다.* 사실은 나이에 상관없이 독신자들은 귀신 들림에 더 걸리기 쉽다. 에반헬리스타 신부도 나이나 불안정한 기분, 게다가 외로움 때문에 우울증에 걸린 사람이 '귀신 들림'에 가장 걸리기 쉽다고 생각했다. 심각한 재정적 어려움이 있는 사람도 마찬가지인데 마가렛의 경우가 그에 해당한다. 그녀는 수녀원 밖의 '누군가'에게 거의 1년치 생활비에 해당하는 40플로린가량을 빚졌다.

---

* 고대 이래로 사람들은 인간의 네 가지 체액(피, 점액, 담즙, 검은 담즙)의 균형 혹은 불균형이 그 사람의 육체적 · 정서적 상태를 결정한다고 생각했다. '건조한' 체액이 지배하면 우울증 위험이 높아진다는 식이다.

귀신 들림을 초래하는 또 다른 원인은 아마 가장 많은 사람이 믿는 것으로, 바로 죄이다. 악마들이 신의 허락을 받고 침입한다는 것은 에반헬리스타 신부에게 기본 상식이었다. 즉 희생자의 불복종을 벌하기 위해 혹은 공개적인 구마 무대를 만들어 신의 힘이 악마의 힘보다 크다는 것을 보이기 위해 침입하는 것이다. 마가렛의 경우 악령을 쫓는 의식이 공개되지 않았고 대부분 마가렛의 죄가 많다는 것에 초점이 맞추어졌으므로, 그녀는 신의 벌을 받는 것으로 이해하기 쉬었다. 그래서 안나 피흐나롤라도 마가렛을 "사악한 딸"이라고 불렀고 그녀가 귀신 들림을 받을 만한 행위를 했다고 생각했다.

마가렛과 에반헬리스타 신부도 분명 그러한 생각을 했다. 아마 마가렛은 헨리 요스와의 일에 대한 불확실하고 자학적인 기억에 괴로웠을 것이다. 그녀는 악마의 말에 귀를 기울여 우울증에 빠진 것을 자책했을 것이다. 그녀가 귀신 들림을 '유혹'이라고 썼을 때, 그것은 우울한 기분에 빠지는 것을 일부 의미했다. 또한 그녀가 기꺼이 악마에게 승복하고 악마와 더 자발적이고 사악한 관계를 맺어 마법의 난잡한 연회와 이상한 주연에 탐닉한 것도 의미했다.

에반헬리스타 신부가 마가렛에 대한 결론을 내릴 때 귀신 들림의 일반 징표와 원인, 사악한 책략과 반격을 잘 알았지만, 후대의 심리적 해석은 알지 못했다. 즉 귀신 들림이 수도원에서 흔히 일어난 것은 그것이 수도원의 훈육과 억압에 대한 필사적인 저항이었기 때문이라는 것이다. "귀신 들림의 희생자가 되는 것은 금지된 충동을 표현하는 수단이었고, 무관심하거나 억압적인 상급자들의 주의를 끌기 위한 수단이었다." 그러한 상태에서 귀신 들린 사람은 자기 견해를 외칠 수 있었고, 보통 상황에서는 처벌을 받거나 따돌림을 당할 행동이지만 악마 때문일 경우에는 사실상 무시되는 행동을 벌일 수 있었다. 그러나 에반헬리스타 신부는 그 시대의 도구만을 활용하여 마가렛의 상태를 해석할 수 있었다. 그래서 그는 마가렛이 먼저 구마 의식의 형태로 교회의 초자연적인 도움을 받아야 한다고 대주교에게 말했다.

신부는 장백의와 제의를 입고 십자가상·향·초·성경과 의례를 한 번 이상 준비했다. 통일된 의식이 만들어지던 이 시대에도 악령을 쫓는 방법은 여러 가지였다. 그는 마가렛을 의자에 앉혀 단단하게 묶은 다음 "메스껍게 하고 취하게 하는" 이상한 약을 마시게 하는 등의 구경거리가 될 만한 방법은 피했다. 대신 그는 악마에 대적하고 불경한 영혼들을 쫓아내는 힘, 그리스도가 사도들과 함께 나누었던 초월적인 힘을 최상의 청량한 목소리로 불러냈다. 그는 신을 따르는 사람들을 괴롭히는 세력에 대항할 힘을 달라고 기도했다. 그는 규칙적으로 성호를 그으면서 성부·성자·성령의 강복을 반복하여 기원했고, 그러한 성호 표시와 기도 소리가 적들을 쫓아낸다고 믿었다.

마가렛에게 기적이 일어나게 하기 위해 그는 말 그대로 복음서의 기적에 의지했다. 먼저 신약 복음서를 자신의 이마, 입, 가슴에 갖다 댄 후에 마치 인쇄된 단어들 자체가 힘을 지닌 것처럼 마가렛의 이마에도 갖다 댔다. 그녀의 앞에 선 채로 그는 〈마태오복음서〉에서 예수 그리스도만이 고칠 수 있었던 소년의 이야기를 읽고, 〈마르코복음서〉에서 예수의 사도들이 악마를 쫓아내는 힘을 가질 것이라는 예수의 약속을 읽었으며, 〈루가복음서〉에서는 유대교회당에서 치유된 남자의 이야기를, 그리고 〈요한복음서〉에서는 이 세상의 악이 정복될 것이라는 약속을 읽었다. 그리고 다시 성경을 마가렛의 머리에 대고, 그녀의 이마에 성호를 긋고, 이 불경한 영혼 즉 모든 인류의 적, 죽음을 가져오는 자, 삶을 강탈하는 자, 정의의 적, 모든 악의 뿌리, 인간을 농락하는 자, 질투의 어머니, 불화의 원인, 가난의 아버지에 맞서는 선언을 했다. 그것은 루시퍼로 하여금 배를 땅에 대고 기도록 저주하고, 나사로를 다시 살리고, 이삭으로 희생되고, 요셉으로 팔리고, 양으로 도살되고, 인간으로 십자가형을 받고, 욥으로 권능을 보이고, 파라오를 저주하고, 사자의 소굴에서 사자의 입을 막고, 다윗과 함께 정복하고, 유다를 파멸시킨 예수 그리스도의 권세를 통해 가능한 것이었다.

　신부는 십자가상을 높이 들고 가장 성스러운 십자가 나무를 보라고 악령들에게 명령하고 마가렛에게도 역시 바라보게 한 후 함께 다음과 같이 말하자고 했다. "우리는 당신을 찬미합니다. 예수 그리스도여, 우리는 당신을 축복합니다. 당신의 성스러운 십자가로 당신이 이 세상을 구원했기 때문입니다." 그는 신앙 기도문과 기도들을 계속 반복하면서, '불쌍히 여기소서'라는 기도문Kyrie Eleison과 주기도문Our Father, 그리고 다른 축문들Orations을 되풀이했다. 그는 천사들의 신, 대천사들의 신, 예언자들의 신, 순교자들의 신, 성인들(특히 악마와 싸운 성 안토니오스)의 신, 동정녀들의 신, 안식일의 신, 아도나이Adonai의 신, 전능한 신, 소돔과 고모라를 재로 변하게 한 신, 요르단 강에서 세례를 받은 신을 소리 내어 불렀다. 그는 바오로와 베드로 및 다른 성인들에게 주어진 권한, 피에 흠뻑 젖은 순교자들, 그리고 죄 없는 자들을 박해한 사람에 대적하는 성사의 힘을 상기시켰다. 그리고 그는 노아의 방주가 항해했고, 야곱의 샘에서 솟아났고, 모세에 의해 갈라지고, 요르단에서 넘치고, 가나안에서 포도주로 변하고, 그 위를 예수 그리스도가 걸었던 바로 그 물로 신의 은총을 빌었다.

이러한 상담 기간 중에 혹은 시간이 지나면서 그들은 내적 삶에 대해 더 꾸밈없이 대화를 했음이 분명하다. 신부는 정신적 삶에 능통한 사람이고, 반면 마가렛은 20년 동안 수녀 생활을 했으면서도 정신적으로 매우 순진했다. 그는 읽기 쉽고 간략한 자신의 신앙 수양서들에 정리한 방법을 마가렛과 함께 검토했을 것이다. 그 책은 명상과 기도에 관한 책인《영혼 속의 신의 왕국*The Kingdom of God in the Soul*》, 그리고 영성체를 준비하고 성체를 받는 것에 대한 책《영적 삶*Eternal Life*》이다. 플랑드르-라인 강 지방의 전통적인 다른 많은 신앙 수양서들처럼, 앞의 책은 독자로 하여금 자신의 영혼 안에 있는 신을 찾을 것을 촉구했다. 그것은 기도, 명상, 미덕 실천을 통해 성취된다. 그것은 낯익은 땅의 안전을 떠나 낯설고 불안정한 물 위로 나아가는 바다에서의 첫 항해처럼 두려운 일이다. 저자는 일단 출항을 하면 선장이 바다의 수면, 나침반, 별들을 읽듯이 돛을 펴고 신의 바람을 타고 자신의 영혼의 상태를 읽으라고 조언한다. 혼자라고 느낄 때, 슬픔이 내면에 자리 잡고 자신에게 공허하고 쓸모없으며 신의 특별한 은총을 받지 못했다고 말할 때 절망에 빠지지 말라는 것이다.

마가렛을 상담하면서, 에반헬리스타 신부는 그녀가 단지 이름만 수도자인 것에 만족하는 수많은 수도자 중 한 명이라고 생각했을지 모른다. 꼭 악한 사람들은 아니지만, "마치 코를 킁킁거리는 개들처럼 여기저기서 일어나는 일들을 궁금해하며 호기심을 갖고" 세속적인 방식과 필요에 지나친 관심을 갖는 사람들이 있다. 그들 중에 더 멀리 나아가려 하거나, 내면에 있는 값비싼 진주를 사려고 자신이 가진 모든 것을 팔려는 사람은 극히 드물다. 그들은 "직접 보지 않고는 결코 믿으려 하지 않는다". 에반헬리스타는, "이 세상의 목적과 완성은 신과의 일체에 있다고 말하는" 책들이 매일 출간되지만 많은 수도자들은 "소나 말이 맛있는 음식을 음미하는 것보다도 그것을 더 잘 이해하지 못한다"고 했다.

신부와 마가렛이 어떤 논의를 했든 그의 노력은 아무런 결실을 얻지 못했음을 에반헬리스타는 대주교에게 보낸 글에서 인정했다. 그리고 그것은 동료 수녀들의 '여러 가지 분노', '악령', 그리고 마가렛을 철저히 소외시킨 수녀원의 새 고해신부 때문이라고 했다. 신부의 구마 의식과 상담이 어떤 도움이 되었는지 모르지만, 마가렛이 수녀원에서 자신에 대한 적의에 다시 부닥치면서 그 성과는 즉시 물거품이 되고 말았다. 희망을 잃은 신부는 그처럼 "어려운 문제"를 다루는 데 힘이 부치는 자신의 "단순하고 어리석은" 방법을 멈추는 것이 좋겠다고 대주교에게 말했다. 이런 식으로 신부는 마가렛을 치유할 짐을 대주교에게 넘기려 했을 것이다. 실제로 그는 대주교가 마가렛을 도울 다른 방법들을 생각하는 중이라는 소식을 듣고, 마가렛에게 대주교의 "아버지 같은 보호"에 완전히 의탁할 것을 권했다. 다행히도 그녀는 이러한 권고를 받아들일 의향을 보였고, 신부는 전능하신 신이 승리할 것이며 "이 불쌍한 여인을 가장 사악한 늑대의 입에서 구원할 것"이라는 믿음을 피력했다. 그러나 자신의 책임을 벗기 전에 에반헬리스타 신부는 최종 견해를 몇 가지 표명했다.

첫째, 그녀의 회복을 "어렵게 하고 방해한" 가장 큰 요인의 하나는 그녀에 대한 수녀원 내부의 지속적인 비방이었다. 이 때문에 신부는 마가렛이 베들레헴에 머문다면 과연 그녀가 완전히 치유될 수 있을지 의심했다. 대주교도 그처럼 생각하는 것을 알고 그는 기뻐했다. 그녀가 어디로 가야 하는가에 대해 마가렛은 기꺼이 대주교의 처분에 맡겼다. 다만 "악마의 오래된 술수와 간계"가 지속될 것이기 때문에 그녀의 유일한 바람은 자신이 마음을 열 수 있는 지도자의 도움이었다. 에반헬리스타 신부는 마가렛 문제를 해결하는 데 자신보다 더 많은 도움을 줄 수 있는 "완벽한 사람이 필요"하다고 결론 내렸다. 마가렛이 심대한 난관에 처해 있고, 자신의 책임이 막중하며, 여성 수도자와 너무 많은 시간을 보내지 말라는 카푸친 수도회의 최근 경고도 그의 결정에 영향을 미쳤다.

둘째, 마가렛이 메헬렌으로의 여행 허가를 얻으려 했고 직접 대주교를 만나 자신의 이야기를 한 것을 대주교가 기억하리라고 신부는 썼다. 그 허가 요청이 반려됐기 때문에 마가렛은 에반헬리스타 신부에게 그 청원을 전달해달라고 부탁했다. 신부는 가장 중요한 것은 마가렛이 겪는 고난의 근원이라고 하면서, 마가렛이 자신의 오랜 우울증의 원인이라고 지목한 헨리 요스와 가졌던 불쾌한 만남들을 자세히 기술했다. 하지만 더 중요한 것은 그녀를 삼켜버린 더 최근의 '일', 즉 40플로린의 빚이라고 썼다. 1616년경 마가렛이 처음 수녀원을 떠났을 때 그녀는 자신의 생계를 위해 돈을 빌려야 했다. 1618년에 그녀가 베들레헴에 돌아왔을 때 익명의 채권자는 그녀에게 상환을 요구하며 괴롭혔다. 마가렛은 돈이 없었기 때문에 제2의 채권자에게 1622년 혹은 1623년에 다시 돈을 빌려야 했다. 이 두 번째 채권자를 마가렛은 "나를 자주 방문한 그 주술사magus"라고만 밝혔다. 돈을 빌려주면서 그 주술사는 마가렛의 비참한 재정 상태를 이용하여 그녀에게 비열한 조건을 내걸었다. 즉 그녀가 다음 해인 1624년 부활절까지 빚을 갚지 못하면, 그가 "이미 오랫동안" 마가렛에게 요구해왔던 "외설스러운 행위"에 동의해야 한다in turpem actum ad quem illam iam diu requisivit는 것이다.

마가렛은 에반헬리스타 신부와 대주교 보넌에게 자신이 빚을 갚고 "그 남자의 지배"에서 벗어날 수 있게 도와달라고 간청했다.

헨리 요스가 마가렛에게 "추악한 행위"를 요구한 "그 마법사"일까? 마가렛은 수상쩍게 초자연적인 일을 다루는 사람을 사제든 아니든 주저 없이 '마법사wizard'라고 불렀다. 에반헬리스타 신부의 편지에 선례에 대한 언급이 없고 헨리 요스 외에 다른 이름이 거의 등장하지 않는 것도 그런 추측을 가능케 한다. 더구나 헨리 요스는 1623년에 여전히 뢰번에 있었고 비합법적으로 계속 수녀원을 방문했으며, 다음 해에 몰로 이주한 후에도 마찬가지였다. 결국 헨리 요스가 그녀를 "자주 성가시게 했다"는 마가렛의 언급을 차치하고라도, 일정 기간 동안 그녀에게 '외설 행위'를 조르며 괴롭힌 어떤 다른 사람의 기록도 없다.

신부가 대주교에게 보낸 편지는 간접적인 암시들을 담고 있으며, 마가렛이 1622년 혹은 1623년에 어떤 다른 사람에게서 돈을 빌릴 수 있었는가 하는 점을 마지막으로 고려하고 있다. 특히 마가렛은 뢰번에 아는 사람이 거의 없었고, 베들레헴의 다른 수녀들과 달리 가족이나 친구의 방문도 드물었다. 지역 전당포Mont de Piété가 돈을 빌릴 수 있는 곳이었지만 마가렛이 무엇을 저당 잡힐 것인가? 나중에 돈이 필요할 때 그녀는 대주교 보넌에게 의존했지만 당시는 아직 아니었다. 마가렛이 헨리 요스를 좋아했건 싫어했건 그녀는 돈이 시급했고, 요스와의 만남이 불편했지만 다른 어떤 사람보다도 그에게 부탁할 기회가 더 많았다. 그 주술사가 헨리 요스였든 혹은 다른 사람이었든, 곤경에 빠진 창피한 채무자 마가렛이 지독한 약속을 강요하는 기회주의적 채권자를 찾아간 안타까운 장면이 벌어진 것은 확실하다.

마가렛의 채무와 주술사를 언급한 후에, 에반헬리스타 신부는 이제 대주교가 문제를 잘 해결할 것을 희망하며 편지를 마무리 지었다. 서신을 받자마자 대주교 보넌은 에반헬리스타 신부가 더 이상 마가렛을 돌볼 수 없다는 사실과 다른 여러 가지 점들을 메모했다. 그 후 오래지 않아 대주교는 자신의 결정을 발표했다.

1624년 3월 14일, 베들레헴. 대주교는 베들레헴 수녀들에게 곧바로 응답할 수 없었다. 수녀들은 마가렛의 '슬픔과 절망'을 목도하면서 동정심이 아니라 공포에 사로잡혔다. 그리고 수녀원의 정기 고해신부가 아닌 에반헬리스타와 같은 사람이 마가렛을 매일 방문하는 것은 그들의 불안을 가중시킬 뿐이었다.

이 '비참한 환자'를 동정한 카타리나 레이케부르는 2월 말에 대주교 보넌에게 비밀 편지를 써서, 대주교가 어떤 지침도 내려보내지 않은 것이 마가렛이 괴로워하는 이유 중의 하나라고 최대한 완곡하게 지적했다. 마가렛은 그 얼마 전에 얼굴 가득 눈물을 흘리며, 에반헬리스타 신부에게 마음을 열고 "자신의 깊은 마음"을 대주교에게 편지로 전해 달라고 말했었다고 카타리나에게 하소연했다. 마가렛은 신부의 편지가 분실된 것이 분명하다고 걱정했다. 왜냐하면 대주교는 자신의 과거 모든 편지에 제때 "정성스럽게 답해주었기" 때문이다. 이제 그녀는 뢰번과 메헬렌 사이에 어떤 외부인이 자신의 고난을 알게 되었을까봐 그리고 적과 그의 사악한 앞잡이들에게서 비난을 받을까봐 두려워했고 그 때문에 "엄청난 치욕감을 느꼈다".

그러한 두려움은 근거가 없는 것이 아니었다. 높은 사람들도 종이로 메시지를 전달하는 것의 위험과 편지 분실을 걱정했다. 이 때문에 마가렛은 새해 들어서 고해성사를 보지 않았고, 성사 없이 "불확실한 삶"을 사는 것은 "그녀의 양심을 괴롭히고" 다른 수녀들을 분개시켰다. 그들이 원하는 것은 대주교의 지시라고 카타리나는 썼다. 만약 그가 아무것도 하지 않으면, 마가렛이 최근 보인 "선한 의도와 의지"는 아무 소용이 없게 될 것이다.

　결국 대주교가 움직였고, 에반헬리스타 신부의 편지를 받았다고 확인해주었다. 먼저 그는 마가렛이 주술사에게 진 성가신 빚을 덜어주기 위해 자신의 돈을 보냈다. 이제 더 이상 마가렛은 그 채권자의 위협과 사악한 채무 조건을 두려워하지 않아도 됐다. 돈과 함께 대주교는 여느 때와 다른 놀라운 제안을 공표했다. 즉 마가렛은 자신의 유일한 친구인 카타리나 수녀를 동반하여 수녀원을 다시 떠날 것, 그리고 이번에는 약 32킬로미터 떨어져 있는 스헤르펜회벌Scherpenheuvel 혹은 언덕 위의 성모Our Lady of the Sharp Hill라는 기적의 새 성지에서 자신을 치료할 것을 지시했다.

6

순례자

1624년 늦은 3월에서 11월까지, 스헤르펜회벌. 마가렛 스스로 이미 증명한 것처럼, 종신 서원한 수녀가 수녀원을 떠나는 것은 흔히 있는 일이 아니었다. 베들레헴의 다른 수녀가 1624년 12월에 브뤼셀 근처에 있는 라컨Laken 성지 방문을 허용해줄 것을 대주교 보넌에게 요청했으나 거절당했다. 그 수녀는 "눈을 찢어낼" 것처럼 아픈 두통의 치료법을 찾고자 했지만, 대주교는 수녀원을 떠나는 처방은 "매우 유의해서" 내려야 한다고 했다. 이때 뢰번의 교구장과 카타리나 레이케부르는, 다른 수녀들이 비슷한 요청을 해오는 일을 억제할 것이라는 기대에 그 결정을 환영했다.

대주교가 마가렛을 수녀원 밖으로 순례 보내기로 결정한 것은 그의 필사적인 조처였다. 이제는 그도 더 이상 잃을 것이 없었다. 그는 또한 그 특정 지역을 감독하는 지도자도 상당히 신뢰했다. 물론 구마 의식이 아닌 다른 방법으로 성가신 영령들을 쫓아내는 성지 자체의 치유 효능도 부인하지 않았다.

가톨릭 유럽에서 대부분의 성지가 갖는 주요 기능은 치유였다. 뢰번의 북동쪽에 있는 스헤르펜회벌은 저지대 국가들에서 대인기였다. 마가렛이 그곳에서 보고된 기적들을 모은 인기 있는 새 기록들을 읽지 않았다 하더라도, 분명 그녀는 그 사실을 알고 있었다. 절름발이, 장님, 정신이상자들이 모두 스헤르펜회벌에서 치유되었다. 하지만 성지를 조롱한 사람들은 신의 관용을 받지 못하고 갑자기 불구가 되었다. 뢰번의 흰색 수녀회White Ladies 카타리나 체라르츠Catharina Tserraerts 수녀는 오른쪽 다리보다 왼쪽 다리가 더 짧았는데, 스헤르펜회벌을 방문한 후에 그 차이가 없어진 것을 깨달았다. 뢰번의 성 수태고지St. Annunciation 수녀인 안나 라우레이스Anna Laureys는 무리하게 성가대에서 노래하다 생긴 심각한 귀의 이명을 18년 동안 앓았다. 그녀는 수녀원 밖으로 나갈 허락을 받지 못했지만, 수녀원 정원에 그녀를 위해 세워진 스헤르펜회벌 성지 모형에서 곧 치유 받았다.

성지에서 육체적 질병만이 아니라 마가렛의 경우처럼 정신적 질병도 완쾌되었다. 메헬렌에 있는 한스베이크 성모Our Lady of Hanswijk 성지에서 12세의 귀신 들린 소녀가 민첩한 어린 소년 덕분에 나았다. 소년은 악마를 알아보고 그것이 소녀의 배꼽 가까이 있는 것을 보고는 거기에 성호를 그어 그 괴물이 점차 몸의 위로 올라와 결국 소녀의 입을 통해 털이 많은 벌레 모습으로 나오게 했다. 어쩌면 마가렛은 틸레만Thieleman의 책 《프란체스코회 성인들의 삶Lives of the Franciscan Saints》에서, 성 프란체스코가 좋아하는 포르치운콜라Porziuncola의 교회를 방문한 귀신 들린 사람들이 어떻게 즉시 악령들에서 해방되었는가를 읽었을 것이다.

마가렛은 바르바라 원장에게서 대주교의 결정 소식을 듣고 수년 만에 처음으로 매우 기뻐했다. 당시 상황에서 베들레헴을 떠난다는 생각만으로도 해방된 기분이었지만, 기대를 더 높인 것은 바로 스헤르펜회벌의 유명한 치유력이었다. 마가렛은 새 편지에서 대주교의 "참으로 자애로운 보살핌"에 수없이 감사를 표하고 자신이 불러일으킨 소동을 용서해달라고 청했다. 하지만 그녀는 대주교가 얼마 전에 자신에게 한참 만에 응답했기 때문에, "저는 스스로를 어찌할 수 없으므로 제발 저를 잊지 마세요"라고 간청했다. 돈 문제도 있었다. 마가렛이 진 빚을 갚기 위해 대주교가 보내준 돈은 매우 고마웠고 그 덕분에 "그 주술사가 더 이상 나를 해할 이유가 없어졌지만", 나머지 여행 경비는 어떻게 할 것인가? 그녀의 연금 6플로린은 충분치 않았다. 비록 그녀가 "선한 영혼을 지니기 위해 일생 동안 가난하게 살아야" 할지라도 어쨌든 그녀는 연금을 써야 했다. 마가렛은 보잘것없는 자신에게 대주교가 베풀어준 모든 것에 반복해서 감사를 표했다. 그녀가 대주교에게 은혜를 갚을 수는 없었지만 그녀는 한 가지 마지막 친절을 요청했다. 즉 마가렛이 수녀원을 떠날 수 있다는 대주교의 허락을 받았고 또한 돌아오는 것도 허락했음을 대주교 자신이 홀란트 말로 직접 쓰고 그 서류에 서명하여 보내달라는 것이었다. 그러면 다른 수녀들이 그녀가 돌아오는 것을 막을 근거가 없을 것이다. 이 점에 대한 마가렛의 두려움은 후에 너무나 분명한 사실로 판명되었다.

마가렛이 떠난다는 기대에 나머지 수녀들의 기쁨은 넘쳐흘렀지만 바르바라 원장은 예외였다. 마가렛을 보내기로 한 주교의 결정이 현명하지 않다고 생각하거나, 성지의 치유 효능을 의심하거나, 마가렛은 희망이 없다고 생각했기 때문이 아니다. 오히려 그녀는 마가렛이 그처럼 공적인 장소를 방문할 경우 수녀원에 '또다시' 추문이 생길 것을 두려워했다. 원장은 "구마 의식을 수녀원 안에서 비밀리에 행하기를 희망했다. 왜냐하면 그 의식을 시작하려고 할 때 마가렛은 종종 넋이 나가서 악령이 그녀를 실신시키거나 다리를 절게 만들었기 때문이다". 사람이 많은 스헤르펜회벌에서는 그러한 장면을 비밀로 할 수 없었다. "모든 사람이 그 장면을 보고 들을 것이며, 우리 수녀원은 웃음거리가 될 것이다." 즉 귀신 들린 수녀가 있는 수녀원은 많은 후원자나 기부자를 얻기 힘들었다.

마가렛이 필요로 하는 경비는 그처럼 '쇠락하는' 수녀원이 감당하기에 너무 큰 액수였고, 게다가 마가렛이 어떻게 그곳까지 간단 말인가? 에반헬리스타 신부는 추문을 경계하여 그녀에게 대중 마차를 타지 말라고 권고했지만, 누가 개인 마차를 제공한단 말인가? 바르바라 원장은 대주교 보넨에게 유일한 대안을 제시했지만 너무 늦었다. 그 대안이란 마가렛을 수녀원에 머물게 하되, 대신 한동안 수녀원의 방문자 숙소에서 지내게 하여 다른 수녀들과 떨어져 생활하게 하고 또한 에반헬리스타 신부도 마가렛을 더 쉽게 만나도록 하는 것이었다. 그러나 마가렛이 떠나는 것이 신의 뜻이라면 어쩔 수 없었다.

바르바라 원장이 반대했음에도 마가렛과 카타리나는 곧 성지를 향해 출발했다. 그러한 여행에는 기대와 함께 항상 두려움이 따라온다. 강도뿐 아니라 악령과 악마도 뢰번에서 스헤르펜회벌로 가는 길처럼 외딴 곳을 좋아한다. 불과 몇 년 후에 마녀로 기소된 한 여인은 자신과 악마의 최초 접촉이 바로 이 길에서 일어났다고 주장했다. 악마의 연회도 넓은 들판, 숲, 산, 폐허, 모래 언덕 혹은 교차로 등 비슷하게 외딴 곳에서 행해진다고 했다. 그러나 마가렛과 카타리나는 아무 해도 입지 않고 숲 속을 지나 그들의 목적지에 도착했다. 그들은 스헤르펜회벌 인근의 디스트Diest에서 어떤 '과부'와 잠시 살았지만, 그 도시의 간호 수녀들Hospital Sisters의 거처에 정착했다. 그곳은 사생활은 덜 보호되더라도 값은 더 쌌을 것이다. 마가렛은 그해 대부분을 그곳에서 머물렀고, 1624년 8월 말까지 카타리나 수녀와 함께 지냈다.

스헤르펜회벌은 브뤼셀 동쪽의 구릉지에서 툭 튀어 올라 있어, 처음에는 악마와 그의 부하들이 열심히 자주 찾는 그러한 외딴 지역 중의 하나로 보였다. 신은 산 위에서 많은 기적을 행했기 때문에 성지들도 역시 그러한 곳에 많지만, 스헤르펜회벌의 한 연대기 작가는 "아주 가난하고 평범한 도시 지역에 있는 이처럼 황량하고 원초적인 모습의 작은 산을 신의 어머니(성모 마리아)Mother of God가 선택한 것은 놀라운 일"이라고 생각했다. 그것은 곧 악마의 뒤뜰에서의 승리를 보이는, 즉 믿음이 깊은 사람들이 사악한 사람들보다 더 위대하다는 것을 다시 드러내는 일련의 성스러운 경이 중의 하나였다.

그러나 그 도시를 돋보이게 한 것은 위치만이 아니었다. 중요한 것은 그 장소의 신성함이었다. 중세 시대에 사람이 살지 않는 이 언덕 꼭대기의 오래된 떡갈나무에 기적을 행하는 성모 마리아의 이미지가 나타났다. 가톨릭 유럽에서 나타난 다른 형상들처럼 이 형상도 은총을 발산하며 그 장소에서 불가사의한 공적을 행했다. 좋은 뜻으로 혹은 행운을 욕심낸 농부들이 그 형상을 지우면 그것은 스스로 다시 나타났고, 신과의 중재가 이곳에서 일어날 것이며 그 장소는 은총을 받았음을 모든 사람에게 명백히 확인시켰다.

수세기 동안 스헤르펜회벌은 유럽 각지에 있는 수많은 성모 마리아

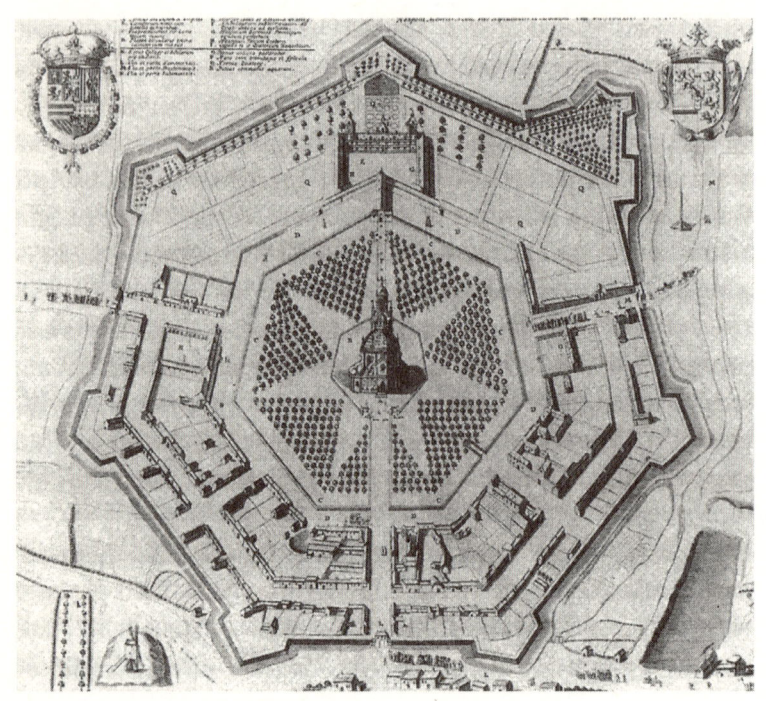

C. 라우러르스(Lauwers), 스헤르펜회벌의 평면도
[출처: 안톤 산더뤼스(Anton Sanderus), 브라반트 지도, 여러 번 재간행된 18세기 작품]

성지들 중 하나였고 사람들은 매우 평범한 문제들을 안고 방문했다. 그러나 1587년 이후에 그 지역의 스페인 군인들이 더 많이 방문했고, 1602년에는 최초의 공식 순례가 이루어졌다. 1603년에는 대주교 호비위스가 그곳을 보호하고, 그 기적들을 공인하고, 그 환경을 조성하기 시작했다. 참다운 명성을 얻기 시작한 것은 독실한 대공Archdukes 알베르트Albert와 이사벨라의 막대한 금액과 열성적인 후원 덕분이었다. 그들은 1598년 이후 스페인령 네덜란드의 공동 통치자들로서, 그들이 네덜란드와 전쟁을 잘 치른 것을 새 성지의 권능 덕분으로 여겼다. 성모

마리아가 스헤르펜회벌을 인가했다는 최종 표식은 1604년 9월에 나타났다. 바로 오스텐더Oostende라는 전략적인 해안 도시의 네덜란드 수비대가 알베르트의 군대에 항복을 한 것이다. 알베르트와 이사벨라에게 그 연관은 명백했다. 즉 스헤르펜회벌에서의 그들의 성모 헌신에 대해 성모 마리아가 고마움을 표현한 것이다. 그래서 그 성지는 가장 깊은 신심의 대상이 되었다. 캄브론Cambron, 히브러스Chievres, 스회트Scheut 혹은 심지어 라컨과 할러Halle에 있는 다른 인기 있는 성모 성지들의 명성을 뛰어 넘어 명실공히 스페인령 네덜란드의 중심 성지가 되었다.

대표 성지임을 강조하기 위해 성지를 확장하고, 호젓한 언덕의 꼭대기에 위엄 있는 새 교회를 짓고, 그 주위 땅에 새 도시를 건설할 예정이었다. 이 모든 것은 알베르트와 이사벨라가 생각해낸 것이었다. 곧 마을 사람들이 도착하기 시작했다. 새 교회를 짓기 위한 첫 주춧돌은 1609년 7월에 놓였고, 첫 사제가 1610년에 왔다. 그는 이제 들이닥칠 많은 사람들의 고해를 듣고 강론을 할 보조 사제들 여러 명과 함께 왔다. 두 대공의 결정이 옳았음을 증명하듯 기적에 대한 이야기들이 쏟아졌다. 그러므로 1624년에 마가렛이 수녀원을 떠날 즈음 스헤르펜회벌은 그녀를 보낼 최적의 장소였다.

마가렛이 아직 건설 중인 구릉에 가까이 갔을 때, 그녀는 거의 다 지어진 50미터 높이의 둥근 돔 모양의 바로크 교회를 맨 먼저 보았다. 그리고 1620년에 짓기 시작하여 아직 완성되지 않은 교회 주위 외벽을 보았다. 그것은 성스러운 신비의 숫자 7을 상징하며 특히 성모의 상징인 일곱 개의 끝이 뾰쪽한 별을 나타낸 칠각형 모양이었다. 마가렛은 흙을 섞어 벽을 만들고 있는 인부들을 보거나, 관리자들을 화나게 하며 그 벽에 구멍을 뚫고 있는 어린이들을 보았을지 모른다. 정문 혹은 언덕의 계단으로 올라갈 수 있는 여러 개의 옆문들 중 하나를 통해 들어간 후, 마가렛은 도시 내부가 평평한 흙길과 집들의 일곱 개 구역으로 뚜렷하게 배치되어 외벽의 별 모양을 재연하고 있음을 곧 알아챘을 것이다. 집들이 늘어선 줄 위로 일곱 면의 외벽이 있는데, 그 벽은 일곱 개의 뾰쪽한 면을 가진 별 모양의 정원을 둘러싸고 있었다. 그리고 그 정원은 다시 별로 덮인 교회를 에워쌌다.

정원 외벽 바로 밖에는 성물과 일반 물건을 파는 행상인, 순례자, 군인들, 그리고 단순히 호기심으로 온 사람들이 있었다. 마가렛은 주의가 산만해지는 것을 피하려고 혹은 바르바라 원장이 원하듯이 자신에게 사람들의 관심이 쏠리지 않게 하려고 눈을 내리깔고 그들을 지나쳤을 것이다. 아니면, 가까이에서 혹은 멀리 이탈리아에서 들것에 실려 오기도 한 다른 순례자들은 안중에도 없이 교회에 시선을 고정했을지도 모른다. 이때는 1년 중 봄비는 시기였지만 여름만큼은 아니었다. 일단 교회 입구에 들어서도 주의를 산만하게 하는 유혹은 멈추지 않았다. 어떤 순례자는 거기서 잠을 자려고 하거나 큰 문 주위를 돌아다니고, 일꾼들은 계속 작업을 하고, 거지들은 돈을 구걸하거나 미사 중에 봉헌함을 약탈하기도 했다. 거지들은 동전이 함으로 떨어지기 전에 가지려고 봉헌함 투입구에 종종 밀랍을 발라두었다.

마가렛은 교회 입구 위쪽에 있는 네 명의 복음 전도사들을 알아보고, 안으로 들어가 맨 먼저 백묵처럼 하얗고 별로 가득 채워진 천장을 보았다. 내부는 아직 완성되지 않았지만 볼 것이 많았고, 원형이었기 때문에 거의 모든 것을 한눈에 볼 수 있었다. 새로 만든 높고 하얀 대리석 제단에는 알베르트와 이사벨라의 머리글자가 눈에 띄게 새겨져 있었고, 성모 승천화도 제단 위에 새로 그려져 있었다. 붉은색 판석과 그 주위의 고해실, 벽에는 구약 예언자들의 형상을 담고 있는 일곱 개의 벽감Alcove도 있었다. 또 여러 줄의 은촛대들과 매달려 있는 램프들, 정교하게 만들어진 세례 성수반, 그리고 특히 봉헌물 더미들을 마가렛은 보았다. 봉헌물들은 치유 받은 사람들이 고마움의 표시로 교회에 보내거나 혹은 치료받을 것을 기대하며 갖고 온 것으로, 신체 일부분을 밀랍으로 본뜬 것들이었다. 그리고 어느 순간 마가렛의 눈은, 그녀와 다른 모든 사람들이 보러 온 한 물체에 한동안 시선을 고정했다. 그것은 제단 위에 있는 가로 11센티미터, 높이 30센티미터의 떡갈나무 성모상이었다. 성모상은 왼쪽 팔에는 아기 예수를 안고, 오른손은 권위의 지팡이를 들고, 대공 이사벨라와 감사를 표하는 다른 기부자들이 희사한 여러 화려한 가운들 중에서 전례복 색상의 옷을 입고 있었다.

마가렛은 디스트에 있는 동안 그 성지를 자주 방문했다. 그것이 어느 정도 그녀의 치료에 도움이 되었는지는 알지 못한다. 하지만 그곳 혹은 디스트에서 그녀와 카타리나가 성지를 관리하고 그곳에 자신의 각인을 남긴 요스트 바우카르트Joost Bouckaert 신부를 만났을 것임은 분명하다. 그는 1624년에 야코프 보넌과 요한 에반헬리스타에 이어 마가렛의 삶에 다가온 그 지역 유명 종교 지도자들 중 세 번째 사람이었다. 그리고 그는 마가렛에게 가장 영구적인 영향력을 행사했다. 사실 대주교가 마가렛의 순례 결정을 내린 진짜 이유는 바로 대주교가 신뢰하는 친구인 이 사제 때문이었는지도 모른다.

요스트 바우카르트는 스헤르펜회벌의 최초 사제이자 동시에 디스트의 교구장이었고 나중에 이페르Ieper의 주교가 되었다. 그는 자애롭기로 유명했지만, 기력 없는 몸 상태에도 불구하고 성지를 완성할 기금을 부탁하고 간청하고 얻어 내는 데는 집요함을 보였다. 그는 성지를 "조국 전체를 위한 교회"로 만들기로 결심한 사람이었다. 그러나 무엇보다도 이 사제는 1624년부터 마가렛 스밀더르스 수녀의 주요 후원자이자 상담자이자 보호자가 되었다.

디스트의 교구장으로서 그는 도시 내에 있는 그리고 주변의 수녀원들을 정기적으로 방문해야 했으므로, 수녀들의 종교 생활을 잘 알았다. 그는 마가렛의 첫인상을 기록하지 않았지만, 여러 해 동안 분명 마가렛에게 동정심을 품고 있었을 것이다. 바우카르트 신부나 마가렛이나 그녀의 8개월간의 체류에 대해 구체적인 것을 기록하지 않았다. 바르바라 원장이 걱정한 대로 그녀의 치료가 공개되었는지 여부도 알 수 없다. 그러나 1624년 4월부터 11월까지 그녀는 분명 그의 영향 아래서 상당 시간을 보냈다. 바우카르트 신부가 신학자로서 어느 정도 전문성을 지녔는지에 대한 증언도 있지만, 스페인령 네덜란드의 교회사를 연구한 초기 학자는 바우카르트가 성직자로서 얼마만큼 높은 지위에 오르고 학술적인 학위를 보유했는가보다는 그가 무엇보다 영혼의 목자였음에 주목했다.

수도자 생활에서 매우 중요한 내적 삶이 그녀를 치료하는 중점 영역이자 그들의 논의 내용이었을 것이다. 바우카르트는 성체성사를 준비하는 법, 마가렛의 영혼이 신에게로 향하고 있는가를 아는 세 가지 방법, 내면에 신의 왕국을 건설하는 네 가지 방법 등에 대한 에반헬리스타 신부의 가르침을 따랐다. 그러나 이제 그는 시간도 있고 의욕도 있고 예전에 비해 인쇄되거나 번역된 신앙 서적도 더 많기 때문에, 에반헬리스타 신부의 가르침 이상으로 잘할 수 있었다. 스페인 프란체스코회 알칸타라Alcantara가 쓴 작은 인기 서적은 아빌라의 테레사에게 큰 영향을 미쳤는데, 수도자들에게 명상을 위한 2주간의 귀중한 지침을 제시했다. 첫째 날은 자신의 죄를 생각하고, 둘째 날은 삶의 비참함과 짧음을 생각하고, 셋째 날은 죽음의 날을 생각하고(이때 사람들이 고해소로 달려갈 것이라고 그는 확신했다), 넷째 날은 마지막 심판을 생각하고, 그리고 물론 예수의 수난을 명상하라는 것이다. 즉 예수 그리스도의 면류관이 너무 커서 적들이 그의 옷을 훔치려면 가시관을 예수의 머리에서 벗겨내야 했는데 이로써 예수 몸을 피투성이로 만들었음을 묵상하라고 했다. 명상을 위한 수많은 체계적인 방법이 있고 심지어 연상법도 있었다. 발바노Balbano의 일곱 명상Seven Meditations, 예수회 안드로티우스Androtius의 매우 질서정연한《예수 수난에 대한 경건한 추도 Devout Memorial of the Passion》도 있었다. 이 방법은 열두 개의 신비를 담고 있는데, 각 신비는 다섯 개의 명상을, 각 명상은 다섯 개의 하부 명상을 담고 있다. 유명한 베르부르트Vervoort의《신의 광야Wilderness of the Lord》도 있다. 이 책은 40일간의 명상과 기도를 제시하고 각 명상을 위해 성스러운 장면을 담은 목판화를 실었다. 그리고 마드리드Madrid의 종합서《신을 성심으로 모시는 법을 배울 수 있는 귀중한 책Golden Book to Learn the Art of Serving God Sincerely》이 있다. 저자는 그 책이 다른 모든 책보다 낫다고 주장했다. 왜냐하면 그 책은 다른 방식들의 활용법을 보여주고, "그 책이 보이는 것처럼 과중한 것을 요구하지 않는다는 것"을 알려주며, 그 책을 한 번만 읽어서는 신을 섬기는 두 가지 방법, 신성하고 완전한 사랑에 이르는 세 가지 단계, 신에게 다가가는 다섯 가지 단계를 배울 수 없다고 주의를 주기 때문이라는 것이다.

바우카르트는 마가렛에게 위안을 주는 책들도 주었다. 예를 들어, 신의 사랑은 매우 커서 신은 개별 인간을 지켜주는 특별 천사를 보내는데 대죄를 지은 사람, 심지어 예수 그리스도의 적대자들에게도 마찬가지라는 스풀버르흐Spoelberch의 신념을 전해주었다. 스풀버르흐는 사람들이 모든 유혹에서 악마와 싸울 때 바로 이 천사가 돕는다고 확신했다. 신은 대죄도 즉시 용서할 준비가 되어 있음을 생각해라. 신은 같은 죄를 두 번 벌하지 않는다는 것을 생각해라. 신은 그 누구도 감당할 수 없는 시험으로 압도하지 않는다는 것을 생각해라. 이 모든 것은 마가렛을 위로했을 것이다.

《성인들의 삶Lives of the Saints》이라는 제목의 다양한 책들이 있었고, 멀리 이탈리아의 신심을 북돋는 성지들에서 일어난 기적에 관한 이야기, 가까이는 홀란트 근처 호르큄Gorcum의 순교자들에 대한 더 최근의 이야기도 있었다. 세 가지 수도자 서원에 대한 페라리아Ferraria의 글을 포함하여 특별히 수도자들을 위한 기본 서적도 더 있었다. 그녀는 진실로 청빈한가? 그녀의 성무일과 기도서는 너무 장식이 많지 않은가? 그녀는 단지 재로 변할 물건들을 지키려고 방문을 잠그기보다 오히려 도둑들을 위해 문을 열어두는가? 그녀는 책무를 받아들이는 데 말 못하는 노새처럼 순종적인가, 아니면 그에 저항하는가? 그녀는 상급자의 소리를 들을 때 "마치 신의 목소리인 것처럼" 그 말에 따르는가? 그녀는 정결한가? 그리고 그녀는 욕망을 이기는 세 가지 처방을 잘 이행하는가? 이 저술들은 모든 수도자가 반드시 읽어야 할 책으로 발사모Balsamo가 추천한 27권의 책 목록의 시작일 뿐이다.

간결하며 스스로를 반성하게 하는 《바보의 명상Contemplations of an Idiot》과 같이 쉬운 책들도 효과가 있었다. 그 내용은 맑게 살아라, 스스로의 보잘것없음을 생각해라, 기꺼이 홀로 있어라, 타인과 평화를 유지해라, 매일을 묵상해라, 모든 사람이 이를 지켜라 등이다. 마가

요스트 바우카르트, 스헤르펜회벌의 정신적 지도자
(출처: 왕립문화유산연구소, 브뤼셀, © IRPA-KIK Brussel)

렛은 성 보나벤투라St. Bonaventura의 《영적인 기초Spiritual ABC》를 읽거나,
자신의 성무일과 말미에 기초적이고 유익한 실천들을 함으로써 도움
을 받았다. 즉 십계명, 믿음·소망·사랑이라는 세 가지 신성한 미

덕, 네 개의 주요 미덕, 성령의 일곱 가지 선물, 성스러운 영혼Holy Ghost의 열두 개 열매, 구원에 이르는 여덟 단계, 일곱 개의 대죄, 죽음·심판·지옥·천국이라는 네 개의 극단 등을 묵상하는 것이다. 마가렛이 다른 데서 암시한 것처럼 주로 자신의 고통에 대한 책임과 죄의식을 느꼈다면, 일곱 개의 구약 시편이 그녀에게 적합했을 것이다. 주님, 나약한 저에게 자비를 베푸소서. 오 주님 저를 치유하소서……. 제 영혼은…… 비탄에 잠겨 괴롭습니다……. 저는 신음에 지치고, 매일 밤 침대를 적십니다. 저는 소파를 눈물로 적십니다……. 저의 죄악이 머리에 가득 차서, 제가 감당하기에 너무 무겁습니다……. 제 적들은 활기차고 강합니다. 그리고 저를 못되게 미워하는 그들의 수는 매우 많습니다……. 제 적들은 하루 종일 저를 비난하고, 혈안이 되어 저를 반대하는 사람들은 저를 해하겠다고 맹세합니다.

정확히 어떤 저술과 감동이 영향을 미쳤는지 알 수 없다. 그것을 알아내는 방법은 스헤르펜회벌 하늘의 별만큼 많지만, 가장 확실한 것은 마가렛이 치유받기 위해 노력했다는 것이다. 그녀는 바우카르트 신부에게 고해성사도 하고 몇 달간 하지 않던 영성체도 했다. 그녀는 디스트 병원도 편안하게 느끼기 시작한 것 같았다. 그래서 바르바라 원장과 카타리나 수녀는 1624년 여름에, 마가렛이 프란체스코회의 복장을 입고 자신의 원래 서원과 의무를 최대한 준수하며 새 수도원에서 영구히 머무는 것을 논의하기 시작했다.

이 모든 희망적인 지표가 있었는데도, 마가렛의 회복 소식이 베들레헴 수녀들에게 들렸음에도, 수녀들이 선명히 기억하는 것은 마가렛의 문제점이었다. 그리고 마가렛이 없는 동안에도 베들레헴 수녀들은 계속 그녀에 대해 매우 분노했다.

7

폭발

베들레헴, 1624년 6월부터 9월까지. 바르바라 수녀는 봄에 마가렛이 떠난 후 찾아온 평화를 오래 즐기지 못했다. 몇 주도 지나지 않아 수녀 지망자인 바르바라 벨리가 수녀원 고해신부에게 혼란스러운 이야기를 하기로 결정했고, 고해신부는 뢰번의 교구장을 오게 했으며 교구장은 다시 총대리 대주교에게 직접 와서 그 이야기를 듣도록 초청했다.

수녀들이 바르바라 벨리의 방에서 일어난 이상한 일들에 대한 진정서를 1월에 보냈을 때, 그들은 그것이 마가렛과 그녀의 초자연적 협력자들 탓이라고 대주교 보넌에게 강하게 암시했다. 그러나 누구도 확고한 증거를 제시하지 못했다. 그런데 마가렛이 멀리 떠나자, 바르바라 벨리는 앞에 나서서 자신이 아는 것을 말해도 안전하다고 느꼈다. 총대리 대주교는 그 이야기를 듣기 위해 6월 5일에 베들레헴에 왔다.

스무 살 된 수녀 지망자가 말하기 시작했다. 그녀는 1년 전인 1623년 6월에 수녀원에 처음 들어왔다. 그러나 수녀원 생활이 곧 싫어지기 시작했다. 지난 성탄절 즈음부터 그녀의 모직 셔츠와 자기 고행의 '단련 도구discipline'가 자기 방의 잠그지 않은 옷장에서 사라졌고, 침대 위나 이불 틈새에서 '회초리rod' 혹은 나뭇가지를 세 차례 발견했다. 무엇보다 불안했던 것은 대개 단정하게 개서 옷장에 넣어두는 옷과 침대 시트가 세 차례나 방 안에 흩어져 있었다는 것이다. 이 일들은 지난 1월 25일까지는 혼돈스러운 수수께끼로 남아 있었다. 그런데 당일 바르바라가 점심식사를 마치고 방에 돌아왔을 때, 자신의 물건들이 또 흩어져 있는 것을 보았고 동시에 범인이 아직 그곳에 있는 것을 발견했다. 이제 막 비워진 옷장 바로 옆에 서 있는 사람은 다름 아닌 바로 그날 병상에서 일어난 마가렛 수녀였다.

모든 수녀들이 바르바라 벨리의 방에서 일어난 혼란에 대해 알았지만, 대부분은 초자연적인 어떤 힘이 그 배후에 있다고 의심했다. 누구도 그처럼 간단히 인간적 해명이 가능하다는 것을 몰랐다. 그렇게 몰랐던 이유도 단순했다. 마가렛은 들키자마자 즉시 바르바라를 폭행하고 그녀가 본 것을 누구에게도 말하지 못하게 했으며 그렇지 않을 경우 "살아서 빠져나가지 못할 것"이라고 했다. 마가렛은 심지어 바르바라에게 침묵을 약속하라고 강요했다. 바르바라는 더 무서운 일도 있다고 말했다. 미사 중에 성체를 높이 들어 올린 직후 모두 경배의 뜻으로 얼굴을 바닥으로 향할 때, 마가렛이 바르바라의 머리를 종종 때렸다는 것이다. 결국 수녀원장이 이러한 학대를 눈치 채고 바르바라에게 물었다. 바르바라는 자신이 마가렛에게 한 약속은 그러한 상황에서는 서약이 아니라는 원장의 보증을 받은 후에 드디어 이야기를 털어놓았다. 그러나 수녀원장은, 바르바라가 수녀원 생활의 다음 단계인 수련수녀로 올라갈 기회를 위태롭게 하지 않으려면 그 일에 대해 침묵하는 것이 현명하다고 경고했다. 그 사건은 다른 수녀들의 동정이 아니라 공포만을 불러일으킬 것이라고 원장은 말했다. 수녀들 생각에는 마가렛과 연관되었다면 누구든 분란을 초래하는 사람이었다.

바르바라는 이 경고에 유의했고 고해신부에게만 이야기를 했다. 그러나 고해신부는 그녀의 허락을 받고 메헬렌의 교구에 알렸고, 오늘 그녀는 총대리 대주교 앞에 나오게 되었다. 이야기를 마친 후에 그녀는 자신의 말을 듣고자 하는 대주교 성직자단의 누구에게라도 다시 말할 용의가 있다고 했다. 총대리 대주교는 그녀의 의사를 존중했다. 하지만 그때까지 이 중대하고 무서운 비밀을 수녀들에게 말해서는 안 된다고 경고했다.

바르바라 벨리는 계속 침묵을 지켰다. 그리고 그녀가 면담한 지 약 한 달 뒤인 1624년 7월에 베들레헴 수녀 다수는 그녀를 수련수녀로 받아들이는 데 찬성하는 투표를 했다. 그리고 이유를 알 수 없지만 바르바라는 마음을 바꾸었다. 여름이 가기 전에 바르바라는 다른 수녀들이 자신과 마가렛 수녀와의 일을 결국은 알아야 한다고 생각하고 아주 자세히 그 일을 이야기했다. 아마도 어린 바르바라는 자신이 최근 수련수녀로 진급되고 마가렛도 떠나고 없는 데에 기운을 얻어, 이제 자신의 이야기가 마가렛을 싫어하는 다른 수녀들과 자신의 유대를 강화해줄 것이라고 생각했을 것이다. 어쩌면 바르바라는 마가렛을 영원히 수녀원에 돌아오지 못하게 하려는 그들의 노력에 열심히 힘을 보태고자 했을 것이다. 왜냐하면 여름이 끝나갈 무렵 마가렛이 스헤르펜회벌에서 병이 나아가고 있어 베들레헴에 돌아올 수 있다는 소문이 있었기 때문이다. 혹은 자신과 마가렛이 어떻게든 마법의 파트너였다는 의심을 완전히 없애려고 했을지도 모른다. 그녀의 동기가 무엇이었든 확실한 것은 새 수련수녀 바르바라 벨리가 입을 열었고 그 결과는 원장이 예측한 그대로였다는 것이다. 즉 수녀들은 마가렛을 경멸한 자신들이 옳았음을 확인했을 뿐만 아니라 탐탁지 않은 사람들의 명단에 바르바라의 이름을 추가했다.

바르바라는 즉시 수녀원에서 쫓겨나지는 않았다. 왜냐하면 당시에는 그렇게 할 명백한 근거가 없었기 때문이다. 그러나 다음 해 여름 수련수녀로서의 예비 기간이 끝났을 때, 그녀가 종신 서원을 하고 베들레헴의 일원으로 받아들여질 가능성은 가장 금욕적인 프란체스코회 수녀만큼이나 극히 적었다.

말을 듣지 않는 이 수련수녀만이 바르바라 노선 원장의 골칫거리였던 것은 아니다. 그야말로 수녀원의 문을 두드리는 더 많은 사건들이 생겼다.

1624년 6월 25일에 뢰번의 프란체스코 수도원장에게서 전갈이 왔다. 그 내용은, 최근 프란체스코회의 지역 모임에서 남성 수도자들이 자신들의 직접 관할이 아닌 수녀원에서 고해신부로 봉직하는 것을 그만두기로 했다는 것이다. 이 결정은 3개월 안에 실행될 것이었다. 베들레헴은 1618년에 헨리 요스가 방출된 이후 대주교의 요청으로 지역 프란체스코회 수사들이 고해신부로 일하고 있었기 때문에, 이 결정은 당연히 수녀원에 영향을 미쳤다. 이제 프란체스코회가 베들레헴에서 계속 봉사하게 하려면 대주교 보넌이 수녀원 관할권을 프란체스코회에 양도해야 했다.

고해신부들이 수녀원에서 봉사하는 오랜 전통만큼이나, 그들이 그 만두겠다고 위협하는 전통도 오래되었다. 중세 말기 전성기에 수녀원에 봉직하는 대부분의 고해신부는 같은 수도회의 남성 수도원 소속이었다. 그러나 이 수도자들의 열정은 곧 시들해졌다. 노르베르틴 Norbertine 수도회는 남성 수도원과 여성 수녀원이라는 독특한 양兩 수도원 체제를 해체하고 수녀원의 문을 닫았다. 도미니크 수도회는 도미니크가 죽은 직후에 여성 수도자들에 대한 봉사를 멈추었다가 다시 재개했다. 일부 카르투지오Carthusian 수도자들은 그들이 보살피는 다섯 개의 수녀원이 수도회의 다섯 개 상흔이라고 했다. 심지어 무한히 자애로운 프란체스코도 말년에 산 다미아노San Damiano의 가난한 클라라 수녀회를 거의 방문하지 않았다. 남성 프란체스코회는 대체로 제3수도회와 함께 제2수도회인 수녀원을 분란과 골칫거리의 근원으로 여기게 되었다. 그리고 그 오랜 정서는 최근 베들레헴에서 일어난 사건들로 인해 더 강화되었다.

여성 수도회를 그렇게 싫어하는 것이 보편적이지는 않았다. 일부 고해신부는 여성 수도자들과 함께하는 데 매우 열성적이었다. 그리고 카푸친 수도회와 예수회는 여성 수도자들에게 매우 열심히 봉사했다. 그러나 많은 남성에게 여성 수도회는 종종 성가시거나 가장 나쁘게는 유혹하는 존재들로 가득 찬 곳이었다. 17세기경에 여성은 여전히 남자보다 마녀나 귀신 들린 사람이 되기 쉽고 또한 더 음탕하고 호색적이라고 여겨졌다. 구마사들은 아담과 이브, 삼손과 델릴라, 다윗과 밧세바, 솔로몬의 이교도 아내들, 그리고 그 외 무수한 사례들을 생각해보라고 했다. 수녀원을 돌보는 일은 설교와 선교와 같은 더 공적이며 중요한 활동에 방해가 되었다. 하지만 수녀원을 버리려는 가장 확실한 이유는 고해신부들의 점차적인 통제 상실이었다.

16세기에 많은 수녀원의 최종 통제권은 지역 주교들에게 있었다. 그러나 수녀원들이 스스로 선택한 고해신부의 비용을 지불할 수 없게 되자, 주교는 종종 같은 수도회의 남자 수도자들에게 자발적인 고해신부로 봉사할 것을 요청했다. 그것은 오래된 중세의 관행이지만 지금은 주교가 시키는 것이었다. 이러한 조정에 동의한 수사와 신부들은, 수녀들이 주교에게 달려가 고해신부의 조언, 행동, 혹은 훈육을 비방하고 결국 고해신부의 권위를 부정하자 점차 좌절하게 되었다.

베들레헴은 이러한 양태의 전형적 사례였다. 지역 프란체스코회 수사들이 수녀원의 상황에 질렸기 때문에, 헨리 요스가 1604년에 수녀원에 불려갔다. 그가 1618년에 떠나자, 수사들은 대주교의 요청에 따라 어쩔 수 없이 다시 고해신부 역할을 맡았다. 수녀원은 고해신부가 반드시 필요했기 때문이다. 그러나 양측 모두 곧 불만이었다. 대주교는 첫 수사가 '완전히' 무식하다고 불평했다. 일부 수녀는, 열의 없는 수사들이 의무를 완수하지 않고 그래서 그들의 주요 경쟁자인 예수회 수사들에게 고해 승낙을 청할 것을 선동한다고 불평했다. 그리고 수사들도 자신들에게는 아무런 통제권이 없다고 불평했다. 그들의 말은 말 그대로 권고이지 법이 아니며, 그들의 권위는 마가렛 수녀와 같은 문제를 해결하는 데 제한되어 있다는 것이다. 이것은 분명 프란체스코 수도회가 지역 전체 수녀원에 대해 내린 결정에 영향을 미쳤다. 즉 관할권을 주지 않으면 아무것도 하지 않겠다는 것이다.

바르바라 벨리가 마가렛 이야기를 모두 털어놓은 것과 동시에 프란체스코회가 이러한 도전을 한 것은 우연의 일치가 아니었다. 사실 지

18세기 의상 서적에 실린 회색 수녀회 수녀와 프란체스코회 수사. 수도원 의복의 구체적인 양식은 수도회에 따라 달랐고 심지어 같은 수도회 내에서도 차이가 있었다. 수도회 의복은 또한 노동, 성가 합창 등과 같은 소임에 따라서도 달랐다.
(ⓒ 알베르트 1세 왕립도서관, 브뤼셀)

역 수사들은 이미 베들레헴 수녀들에게 수 년 동안 여러 번 거부할 수 없는 똑같은 약속을 했다. 즉 대주교에게 수녀원 관할권을 우리에게 부여하라고 넌지시 청하시오. 그러면 마가렛을 포함한 당신들의 문제는 해결될 것이오. 바르바라 원장은 수사들의 결정 시점이 떳떳하지 않다고 생각했지만, 상황의 심각성을 인식하고 대주교 보넌에게 수녀원 관할권을 계속 유지할 것인지, 아니면 수사들에게 넘길 것인지 가능한 한 빨리 결정해달라고 청하는 서한을 보냈다. 그녀는 어느 편을 더 선호한다는 표현을 하지 않고, 다만 문제가 해결되기만을 바랐다. 수녀원은 지난 6년 동안 상임 고해신부가 없었기 때문이다.

바르바라 원장과 달리 대부분 수녀들은 프란체스코회 수사들을 훨씬 더 선호했다. 1624년 8월 말에 대주교가 뢰번의 교구장인 페테르 뤼시위스Peter Lucius를 보내 그 문제에 대한 수녀들의 의견을 듣게 했을 때, 20명 중에 16명이 대주교 대신 수사들에게 감독권을 완전히 넘길 것을 지지했다. 수녀들은 대주교가 너무 바쁘고 멀리 있어서 자신들의 문제를 해결할 수 없다고 했다. 일부 수녀는 엄격하게 "양심을 옥죄는 사람들"이라는 수사들의 명성을 걱정했다. 그들은 수녀들이 프란체스코회가 아닌 다른 사제에게 고해하는 것을 금했기 때문이다. 그러나 운영 방식에 대한 이견보다는 현안 문제를 해결할 상임 고해 신부에 대한 열망이 더 컸다. 그래서 대부분의 수녀들은 수녀원을 프란체스코 수도회 관할 아래 두기를 청원했다.

대주교는 뤼시위스 교구장이 8월에 수녀들과 면담할 때 또 다른 문제에 대한 의견도 들을 것을 지시했다. 즉 마가렛 수녀가 스헤르펜회벌에서 오랜 순례를 마치고 돌아오는 것을 허용할 것인지를 묻게 했다. 대주교와 수녀들 모두 마가렛이 치유되었으며 베들레헴으로 돌아올 준비가 되었다는 놀라운 소식을 알았다. 그 소식은 듣는 사람에 따라 희망적인 소식일 수도 있었다. 사실 마가렛의 상태가 매우 호전되어서 동료인 카타리나 수녀는 이제 언제든 스헤르펜회벌에서 베들레헴으로 돌아올 수 있었다. 그러나 1616년처럼 거의 모든 수녀가 마가렛이 돌아오는 것을 원하지 않았다. 바르바라 원장만이 받아들일 용의가 있었고, 나이 든 수녀 알레이디스 둘만스Aleidis Doelmans는 대주교의 뜻에 따르겠다고 했다. 그러나 다른 모든 수녀는 수녀원이 가난함에도 불구하고 마가렛을 외지에 머물게 하고 도움을 주고자 했다. 그들은 그녀의 귀환을 받아들이기보다 차라리 더 가난하고, "마른 빵을 먹고", 일주일에 하루 더 금식을 하고, 일용 양식을 일부 포기하는 등 그 어느 것도 할 생각이었다. 마가렛이 수녀원을 떠난 후로 수녀원 내부의 긴장, 이상한 사건들과 공포 등 모든 것이 "조용해졌다". 그들은 "신의 사랑으로, 이 사람을 저희에게서 멀리 하소서"라고 기도했다.

뤼시위스 교구장은 수녀들의 이러한 의견과 함께 자신의 몇 가지 의견을 대주교 보넌에게 성실하게 보고했다. 그는 수녀들 다수가 마가렛이 사악한 일들을 했다고 아직도 의심한다고 했다. 그리고 현 프란체스코 고해신부는 그녀가 돌아오는 즉시 떠나겠다고 한다고 전했다. 대부분의 수녀가 관할권 이전을 희망하는 것은 프란체스코회의 관리 방식이 더 낫거나 혹은 대주교가 태만해서가 아니라 바르바라 원장이 마가렛 사건을 너무 무능하게 처리했기 때문이라고 하면서, 교구장은 자신의 진술을 마쳤다.

마가렛에 대한 결정을 내리기 전에, 대주교는 마가렛의 새 보호자인 스헤르펜회벌의 요스트 바우카르트 신부의 의견도 청취했다. 그에게 바르바라 벨리의 최근 폭로에 대한 의견도 물었다.

바우카르트가 보기에 마가렛에 대한 바르바라 벨리의 비난은 근거 없는 것으로 보였다. 마가렛이 마법에 연관되었다는 폭로는 거짓이었다. 왜냐하면 마가렛이 고발된 행위를 하려면 그녀가 보인 것보다 더 강한 힘을 필요로 했기 때문이다. 요한 에반헬리스타 신부가 말한 대로, 마가렛은 마녀가 아니라 기껏해야 귀신 들린 것이라고 보는 것이 마땅했다. 그러므로 바우카르트는 마가렛에 대한 벨리의 모든 고발은 증명되거나 기각되어야 한다고 주장했다. 게다가 마가렛과 카타리나와의 상당한 대화를 통해, 바우카르트는 베들레헴 수녀원의 문제가 마가렛 사건만이 아니라 훨씬 더 크다는 것을 알게 되었다. 그는 수녀원을 한 번도 방문하지 않았지만, 자신이 들은 것을 토대로 여러 가지 구체적인 수녀원 개혁 방안을 대담하게 제시했다. 면회실 벽에 있는 창살문grille의 크기를 줄일 것, 고해실로 가는 문을 자물쇠로 잠글 것(이것은 분명 헨리 요스에 대한 마가렛의 이야기를 듣고 제안한 것이었다), 수녀원 정문에 대한 경계를 더욱 강화할 것, 그리고 세속적인 춤을 추는 것을 중단할 것 등이었다.

대주교가 바우카르트의 개혁안들을 즉시 실천했는지는 모르지만, 그의 개혁안은 향후 수년간 지속될 두 가지 모습을 드러냈다. 첫째, 수녀들이 마가렛에게 제기한 비난들에 맞서 마가렛과 그녀의 보호자 바우카르트는 수녀들의 똑같이 비열한 약점들을 지적하며 재빨리 반격했다. 둘째, 베들레헴 수녀원 상황에 대한 바우카르트의 시각은 마가렛의 진술에 대한 그의 신뢰 그리고 마가렛과의 특별한 관계의 영향을 계속 받았다. 몇 달 전의 요한 에반헬리스타와 달리, 바우카르트는 마가렛에 대한 정보를 대주교에게 단순히 중립적 시각으로 보내지 않고 오히려 마가렛의 진술을 그녀만큼 확신했다.

여러 방향에서 그처럼 강경한 의견들의 공격을 받자, 대주교는 베들레헴과 마가렛에 대해 계속 우유부단한 태도를 보였다. 프란체스코회가 정한 최종 기한이 지난 1624년 10월경에도 그는 여전히 관할권 문제를 결정하지 않았고, 단지 수사들에게 고해신부 봉사를 당분간 계속해주라고 설득했다. 대주교는 마가렛을 영구히 베들레헴에 발붙이지 못하게 할 것인지 여부도 결정하지 않았다. 이 시점에서 아무도 단호한 행동을 취하지 않자 병이 나았다고 믿은 마가렛 수녀는 스스로의 결정에 의해 수녀원에 몰래 돌아가기로 결심했다.

8

불청객

밤이면 울고 또 울어 뺨 위에 눈물이 그치지 않는구나. 그 모든 애인들 가운데 위로해줄 자 하나 없고 벗들은 모두 그를 배신하여 원수가 되었다.

_〈예레미야애가〉 1장 2절

뢰번으로 가는 길, 1624년 11월 4일. 디스트에서 나오는 구도로는 구불구불하고 험한 그 시대의 다른 도로들과 유사했다. 길이 반듯해지고 손질될 거라는 오랜 약속은 지켜지지 않았다. 그 길은 때론 먼지가 일고 대체로 질척거렸으며 좁았고, 여섯 개의 마을을 지나고 여섯 개의 비슷한 다른 길들을 만나며 약 32킬로미터를 간 후에 움푹 파이고 홈이 난 뢰번의 북동쪽 담에 도달했다.

　디스트의 문을 지나 뢰번으로 가는 덜컹거리는 마차를 본 사람이면 누구나 베일을 쓴 수녀원 수녀가 이 길에서 무엇을 하는지 궁금해했을 것이다. 마가렛도 그 도시를 뒤로하고 떠나올 때, 괴롭지만 똑같은 생각을 했다. 하지만 그녀에게 더 중요하고 심각한 것은 베들레헴에서 겪은 과거의 불쾌한 일로 마음에 남아 있는 원한을 깨끗이 씻어내는 것이었다. 브뤼헐Bruegel 풍경의 절벽들보다 덜 인상적인 황량한 그루터기 나무들의 들판과 언덕을 굽이굽이 지나는 길에서, 마가렛은 자신이 다 나았다고 스스로에게 말했다. 며칠 전에도 그녀는 자신의 심장이 녹는 것 같은 내면의 '따뜻함'을 느꼈다. 겨울이면 느끼는 11월의 한기와 습기에 싸인 길 위에서, 마가렛은 여생을 수녀원 수녀들과 함께 평화롭게 그리고 상급자들에게 복종하며 살고자 하는 그녀의 새 결심과 변화를 동료 수녀들이 알아주기를 희망했다. 하지만 거부당할 것이라는 두려움도 느꼈다. 그들은 아마 과거를 잊지 못할 것이며 혹은 후원자의 놀람과 기쁨을 기대하며 자기 뜻대로 행동한 대담한 예술가처럼, 그녀가 허가 없이 디스트를 떠난 것을 알고 안 좋게 반응할지도 모르기 때문이다.

마가렛은 적어도 대주교 보넌과 바우카르트 신부 그리고 바람직하게는 베들레헴 수녀들까지도 수녀원에 돌아가도 된다고 동의할 때까지는 디스트에 머물기로 협의가 되어 있었다. 그러나 자신이 치유되었고, 다른 사람의 조치를 하염없이 기다릴 수 없으며(아무도 구원받을 수 없으므로), 그녀의 의도 또한 "순수하고 진지했기" 때문에, 마가렛은 자신의 결정이 정당하다고 느꼈다. 마가렛이 "수녀원에서 눈에 띄지 않게", "아무 일도 방해하지 않고 수녀들이 원하는 것 외의 다른 일은 하지 않고" 자신의 여생을 "진실로 겸손하게" 살고자 하는 의지를 수녀들이 직접 볼 수만 있다면, 그들도 설득될 것이라고 생각했다.

마차는 뢰번에 가까워질수록 덜컹거렸다. 성 트리니티 언덕과 예수회 소유의 숲, 갈림길을 지나 덜 질척대는 길로 들어가 언덕 아래로 서서히 내려가자 이윽고 뢰번이 보이기 시작했다. 석양의 희미한 빛은 도시 탑의 강렬한 실루엣을 만들었다. 도시에 가까워지자 시간을 알리는 탑의 종소리가 들렸다. 마가렛은 반사적으로 성호를 긋고 자신의 영혼 갱생을 위해 베니 크레아토르 스피리투스Veni Creator Spiritus["생명의 창조주여 오소서"라는 뜻으로 8세기 이후 성령에 대한 임누스(찬가)로 불렸다—옮긴이]를 부르거나, 신이 육화된 시간을 기억하며 기도문 아베 마리아Ave Maria를 바치면서 마음을 다잡았다. 그것은 그녀가 예수, 마리아, 혹은 프란체스코라는 이름을 듣거나 성체나 성혈이 언급될 때 항상 가볍게 절을 하는 것과 같았다. 마차는 두꺼운 돌과 떡갈나무 문으로 된 뢰번의 성문이 닫히기 직전에 도착했다. 그 출입구는 도시의 외벽 중 가장 훌륭했는데, 그것은 유명한 화가 퀜틴의 형제이자 까다로운 요서 메치스Josse Metsys가 지었기 때문이다. 몇 개의 거리를 더 지나고 모퉁이를 더 돈 후에 베들레헴이 마가렛의 눈앞에 나타났다.

마가렛은 마차에서 내려 수녀원의 가운데 입구 밖에 걸려 있는 벨을 잡아당겼다. 문지기장 수녀인 65세의 알레이디스 둘만스가 아마 맨 먼저 무거운 정문의 작은 구멍을 통해 내다봤을 것이다. 그러나 그녀가 살며시 내다보았든 아니면 문을 활짝 열었든, 알레이디스 수녀는 마가렛을 보고 하얗게 질렸을 것이다. 마가렛과 척진 사이는 아니었지만 그녀는 이 사안의 중요함을 알고 즉시 바르바라 원장에게 알렸다. 곧 수녀원 전체가 소식을 들었다. 위기를 처리하러 온 사람은 수녀원장과 가까운 협력자들이었다.

바르바라 원장은 대주교에게 마가렛의 귀환을 허락하는 의사 표명을 했지만, 그것은 적절한 순서에 따라 이루어진다는 가정 아래서였다. 원장은 그러한 절차를 준수했는지 의심했고, 자신의 참모들과 함께 마가렛에게 어떤 인사도 건네지 않은 채 스헤르펜회벌을 떠나도 좋다고 허가한 공식 문서를 마가렛이 소지하고 있는지만 물었다. 마가렛의 모든 희망이 이 첫 대면의 순간에 위기에 처했고, 그녀는 바우카르트 신부가 하루나 이틀 내에 문서를 가져올 것이라고 불쑥 거짓말을 했다. 그러나 이것은 수녀원 대표자들에게 충분하지 않았다. 그들은 서류가 도착할 때까지 수녀원 밖에, 즉 수녀 기숙사 밖에 있는 (순례자용) 숙소에 마가렛이 머물게 했다. 이때 기진맥진한 마가렛은 그들을 누그러뜨릴 희망으로 진실을 말하기로 결정했다. 그녀는 바우카르트 신부 모르게 허락도 없이 스스로 왔다고 인정하고, 그것은 자신이 다 나았기 때문이라고 분명히 말했다. 그럼에도 불구하고 거기 모인 수녀들은 마가렛을 계속 외부 숙소로 가게 했다.

마가렛을 격리한 후에, 원장은 다음 날 아침 두 명의 평신도 수녀를 메헬렌에 보내 대주교 보넌에게 그 소식을 알릴 준비를 했다. 그리고 두 명의 수녀를 스헤르펜회벌로 보내 바우카르트 신부를 방문하게 함으로써 그들로부터 이 일의 더 자세한 내용을 듣고자 했다. 그리스도의 어머니인 영원한 성모를 묵상하게 하는 수녀원 교회 종소리가 저녁기도 후에 의례에 따라 세 번 울렸고, 마가렛은 외롭고 비참한 밤을 보냈다.

1624년 11월부터 1625년 1월까지, 베들레헴. 마가렛의 도착은 오래된 상처 전부와 그 이상을 열어젖혔다.

바우카르트는 대주교 보넌에게 11월 6일에 편지를 써서 마가렛이 빠져나갔다는 소식을 전했다. 그리고 수녀들 모두가 그야말로 깜짝 놀랐다고 어설프게 변명했다. 마가렛이 베들레헴으로 돌아가겠다고 최근에 강하게 말하고 수녀 서원을 한 수녀원에서 다시 살기로 결심한 것은 사실이다. 그러나 떠나기 바로 전날 바우카르트는 인내심을 갖고 기다리도록 그녀를 설득했다고 생각했다. 하지만 그녀의 결심은 그가 생각한 것보다 더 확고했다. 그러한 결심이 신인지 악마인지, 혹은 마가렛에게서 나온 것인지 그는 감히 추측하지 않았지만, 마가렛이 상급자들의 조언을 거스르는 행동을 했기 때문에 그는 짐작 가는 바가 있었다. 그녀의 오랜 병에서 벗어나도록 이제 누가 그녀를 돕겠는가? 베들레헴의 프란체스코회 고해신부들은 마가렛 근처에도 가지 않을 것이다. 바우카르트 신부는, 대주교의 "비범한 아버지다운 도움"을 필요로 하는 다수 수녀들, 그리고 "유해한 육체적 병약함"에서 자유로워지기 위해 도움을 필요로 하는 마가렛, 양편 모두를 동정했다.

카타리나 수녀도 급히 대주교에게 편지를 써서 상황을 훨씬 더 암울하게 만들었다. 마가렛의 친구이지만 그녀는 마가렛의 행동을 용서할 수 없었다. 그것은 그처럼 오랫동안 마가렛을 위해 고생하며 사비까지 지출한 대주교에게 그리고 바우카르트 신부에게 배은망덕한 행동이었다. "그녀는 너무 일찍 그녀의 양치기와 안내자에게서 도망쳤다." 그러나 카타리나는 대주교에게 마가렛이 다시 절망하지 않도록 그녀를 버리지 말라고 청했다. 마가렛은 수녀원의 누구와도 잘 지내지 못하고 또한 고해신부도 없기 때문에, 과거의 분란이 다시 쉽게 시작될 수 있다는 것이다. "악마가 그녀에게서 멀리 있지 않다." 마가렛은 결코 남을 해하려 하지 않았다. "그것은 스스로 환상을 통해 그녀가 추종한 유혹이었다." 그러나 그녀의 성급함 때문에 이제 모두들 더 많은 죄를 짓게 될 것이다.

여러 날이 지난 후에 마가렛은 직접 대주교에게 편지를 써서 용서를 청하고 자신의 행동을 설명했다. 그녀의 의지는 강건하고 당당했지만, 이제 마가렛은 자신의 행동을 비통하게 후회했다. "신의 이름으로 바라건대, 나는 의논하지 않고는 결코 다시는 어떤 일도 하지 않겠다. 나 자신을 너무 심하게 속였다." 마가렛은 남은 겨울 동안 혹은 영원히 객실에서 머물겠다고 제안했다. 아니면 그녀가 은둔자로 살수 있는 작고 소박한 집을 수녀들이 정원에 지어줄 것을 제안했다. 그녀가 수녀원을 떠날 가능성은 분명 없었다. "상황을 정확히 보면, 나를 받아줄 수녀원을 찾기는 쉽지 않을 것 같다. 게다가 그러려면 돈도 많이 든다. 사람들이 모두 '그녀는 왜 수녀 서원을 한 수녀원에서 지내지 않는가?'라고 물을 것이다. 이곳에서 그들이 나를 원치 않는다면, 다른 곳에서는 나를 더 원치 않을 것이다." 게다가 마가렛은 현재와 같은 의심을 받고 있는 상태로는 떠나려 하지 않았다. 베들레헴 수녀들은 "이곳을 오고 가는 사람들에게 계속 나에 대한 험담을 하고 그것을 전할 것이며" 결국 새로 이사 온 사람도 마가렛에 대한 소문을 알게 되고 그녀를 많이 경멸할 것이기 때문이다.

마가렛은 무엇보다 바우카르트 신부마저 그녀에 대한 인내심을 잃을까봐 두렵다고 했다. 왜냐하면 그녀가 디스트에 머물며 베들레헴에서 떨어져 있을 것을 조건으로 그가 자신을 돌봐주었기 때문이다. 그가 과거 사건에 대한 마가렛의 진술을 믿었다고 해서 그녀가 그곳에 돌아가야 한다고 생각한 건 결코 아니었다. 바르바라 원장의 명령으로 바우카르트 신부를 방문한 두 명의 평신도 수녀들은 돌아오자마자 마가렛에게 "그는 결코 그녀를 더 이상 참지 않을 것"이라고 악의에 차서 말했다. 그래서 마가렛은 자신이 "다시는 스헤르펜회벌에서 평안을 구할 수 없을 것"이라며 두려워했다. "나는 다른 무슨 일을 해야 할지 모르겠다. 모든 것이 끝났고 그대로 유지될 것이다. 나는 맹세코 감히 그에게 다시 가지 않겠다." 그 사이에 마가렛은 카타리나처럼 대주교에게 자신을 버리지 말 것을 청원했다. 자신은 홀로 그 고통을 감내할 수 없다는 것이다. "그 고통의 공포가 너무 커서 나는 죽음이 다가오고 있다고 느꼈다." 고통의 정도를 미리 알았더라면, 마가렛은 '맹세코' 수녀원을 애초에 떠나지 않았을 것이다.

1624년 12월 초에, 대주교 보넌은 뢰번의 교구장 페테르 뤼시위스를 보내, 현 상황에서 마가렛이 베들레헴의 손님 숙소에 머무는 것이 최상인지 아니면 즉시 수녀원을 떠나야 하는지를 바르바라 원장과 카타리나 수녀에게 묻게 했다. 그는 다른 수녀들에게는 물으려 하지 않았는데, 이미 그들의 의견을 알고 있었기 때문이다. 수녀원에서 아직 아무 직책이 없는 카타리나에게 그가 의견을 물은 것은, 대주교 관저에서 그녀의 견해를 점차 중시했기 때문이며 그녀가 마가렛에게 가장 우호적인 대답을 할 거라고 기대했기 때문이다.

카타리나는 여전히 마가렛이 디스트로 돌아가 병원에서 바우카르트 신부 가까이에 사는 것이 최상의 해결책이라고 느꼈다. 수녀원 안에서 은둔자가 되겠다는 마가렛의 생각은 우스운 것이다. "혼자 있게 되면 마가렛은 정신 수양 경험이 적고 어떻게 신의 도움을 받을지도 잘 몰라서, 스스로의 환상과 유혹에 훨씬 더 쉽게 승복할 것이기 때문이다." 은자의 삶은 수없이 악마를 이겨낸 경험을 가진, 깊은 정신적 수양을 한 백발의 수녀에게 가장 적합한 것이다. 손님 숙소도 해결책이 아니다. 바르바라 벨리의 이야기를 보면, 손님 숙소는 여전히 수녀들에게 너무 가까이 있었다. "그들은 마가렛이 언젠가는 예전 숙소에 머물 것이라는 생각만으로도 몸을 떨었다." 마가렛은 그들의 적의를 알았고 그것은 그녀를 절망에 가라앉게 했으며 과거의 아픔을 다시 불러일으켰다. 사실 마가렛이 다른 수녀에게 분노를 표출한 후에는 항상 고통이 뒤따른 것을 카타리나는 보았다. 그래서 "나는 항상 마가렛이 감정을 진정시키도록 고투를 벌였다". 마가렛의 이러한 성향은 결코 완전히 없어지지 않았다.

카타리나는 유일한 희망이 디스트라고 반복했다. 문제는 마가렛에 대한 온갖 적대적인 비방에도 불구하고 그녀가 베들레헴에 머물겠다고 고집하는 것이다. 마가렛은 수녀원을 떠난 수녀에게 따라다니는 불명예를 두려워했다. 그러나 그러한 고집은 잘못된 것이다. 카타리나는, "마가렛 수녀가 스스로 옳다고 생각하는 일을 계속하고 수녀원에 계속 머물고 싶어 한다면, 오랫동안 그녀를 유혹하려 한 교활한 지옥 악마의 속삭임에 (자신도 모르게) 속아 넘어갈 것이다"라고 썼다. 마가렛을 베들레헴에 돌아가도록 꼬드긴 '달콤함'도 그러한 속임수였다. 마가렛은 너무 미숙해서, "악령이 종종 빛의 천사로 변신한다는 것"을 깨닫지 못했다. 마가렛이 수녀원에 돌아오자마자 실제로 그 달콤함은 사라지고 마가렛은 "수많은 유혹에 압도되었다". 심지어 "그녀가 영원히 후회할" 행동 즉 자살 직전까지 이르렀다.

바르바라 원장은 1624년 11월과 12월에 쓴 여러 통의 편지에서 카타리나와 같은 말을 했다. 원장은 마가렛이 "너무 참을성이 없고 불평을 많이 하는 것"을 개탄했다. 마가렛은 "그녀 말을 들어줘야 하는 사람을 질리게 할 정도로" 수녀원 기숙사에 다시 들어갈 것을 고집스레 요구한다는 것이다. 원장이 보기에 마가렛은 "스헤르펜회벌에 가기 전"과 전혀 달라진 것이 없었다. 마가렛은 "신의 위안, 수녀들, 고해신부, 성체도 없이" 매일 숙소에 앉아 있었다. 바우카르트 신부는 멀리 있었고, 어떤 프란체스코회 고해신부도 그녀와 말을 나누지 않았고, 오라고 요청받은 예수회 신부는 바르바라 벨리가 했다고 들은 이야기와 같은 내용을 마가렛이 고백해야 한다고 주장했다. 그리고 이제 다른 예수회 수사들도 그 이야기를 알게 되었다. "한 사제가 알게 되면 모두가 알게 되기 때문"이라고 원장은 말했다. 원장은 "평화와 안정을 유지"하기 위해 최선을 다했다. 그녀는 한때 마가렛에게 다른 기회를 줄 용의가 있었다. 그리고 아직도 마가렛을 동정했다. 그러나 이제 그녀는 매우 솔직히 마가렛이 "먼 곳으로 가서 내가 살아 있는 동안 그녀와 다시 말하지 않아도 되기"를 희망했다. "그렇게 되면 나에게 큰 위안이 될 것"이라고 인정했다. 다른 수녀들은 마가렛과 함께 사느니 "차라리 수녀원 문을 걸어 나가겠다"고 말했다. "그러나 나는 그들을 비난할 수 없다. 왜냐하면 마가렛이 다시 수녀원에 들어오면 우리 수녀원은 망가질 것이 확실하기 때문이다."

바우카르트는 이러한 소란에 대해 들었기 때문인지 아니면 대주교가 그에게 가볼 것을 요청했는지, 1624년 12월 중순에 베들레헴을 예고 없이 방문했다. 그가 마가렛을 데려가기를 바란 사람들은 기뻐했고, 바우카르트가 자신을 버렸다고 생각한 마가렛은 놀랐다. 방문은 처참하게 시작되었다. 수치심에 빠진 마가렛은 손님 숙소의 2층 방에서 아래층 응접실로 거의 강제로 이끌려 내려왔다. 그들의 대화 중에 마가렛은 "여느 때처럼 몸을 떨고 움직이고 들썩거리면서" 괴로워했는데, 바우카르트는 그것이 "외적 원인" 때문이라고 생각했다. 마가렛은 바우카르트가 과거에 보지 못했던 끔찍한 모습도 드러냈다. 너무 끔찍해서 마치 마가렛이 "위협당하고 포위되어" 격렬하게 그 적에 대항하고 피하려고 싸우는 것 같았다. 악마를 쫓아내는 심도 있는 구마 의식을 행하는 중에, 마가렛은 "신과 그녀의 상급자들에게 완전한 복종을 표하고 마음을 열었다". 하지만 그 효과의 지속을 바우카르트가 측정하기는 불가능했다. 마지막에 그는 마가렛을 설득하여 고해성사를 하고 성체를 모시게 했지만, 그녀는 당장 가까이에 있는 정신적 지도자가 필요했고 장기적으로는 베들레헴 밖에 머물 곳이 필요했다. 불행하게도 가장 적합한 곳인 디스트의 병원은 감수성이 예민한 신참자들이 너무 많았고 더 이상 빈자리가 없었다.

바우카르트가 매우 심한 상태라고 보았듯이 마가렛은 "마음 깊이 상처를 입었으나", 바우카르트가 다시 관심을 가져준 것에 매우 기뻐했고 그 후 곧 "회복되었다"고 느꼈다. 그녀는 대주교에게도 편지를 써서, 자신이 그처럼 바우카르트를 "부주의하게 떨쳐버린 것"을 후회한다고 했다. 악마가 그녀를 바우카르트에게서 떼어놓기 위해 분명 "모든 속임수와 거짓말"을 썼다. 바우카르트가 지금 마가렛을 도울 수 있는 유일한 사람이었기 때문이다. "나는 아직 더 견딜 수 있다"고 했지만, 마가렛은 "자신의 영혼과 육체를 신의 의지에 헌신하기로" 결심했으며 "주교님의 선의와 의지대로 자신에게 조치를 취할 것을" 바랐다. 만일 대주교가 그녀의 영혼을 돌보아주면 당연히 "나머지 것들" 즉 세속적인 일들도 보살필 것이다. 사실 이곳 손님 숙소에서 마가렛은 수녀원의 공동 음식과 물자를 배급받지 못했기 때문에 스스로를 부양할 수 없었다. 마가렛은 "세속 물자가 부족할 때 나는 손쉽게 다시 잘못을 범하게 될 것"이라고 대주교에게 상기시켰다. 대주교는 관대하게 응답했다. 후속 서류는 그가 마가렛을 재정적으로 오랫동안 지원했음을 말해준다.

1624년 12월의 몇 주 동안, 마가렛은 떠날 것인지 머물 것인지 갈등했다. 어느 날 그녀는, 수녀원을 떠난다는 생각은 "마치 곧 죽을 것처럼 나를 숨 막히게 한다. 오, 신이시여 저를 이 세상에서 데려가소서"라고 썼다. 그러나 또 다른 날에는 "이곳에서 벗어나기만을" 바랐다. "밤에 말할 수 없는 고통과 혼란으로 괴로워서 매일 저녁이 오면 마치 죽음이 다가오는 것처럼 느꼈기" 때문이다. 결국 그녀는 바우카르트 신부, 바르바라 원장, 카타리나 수녀의 조언에 승복하여, 대주교가 명령하면 베들레헴을 떠나는 데 동의했다. 그녀가 다른 곳에서도 고통스러울 것인지는 별로 중요하지 않았다. 왜냐하면 그녀는 "그 고통과 더 많은 것을 자초했다는 것을 알기" 때문이다. 12월 말경에 대주교는 그녀가 지낼 곳을 열심히 물색했다. 대주교 호비위스는 1618년에 레스컨 네인스 수녀를 위한 장소를 구했는데, 영향력 있고 연줄이 좋은 야코프 보넌 대주교가 마가렛을 위한 장소를 왜 찾을 수 없겠는가? 마가렛은 그처럼 확신했기 때문에 1625년 1월에 "나는 곧 떠나라는 명령을 받을 것이다"라고 적었다.

1625년 초의 상황이 마가렛에게 매우 밝게 보였다면, 곧 죽을 날이 멀지 않았던 바르바라 원장에게는 앞이 어둑하기만 했다. 그 자체로 엄청난 사건이었던 마가렛의 귀환은, 바르바라 벨리, 사라지는 프란체스코회 고해신부들, 원장의 권위 추락 등 수녀원의 다른 문제들과 합쳐져 규모가 커졌다.

지난여름에 사건을 폭로한 이후 바르바라 벨리는 수녀원 안에서 불편하게 지내고 있었다. 대부분의 수녀들이 여전히 그녀를 쫓아낼 기회를 엿보고 있었기 때문이다. 10월에 그 기회가 온 것 같았다. 바르바라 벨리가 아마도 재발하는 질병의 어떤 '징후'로 고통 받고 있어서 수녀 생활에 필요한 체력이 미비하다는 것이 알려졌다. 그래서 마가렛이 돌아오던 당일인 1624년 11월 4일에, 수녀원은 바르바라 벨리를 즉시 나가게 할 것인지 아니면 수련수녀의 기간을 다 채우도록 허용할 것인지 여부를 논의하기 시작했다. 며칠 후에 마가렛의 귀환으로 소동이 일어나자 수녀들 다수는 즉각 퇴출에 투표했다. 이것은 바르바라 원장을 기쁘게 했다. 그녀는 바르바라 벨리를 내보낼 준비로 그 버림받은 수련수녀를 즉시 손님 숙소에 보내려고 했다.

그런데 두 가지 문제가 있었다. 먼저, 마가렛이 이미 그곳에 있었고, 그녀는 돌아온 후에 바르바라 벨리가 자신에 관한 이야기를 해버렸다는 것을 알게 되었다. 원장은 두 사람이 같은 방에 있게 되면 "서로를 맹렬히 공격할 것"을 걱정했다. 마가렛은 벨리가 자신에 대해 나쁜 말을 너무 많이 했다는 것에 분노했고, 또한 벨리가 자신에게 덮어씌운 행동을 할 생각조차 한 적이 없다고 눈물이 가득한 눈으로 계속 맹세했기 때문이다.

두 번째 문제는, 벨리가 수녀원에 처음 들어올 때 정해진 그녀의 후원자가 벨리의 퇴출에 항의하며 가능하면 퇴출 결정을 번복해줄 것을 요청한 것이다. 이 후원자는 바르바라 판 헤르선Barbara van Herssen이라는 브뤼셀의 베긴회 여신자*인데, 벨리가 퇴출되었다는 소식을 듣자마자 원장에게 이의를 제기하러 즉시 베들레헴으로 달려왔다. 그래서 세 바르바라의 전쟁이 시작되었다.

---

* 베긴회(Beguines) 여신자들은 수녀도 아니고 평신도도 아닌 여성들로, 수녀원 내에 사는 동안은 '베기나주(beguinage)'라고 불리는 정결과 순명의 선서를 하지만, 재산을 가질 수 있고 언제든 떠날 수 있다.

곧 바르바라 원장과 바르바라 판 헤르선 사이에 열띤 설전이 벌어졌다. 판 헤르선은 수련수녀의 병이라는 것은 그녀를 내쫓기 위한 구실이었다고 의심하고 곧바로 그녀를 검진한 의사를 방문하러 갔다. 이 의사는 벨리가 수녀가 되는 것을 방해할 정도로 그 병이 심각하다고 했느냐는 질문을 받고 크게 웃음을 터트렸다. 그는 결코 그렇게 말하지 않았다. 의사의 소견을 전하며 벨리가 쫓겨난 진짜 이유를 밝히라는 판 헤르선의 요구에, 바르바라 원장은 많은 수녀들이 생각하고 있던 것을 털어놓았다. 벨리가 "악마와 내통한다"는 의심을 받았다는 사실이었다. 판 헤르선은 즉시 대주교에게 편지를 써서 항의했다. 자신이 아는 벨리는 그런 사악한 짓을 하지 못하며, 만약 그녀가 도중에 악령에 물들었다면 그것은 바르바라 원장이 관리하는 수녀원 내에서 일어났다는 사실을 잘 주목해달라고 썼다. 원장도 물론 대주교에게 자신을 변호했다. 수녀원은 이미 한 명의 말썽쟁이를 내쫓는 일로 힘든데, 왜 또 다른 분란자를 받아들이는 위험을 감수해야 하느냐고 항변했다. 그러나 문제는 끝나지 않았다.

판 헤르선은 의사의 진술을 반영하여 투표를 다시 해야 한다고 주장하기 시작했다. 원장이 거절하자, 베들레헴의 여러 수녀들이 그 기회를 이용하여 판 헤르선에게 원장의 상급자인 현 프란체스코회 고해신부 그리고 유명한 신학자이자 시인인 그 지역의 수사 신부 미하엘 팔뤼다뉘스Michael Paludanus에게 가보라고 제안했다. 이런 힌트를 준 수녀들은 벨리가 수녀원에 머물기를 원해서 그렇게 한 것이 결코 아니었다. 오히려 그들은 원장을 난처하게 만들려고 했다. 결과가 어떻게 나오든 재투표를 하는 그 자체는 원장의 정치적 패배였다. 원장은 그것을 잘 알고 있었고, 고해신부와 수사 신부가 투표를 심리하기 위해 수녀원에 도착하자 이 문제는 그들이 상관할 바가 아니라고 소리 질렀다.

결국 예상한 대로 절반 이상의 수녀들이 벨리가 수녀원에 머무는 데 반대했다. 곧 속세의 옷이 준비되었고, 1624년 성탄절 전에 벨리는 아직도 투덜거리는 판 헤르선과 함께 브뤼셀에서 살기 위해 베들레헴을 떠났다. 하지만 원장을 모욕하려는 목적은 달성되었다. 그것은 일부 수녀들뿐만 아니라 수녀원의 프란체스코회 고해신부를 기쁘게 했다. 그는 이런 결과야말로 원장이 무능하다는 또 다른 증거라고 하면서, 프란체스코회가 수녀원을 관리해야 한다고 수녀들에게 말했다. 그러나 원장은 수녀원의 소동을 다르게 설명했다. 그것은 자신의 어리석음의 소산이 아니라 "헨리 요스 추종자들"의 작품이며, 그들은 원장의 지도 권한과 대주교를 동시에 없애려 했다는 것이었다. 그 "추종자들"은 여섯 명의 평신도 수녀들 중 다섯 명과 여러 수녀들이었고, 감히 원장을 "비난하고 말대꾸를 한 가장 어린 수녀"도 포함되었다. 이 어린 수녀는 안나 피흐나롤라인데 1624년 6월에 수녀 서원을 했고, 1625년 초에는 "수녀들 절반"과 함께 원장을 교체해달라는 또 다른 대담한 청원서를 대주교에게 보냈다.

갈등 때문에 수녀원장이 사임하거나 해임되는 일이 유별난 것은 아니다. 하지만 이 경우처럼 바르바라 원장 스스로가 사임을 원할 때에도 그것은 힘든 일이었다. 원장은 고통에 몸부림치며 대주교 보넨에게 원장에서 물러나게 해달라고 청원했다. "이곳의 혼란과 소동은 너무 심하고 거짓이 난무하며 많은 사람들이 그에 관련되어 있어서 수치스럽다"고 그녀는 썼다. 수녀원 밖 평신도들의 지원을 받은 헨리 요스의 지지자들은 "내가 원장에 있는 것을 참지 못하고 나에게 반항하므로, 신의 사랑으로 저를 원장 자리에서 풀려나게 해주시기를 겸손히 기도합니다. 신부님은 저에게 자비를 베푸소서"라고도 썼다. 일부 수녀들은 원장이 마법으로 수녀원을 다스리며 그러므로 마가렛 문제의 직접적인 책임이 원장에게 있다고 넌지시 암시했다. "악마에 묶여 있는 것보다 그리고 악마를 통해 수녀원을 다스린다는 소리를 듣는 것보다 더 큰 비참함이 무엇이겠습니까?" 그녀는 다시 방면을 청원했다.

그러나 원장 자신의 믿을 만한 지지자들까지도 바르바라 원장을 비난하기 시작했다. 그들은 수녀원의 분란에 대해 원장이 분명 일부 책임이 있다고 주장했다. 마가렛은 객실*의 잘 보이는 자리에서, 자기 방 아래 응접실에 있는 창살문으로 몰려드는 외부인들의 긴 줄을 보았다. 그러므로 외부인들이 수녀원 내부의 분란을 선동한다면, 그것은 원장이 그들을 허용했기 때문이다. 뤼시위스 교구장은, 수녀들이 친구들을 맞고 그들과 대화하러 오가느라 기숙사와 창살문 사이에 깔린 타일 바닥이 닳았음을 확인했다. 심지어 원장의 가장 든든한 협력자인 카타리나 레이케부르 수녀도, 원장이 "말을 무디고 조야하게 하며, 외부와 관련된 일에 잘 처신하지 못하고, 분별력이 없으며, 비밀을 지키지 못하고, 지도력이 없으며, 수녀들을 안정시키는 법을 모르고, 스스로 모범을 보여 앞서가지 못했다"고 했다. 게다가 원장은 외부인들에게 일부 수녀를 "'폭도' 그리고 '패거리' 등"으

---

* 수녀들은 방문자 구역을 여러 방식으로 지칭했다. '객실(guest room)'과 '응접실(parlor)'을 가장 많이 사용했고 서로 섞어 썼다. 마가렛의 '객실'은 이 구역의 2층에 있었고, 방문자들이 한때 숙식하던 방이다. 방문자들이 이야기하러 오는 '객실'은 응접실 혹은 아래층(downstairs)이 더 적합한 이름이다. 나는 전체 건물을 지칭할 때는 '손님 숙소(guest house)'라는 단어를 사용했다.

로 부르며 심하게 비난함으로써 더욱 일을 어렵게 만들었다. 그러한 원장에 대한 보복으로, "다수 수녀들은 원장이 없을 때 창살문에서 평신도 방문자들과 함께 원장을 놀리고 비웃었다". "바로 지난 수요일에도 우리들의 다툼에 대한 이야기를 듣고 방문자들이 재밌어했다"고 고했다. 또한 원장은 저렴하게 봉사해준 프란체스코회 고해신부들에 대한 "추문"을 종종 이야기했고, 고해신부들은 그런 배은망덕한 소리를 듣고 불쾌하다는 반응을 보였다. 카타리나는 "수녀원의 개혁과 규칙 준수"를 위해 수녀원의 개선을 염원했고 새로운 원장 선출을 바랐다.

1625년 1월에 대주교 보넌은 드디어 수녀원의 복잡한 문제에 대해 뤼시위스 교구장에게 명확한 지침을 내렸다. 먼저 교구장은 수녀들에게 다음과 같은 사실을 고지하였다. 즉 대주교가 마가렛이 머물 베들레헴 밖의 장소를 열심히 찾고 있으며, 1년에 100플로린을 마가렛에게 기꺼이 제공할 것이다. 둘째, 대주교는 더 엄격한 훈육 조항이 담긴 새로운 수녀원 정관을 곧 공포할 것임을 교구장에게 약속했다. 대주교는 새로운 원장 선출을 바라는 수녀들의 청원을 달가워하지는 않았지만, 바르바라 원장이 "여러 면에서 부족한 면이 있으며" 자신의 책무에 지쳐 있는 것이 분명해보였다. 아마도 원장 직무에서 벗어날 때인지도 모른다. 하지만 그럴 경우 원장이 난처하지 않도록 신중하게 해야 했다.

교구장이 수녀들에게 마가렛에 대한 대주교의 지시를 반복해서 읽자 모두들 "기쁨의 소리를 지르며" 의기양양해했다. 마가렛도 곧 상태가 많이 좋아져서, 주일과 축일에는 미사에 참례했고 지도 신부인 "아우구스티누스회 고해신부"의 방문을 정기적으로 받았다. 카타리나는 "마가렛의 그러한 정신 상태를 보고 매우 기뻐했다". 그리고 원장도, 대주교가 마가렛을 다른 곳에 배치해도 마가렛이 "수치심을 느끼지" 않을 것이라고 교구장과의 대화에서 말했다.

그런데 며칠 지나지 않아 원장의 흔들리는 권위보다 그녀의 영혼이 더 절박한 문제가 되었다. 1625년 1월 25일, 마가렛이 자살 시도에서 기적적으로 회복된 날로부터 1년이 되는 날 바르바라 노선은 알 수 없는 병으로 죽어가고 있었다. 그녀의 마지막 유언은 며칠 전에 작성되었는데, 지난 몇 년 동안 그녀를 소진시킨 목표와 크게 다르지 않았다. 즉 마가렛에게 다른 수녀원을 찾아주고, 수녀원의 상임 고해신부를 구하는 것이다. 프란체스코회는 결국 베들레헴 수녀원을 완전히 버린 것 같았다. "그들은 결코 우리에게 봉사하지 않을 것이며 수녀원에 한 발도 들이지 않을 것이다." 그러다 수녀가 아프기라도 하면 어떻게 해야 하나 하는 가상 사태를 생각한 지 이틀 만에 원장 자신이 쇠약해졌다. 다행히도 바우카르트 신부가 그날 수녀원에 우연히 있었고 원장을 보살피러 갔다. 그는 "약 한 시간 동안" 원장의 정신을 고양하려 노력했고, 원장은 "몇 순간" 정신이 명료하고 밝아졌다.

바르바라 원장의 날들은 고난이었다. 수녀원이 언제 고해신부를 구할 수 있을지 혹은 마가렛이 어디로 갈 것인지는 원장이 죽을 때까지도 불확실했다. 또한 예상되는 후보들과 그녀의 오랜 경쟁자들을 생각하며 누가 자신의 뒤를 이어 원장이 될 것인지도 걱정했다. 하지만 바르바라 벨리가 떠났고, 마가렛도 곧 떠날 것이며, 이제 자신도 사라지게 되면, 이 떠들썩하던 수녀원도 치유될 것이라고 바르바라 원장은 생각했다. 그리고 그녀가 죽을 때에도 살아 있을 때와 마찬가지로 수녀들이 따뜻함을 보여주지 않았지만, 원장은 자신의 죽음이 수녀원에 조금의 평화라도 가져올 수 있다면 쓴 독약을 마시고 베들레헴에 생명을 바치겠다는 너그러운 생각을 했을지도 모른다.

Part 2

마가렛은 어떻게
복수를 준비하고
수녀원의 감시인이
되었는가?

베들레헴의 수난

한마디도 빼놓지 말고 전하여라.

_〈예레미야〉 26장 2절

1628년 5월과 6월, 다시 베들레햄 수녀원의 객실. 수녀는 처음 쓰기 시작했을 때처럼 동료 수녀들의 죄를 잉크로 허심탄회하게 고백하면서 계속 기록해갔다. 1628년 늦은 봄의 여러 날 여러 주 동안 그녀는 바느질을 하는 대신 작은 책상으로 자리를 옮겨, 지난 일을 기억해내고 새로운 일들을 관찰하고 적고 그리고 다시 써 나갔다. 기도하고 성가를 부르고 때로는 식사도 잊은 채 카타리나 수녀와 객실 창살문grille에서 논의를 하는 등, 마가렛은 대주교가 약속한 대로 방문할 것이라는 기대를 품고 수녀원 일을 관찰하고 더 많이 기록했다. 그녀는 최초 기록은 급하고 격하게 써 나갔지만 나머지 기록들은 감정을 다스리며 자신의 노력에 대한 어떤 보답이 있을 것이라는 강한 희망으로 써 내려갔다. 하지만 그녀는 자신의 과거 때문에 그리고 어떤 다른 사람보다 많은 내용을 기록했기 때문에 공식 방문자들이 자신의 말을 믿지 않을까봐 걱정했다.

하지만 그녀는 어쨌든 계속 적어 나갔다. 그것은 수녀원이 개선되길 바라는 마음에 사로잡혀서이기도 했고, 베들레헴 수녀원에서 겪은 첫 20년간의 괴로운 기억들 때문이기도 했지만 동시에 1625년 바르바라 노선 수녀원장의 죽음 이후 일어난 여러 실망스러운 사건들 때문이기도 했다.

먼저, 모든 사람들의 기대와 달리 마가렛은 1625년 혹은 다음 해에도 그리고 계속해서 베들레헴 수녀원이나 이 숨 막히는 손님용 객실을 떠나지 않았다. 심지어 유력 인사인 야코프 보넌도 그녀가 지낼 장소를 찾지 못했기 때문에, 다른 누가 그녀의 새 거처를 찾을 수 있을지 의심스러웠다. 동료 수녀들과의 관계는 회복되지 않고 꿈쩍도 하지 않았으며, 수녀원으로 돌아갈 수도 없었고, 여전히 두렵고 혹독한 똑같은 상황이 그녀 앞에 전개되었기 때문에 그녀는 차라리 연옥에서 더 나은 미래를 누릴 수 있을 것 같았다.

두 번째, 바르바라 원장을 대신할 수녀를 뽑는 선거가 1625년 2월경에 있었는데 그 결과는 마가렛이 두려워하던 대로였다. 즉 수녀원 권력이 이전 체제의 주요 반대 세력에게 넘어간 것이다. 그것은 교회의 최상위층에서도 종종 일어나는 일이었다. 이번에는 대주교가 수녀원장을 직접 임명하지 않고 수녀들이 투표로 결정하도록 허용했다. 승자는 바로 아드리아나 트라위스였다. 그녀는 바르바라 노선 수녀원장이 살아 있을 때 그녀를 항상 괴롭히는 가시 같은 존재였고 헨리 요스의 충복이었다. 그러나 대주교는 수녀원의 파벌을 줄이고 적어도 양쪽의 입장을 진정시키기 위해 한 가지 중요한 개입을 했다. 즉 카타리나 레이케부르를 수녀원 최초의 부원장Vicaress으로 임명한 것이다. 이 직위는 카타리나 자신이 수녀원을 위해 필요하다고 제안한 자리였다. 그것은 카타리나에 대한 대주교의 신임을 보여주는 중요한 표시이자 상징이었다. 왜냐하면 그녀는 갓 서른 살의 나이에 수녀원장 다음의 서열에 임명되었기 때문이다.

마가렛에게 카타리아의 승진은 별 의미가 없었다. 왜냐하면 실제로 아드리아나가 모든 권력을 휘둘렀기 때문이다. 아드리아나는 수녀원 장일 뿐만 아니라 여전히 재무 담당관이었고, 수녀원 물자를 배분하는 책임을 졌다. 그 일은 그녀가 1613년 이후 해오던 일이었다. 더구나 아드리아나는 다른 모든 중요한 수녀원 직책에 헨리 요스의 친구를 비롯한 자기 편 수녀들을 임명했다. 헨리의 여동생인 마리아 요스를 문지기장으로, 평신도 수녀였던 그녀의 사촌 레스컨 요스Lesken Joos를 진료소장에 임명했다. 마리아는 진료소장을 위해 수녀원의 문을 자주 열어주었다. 마가렛에게 가장 최악이었던 것은 거짓말을 잘하는 안나 피흐나롤라가 이제 갓 스물네 살의 나이로 성가대의 수장이 된 것이다. 이 수녀들은 모두 카타리나가 누려야 할 권위를 행사할 수 없도록 방해했고 마가렛을 눈에 띄게 경멸했다.

마가렛을 실망시킨 세 번째 일은 아드리아나가 수녀원장으로 승진한 직후에 일어났다. 마가렛이 대주교의 오른팔인 총대리 페테르 판 데르 빌에게 수녀원의 상태 전반에 걸쳐 그리고 특히 새 수장들에 대해 불평을 하며 그에게 수녀원 개혁을 촉구했을 때, 총대리는 사실상 그녀의 말을 묵살했다. 그는 열정적인 인물로서, 개혁을 반대해서가 아니라 말썽을 일으키는 마가렛이 개혁의 주창자로 행동할 수 없다고 생각했다. 즉 마가렛이 다른 사람을 비난하기 전에 자기 개인 문제부터 해결해야 한다는 것이었다. 총대리는 마가렛이 순수한 동기보다는 적대적인 동기에서 행동하는 것이라고, 다시 말해 동료 수녀들의 구원을 위해 동료애에서 나온 행동이라기보다는 적대자들을 비방하기 위해 개혁을 촉구하는 것이라고 쉽게 생각했다. 그 어떤 경우라 해도 총대리는 손님용 객실에서 벗어나 수녀 공동체로 돌아가게 해달라는 마가렛의 호소에 동조할 수 없었다. 여러 공동체 구성원들이 육체적 질병 때문에 종종 격리되는데 정신적 질병으로도 격리될 수 있다고 생각했기 때문이다. 수녀원은 회복되어야 했고 그것은 마가렛 없이 이루어질 가능성이 더 높았다.

그러나 마가렛이 거둔 몇 가지 작은 승리는 수녀원의 첫 20년보다 지난 몇 년간의 수녀원 시절을 더 나은 시간으로 만들어주었다. 기쁘게도 대주교 보넌은 수녀원을 프란체스코 수도회에 넘기지 않고 관할권을 유지하기로 결정했다. 사실 그는 프란체스코 수사들보다 더 나은 수녀원 고해신부를 찾을 수 없었다. 대주교는 수사들에게 계속 고해신부 일을 해달라고 설득했고, 수녀원의 최종 책임은 자신이 맡았다. 더구나 대주교 보넌과 바우카르트 신부는 마가렛이 최근에 총대리에게 써 보낸 것과 같은 수녀원 개혁을 옹호하는 것처럼 보였다. 대주교는 심지어 1625년 7월에 면회실 창살문에 관한 몇 가지 문제를 다루기 위해 몸소 수녀원을 방문했고 마가렛을 분명히 기억했다. 1626년에도 다시 방문했는데 이때는 수녀원을 총체적으로 개혁하려는 의도에서였다. 1626년 더 없이 기쁜 그날에 대주교는 공식 방문에서 으레 하듯이 아드리아나 원장을 불렀을 뿐만 아니라, 통상적 관례에서 벗어나 지위가 낮은 마가렛을 그녀 객실에서 만나 이야기를 나누었다.

　그는 이때 다른 수녀원으로 마가렛을 재배치하는 게 어렵다는 사실을 설명했을까? 마가렛은 이러한 대주교의 무능함에 분노하지 않고 애써 참았을까? 그랬다 해도 진상은 결코 드러나지 않았다. 사실 마가렛은 곧바로 대주교의 개혁안을 열렬히 지지하는 사람이 되었다. 개혁안은 대주교가 약속한 완전히 새로운 규정들을 수녀원에 보낸 1626년 8월에 분명한 모습을 드러냈다. 투박하지만 중요한 이 문서는 22개의 장으로 이루어졌는데, 미사 의식, 면회소, 처벌, 수녀원장의 지위, 신앙고백 등을 비롯하여 수녀원 생활과 관계된 통상적인 주제들을 쭉 다루어 내려갔다. 그러나 대주교가 법규집을 작성한 시점이 이례적이었고, 그것은 아드리아나 원장에 대한 경고의 메시지와 같았다. 아드리아나가 수녀원 권력자라면, 그녀도 수녀원의 오랜 결함에 책임이 있으며 그것을 교정해야 했다.

　마가렛이 자신의 적들에게 복수하기 위해 혹은 과거보다 신을 더 잘 섬기기 위해 대주교의 개혁을 얼마만큼 지지했는가는 아무도 정확히 말할 수 없다. 두 가지 동기가 어떻게 섞였는지는 모르지만, 자신의 곤경에 대한 염려와 개혁에 대한 열정이 사실상 하나가 되었던 것은 분명하다. 현 상태 유지를 비판하는 것은 변화의 필요성을 의미했으며 동시에 그녀의 메마른 영혼을 위로하는 데 도움이 되었다. 마가렛은 상세한 근거를 들어 동료 수녀들이 자신보다 완벽하지 않은 이유를 보여주었기 때문이다. 그리고 부차적으로는, 그렇다면 자신이 왜 수녀원 내의 합당한 장소로 돌아갈 수 없는지 묻고 있었다.

　'개혁'이라는 단어는 당시 가톨릭 세계에서 여러 의미를 지녔다. 광범위한 영향을 미친 트리엔트 공의회 덕분에 마가렛은 일반 교회 개혁의 시대를 살았다. 그러나 트리엔트는 마가렛이 마음에 둔 하나의 기치에 불과했다. 왜냐하면 여성 수도자에 대한 트리엔트의 기본 요구 사항은 매우 전통적이었기 때문이다. 마가렛과 동료 수녀들은 수도원 자체 내에서 훌륭한 개혁 전통을 찾아냈다. 기존의 수도원 규칙을 더 엄격히 고수하는 개혁으로는, 10세기 프랑스의 클뤼니Cluny 수도원 개혁이나 14세기에 다양한 수도원에서 추구한 '엄수Observant' 개혁을 들 수 있다. 완전히 새로운 수도원 질서를 구축하는 개혁으로는 13세기 프란체스코회와 도미니크회 혹은 16세기의 예수회가 있다. 기존 질서에서 갈라져 나온 개혁도 있는데, 16세기에 프란체스코회파인 카푸친 수도회를 들 수 있다. 그리고 단일 수도원 개혁, 면회소나 특정 문에서의 행동 개혁, 공동 재산 개혁, 재정 개혁 등 매우 특별한 개혁들도 있다.

　개혁은 원래의 초창기 모습으로 돌아가려는 열망부터 기존 기준을 더 엄격히 준수하는 것, 그리고 새롭고 창의적인 무엇인가를 수립하는 것까지 다양한 것을 의미했다. 트리엔트 공의회 이후 시기에 벌어진 보수적인 교회 개혁은 기본적으로 앞의 두 가지에 속했다. 그러나 시간이 지나면서 창의적인 개혁의 측면도 더 분명해졌다. 베들레헴에서는 두 모습의 개혁이 모두 분명히 드러났다. 마가렛과 대주교 보넌은 엄격하고 전통적인 수도원 규율을 진작하고자 했고, 개혁을 둘러싸고 수녀원에서 벌어진 격렬한 논의는 말과 행위로 전개되었다. 순결, 은둔과 같은 기본적인 수도원 규칙은 논란의 대상이 아니었다. 하지만 수녀들이 얼마나 오랫동안 얼마나 자주 면회소에서 외부인들과 이야기해야 하는가와 같이 특정한 사안의 이념과 실행은 베들레헴에서도 계속 논쟁이 되었다. 일이 복잡하게도, 논쟁은 단순히 어떤 규범

몽스(Mons)의 검은 수녀회 수녀들이 법규집을 받고 있다. 1543년.
(출처: 왕립문화유산연구소, 브뤼셀, ⓒ IRPA-KIK Brussel)

이 지적으로 혹은 정신적으로 유용한가뿐만 아니라 심각한 인간적 고
려 및 사적인 관계도 내포했다. 수많은 세속 집단이나 종교 집단의 논
쟁에서는 여러 요인이 뒤섞였고, 베들레헴에서의 논란에는 마가렛이
그 중심에 있었다.

　마가렛 수녀가 1628년경에 그렇게 희망에 부푼 것처럼 보인 또 다
른 이유는 대주교의 개혁에 대한 기대뿐만이 아니라 그녀 자신의 정
신적 상태가 계속 좋아졌기 때문이다. 마가렛을 가장 잘 알고 있는 카
타리나는 1626년에 마가렛이 더 이상 사람들을 화나게 하지 않았다고

했고, 1627년에는 마가렛이 "적당히 만족하는" 모습을 보여 무척 기뻤다고 했다. 아드리아나 수녀원장조차도 희망적으로 말했다. "마가렛 스밀더르스는 지금껏 조용하다. 만약 그대로 지속된다면 그것은 우리의 구원이 될 것이다." 마가렛은 상황이 개선되었음을 인정해야 했다. 비록 아우구스티누스 교단 고해신부가 몇 년밖에 머물지 않았고, 요한 에반헬리스타 신부가 결국 뢰번을 떠나 마가렛을 도울 수 없었고, 요스트 바우카르트 신부가 디스트에서 가끔씩만 방문했고, 1628년 2월에 마가렛이 자신은 신의 용서를 받지 못했으며 밤의 고통이 다시 시작되려 한다고 기록했지만, 그 모든 것에도 불구하고 대체로 마가렛은 전보다 훨씬 나아졌다. 그리고 최근의 근심거리에도 불구하고 그녀는 결코 다시 악마들에게 굴복하지 않았다. 그녀는 또한 무기력해질 정도로 헨리 요스와의 과거 일에 대해 걱정하는 일도 없었다. 그렇게 회복된 이유는 분명치 않다. 바우카르트 신부와 더 심도 있는 상담을 했기 때문인가? 새로 어려운 결심을 했기 때문인가? 대주교 보넌에게서 더 많은 관심을 받아서인가? 가장 그럴듯한 이유는 개혁에 대한 그녀의 새로운 열정과 관계가 있다. 마가렛은 때론 낙심하고 모욕도 계속 받았지만 더 이상 쇠약해지거나 절망하지 않았다. 그녀가 몰두해야 할 일이자 자신이 진실로 믿는 소명이 생겼기 때문이다.

수녀원의 돌아가는 상황을 두루 주시하던 마가렛은, 대주교의 1626년 개혁 혹은 1625년과 1627년의 더 세부적인 개혁안을 베들레헴 수녀들 특히 지도자들이 해석하는 방식에 동의할 수 없었다. 대단한 위반 사항은 없었지만 마가렛은 1628년 초에 "그 어느 때보다 많은" 계율 위반을 목도했다. 최악의 상태였던 2월에 마가렛은 메헬렌에 있는 대주교에게 또 다른 경계 서찰을 보냈다. 그녀는 대주교가 수녀원을 또 방문할 필요가 있다고 썼다. 배달인을 통해 대주교에게 보낸 편지에서 마가렛은 모든 것을 드러낼 수 없었다. 대주교가 자신의 편지에 응하여 갑자기 아드리아나 원장에게 이런저런 문제를 고치라고 명령한다면, 원장은 대주교가 어디서 정보를 얻었는지 쉽게 알아차리고 의심이 가는 사람에게 분노를 폭발할 것이기 때문이다. 반면에 공식 방문은 약간의 익명성을 제공한다. 모든 수녀가 방문자들과의 개인 인터뷰에 참여하여 그들이 수녀원 상황에 대해 알고 있는 것을 정직하게 말해야 하기 때문이다. 그 인터뷰 중에 수녀들은 더 자세한 증언을 글로 건넸다. 이처럼 모든 사람이 참여하고 개인적으로 증언을 하기 때문에 원장 수녀는 누가 수녀원의 이러저러한 문제점을 노출시켰는지 알아내기 어려웠다. 더구나 원장이 공식 방문 중에 양심껏 발언한 수녀를 위협하거나 처벌하는 것은 금지 사항이었다. 하지만 원장은 어떻게든 부정적인 정보를 제공한 사람을 알아내려 했고 방문자들이 떠난 후에 "나는 누가 이러저러한 말을 했는지 잘 알고 있다"고 종종 험악하게 말하기도 했다. 그러나 불만을 가진 수녀들에게는 공식 방문이 상대적으로 더 안전했고, 눈에 띄는 배달인을 통해 개인 편지를 보내는 것보다 수녀원 개혁에 대해 더 많은 희망을 갖게 했다.

아마도 마가렛이 1628년 2월에 보낸 짧은 편지 때문인지 혹은 다시 방문 시점이 되었기 때문인지 모르지만(원칙적으로 각 수녀원은 2년에 한 번 공식 방문을 받게 되어 있지만 거의 지켜지지 않았다), 봄이 되자 감독 공관 조직이 베들레헴 수녀원에 대한 전방위 방문을 준비하며 가동되었다. 마가렛은 이 소식을 듣자마자, 수녀원에 대한 치밀한 진술을 시작하여 거의 모든 것을 말하기로 결심했다. 단순 면담에서는 자신이 아는 모든 것을 말할 시간이 충분하지 않으므로 미리 긴 편지를 써서 준비하려 했다.

1628년 5월부터 6월까지 계속된 진술문 작성 기간 동안 43개나 되는 제목을 가진 사안들을 작성한 후에, 마가렛은 방문자들이 도착하여 "그만 하라"라고 말할 때까지만 쓰기로 작정한 것처럼 돌연 편지를 마무리했다. 그녀는 작업 중에나 수프를 마실 때, 아니면 작업을 마치고 처음으로 32쪽 분량의 진술이 엄청나다는 것을 깨달았을 때, 자신이 수녀원에 들어올 때는 글을 쓸 줄 몰랐다는 아이러니를 떠올리며 평소의 음울함에서 벗어나 키득거렸을지도 모른다.

10

총애

마가렛의 편지는 전통적인 작문 규칙을 따르지 않았다. 그녀는 열정적으로 그리고 과도하게 되풀이하며 문제점들을 여러 형태로 한 번, 두 번, 심지어는 세 번씩 연발했다. 그녀는 "나는 어떤 문제들에 대해 반복해서 말한 것 같다"고 드물게 인정하기도 했다. 문제의 단점이 대주교에게 지루하게 느껴졌을 수 있지만 동시에 그것은 마가렛의 감정의 강도, 특히 세 가지 연관된 주제에 대한 감정을 드러냈다. (1) 아드리아나 원장은 수녀원 내의 자신의 권력과 (2) 수녀원 밖에 있는 사람들의 비위를 맞추는 것을 더 걱정한다. (3) 수녀원의 오래된 훌륭한 규율에 대해서는 관심이 없다—그리고 원장이 규율을 따르는 방식을 다른 수녀들이 그대로 모방한다.

수도원 세계에서 이 문제들은 베들레헴만의 독특한 것은 아니다. 그러나 마가렛이 다른 수녀들보다 나았던 점은, 일관된 그림으로 수녀원 일상의 구조와 세부를 전달한 것이다. 그것은 다른 수녀원들에

1628년, 마가렛 수녀가 공식 방문에 대비하여 작성한 편지의 첫 번째 장
(출처: 메헬렌-브뤼셀의 주교 기록보관소)

서 수집한 낱낱의 증거에서 구축된 그림보다 더 생생했다. 수십 개 수
녀원에서 일어난 사건과 인물을 뒤섞거나, 수도자들이 주위로부터 고
립된 존재였던 것처럼 수도 생활의 모습을 그리는 대신, 마가렛은 자

신을 포함하여 사람 냄새가 물씬 나는 인물들을 등장시켰다. 그들은 수녀원의 유명한 와플을 만들기 위해 반죽을 준비하는 것처럼 쉽게 그리고 반半의식적으로 자신들의 개인적 편견을 고상한 정신적 이상과 버무린 사람들이었다.

아드리아나 트라위스의 자존심

"존경하는 대주교님, 성령에게 부여받은 주교님의 훌륭한 규정과 현명한 법령들을 준수하고 실천하며 참다운 신앙의 삶을 사랑하는 수녀원장을 우리가 모시고 있다면, 우리 중 누구도 이 모든 어리석은 문제들로 대주교님을 귀찮고 힘들게 할 필요는 없을 것입니다. 원장은 분명 자신의 권한으로 수녀원의 상황을 개선할 수 있기 때문입니다."

이 도입 글이 마가렛이 쓴 전체 편지의 무대가 되었다. 아드리아나 수녀원장이 베들레헴을 힘들게 하는 근원으로 비난받아 마땅하다는 것이다. 물론 어떤 원장이라도 자신의 수녀원에 궁극적 책임을 진다. 하지만 마가렛은 그 이상을 말하고자 했다. 아드리아나는 법, 관습, 교회 권위, 그리고 성령에 대한 존경심에서가 아니라 마치 싸움을 걸듯이 의식적으로 자신의 감정에 따라 수녀원을 다스렸다. "법령이 공포되어도 준수되지 않는 수많은 사례에서 보듯이", 대주교가 수녀원장의 취향에 어긋나는 법령을 선포하는 것은 사실상 무의미했다. 수녀원장은 아직 '풋내기'일 때 직위를 맡기 시작해서 그 외고집이 오래되었기 때문에 쉽게 꺾이지 않았다고 마가렛은 썼다. 재무 담당관으로서 일했던 초기 시절부터 아드리아나는 "수녀원장들 위에 군림했다". 그들은 "항상 그녀의 장단에 맞춰 춤춰야 했으며, 어린애 취급을 받지 않고서는 가장 작은 것도 가질 수 없었다. 나는 아드리아나 때문에 수녀들이 눈물을 흘리는 것을 수도 없이 보았다. 그녀는 우리 대부분이 이곳에 오기 전에 수녀원의 공주였다".

이러한 주장과 함께 마가렛은 수녀들이 원장을 숭배했음을 암시했다. 즉 원장 앞을 지날 때 모두 절을 했고, 원장이 방에 들어오면 모두 일어서거나 절을 했으며, 원장이 명령하거나 처벌할 때는 겸허하게 귀를 기울이고 신에게 감사했으며, 마치 한 명의 선장과 한 개의 문을 가진 노아의 방주로 수녀원을 여겼다는 것이다. 아드리아나는 수녀들이 자신을 그처럼 존경했다는 주장을 비웃을지 모른다. 하지만 그녀가 비난할 차례는 곧 올 것이다.

마가렛은 계속 적어 나갔다. 수녀원을 감정적으로 다스리는 아드리아나의 방식은 여러 해악을 초래했는데, 그중 하나는 총애하는 사람들만을 감싸는 경향이었다. 원장은 "모든 수녀에게 똑같이 모성의 사랑"을 보여주지 않고, 대신 "불평, 분파, 분노, 험담, 안하무인, 비난"을 후원했다. 여기서 마가렛은 수도자 생활의 오래된 교훈을 언급했다. 즉 수녀들의 특별한 우정은 보편적인 사랑을 방해한다는 것이다. 테레사도 얼마 전 아빌라의 새 수녀원에서 그러한 우정에 대해 우려했다. 그리고 여러 관찰자들의 기록에 따르면, 임신과 다른 부차적인 스캔들이 수녀원의 다른 위반 행위보다 더 크게 문제가 되었지만, 가장 자주 벌어진 심각한 죄는 수녀들 사이의 편애였다. 메헬렌의 대주교 관구는 방문 포고문에서 편애를 다른 어떤 위반보다 더 강하게 비난했고, "수많은 소란과 사악한 감정, 험담, 그리고 유사한 다른 죄들의 근원"으로 여겼다. 베들레헴의 법령도 원장으로 하여금 편파성을 피하고 "위압이 아닌 사랑으로" 수녀원을 다스리게 했으며, 대주교 보넌과 총대리 판데르 빌은 모두 이 "자매애에 역행하는 역병"을 싫어했다.

공평한 자매애에 대한 이러한 권고에도 불구하고 특별한 우정이 발전했고, 수녀원장들은 의식적으로든 아니든 종종 그 중심에 있었다. 일부는 의도적으로 파벌을 이끌었고, 일부는 같은 목적으로 단결한 비판적 수녀들의 표적이 되었다. 이 수녀들은 종종 다른 수녀를 지도자로 내세웠는데, 많은 경우 원장의 자연스럽고 명백한 경쟁자인 부원장을 내세웠다. 때때로 분파는 단순히 세대 간에 생기거나 사회적 지위가 다른 수녀들 간에 만들어졌다. 그러나 그 모양이 어떻든 간에 그리고 자신이 분파를 좋아하든 안 하든, 수녀원장은 그 중심에 있었다.

추방당한 사람

마가렛에 따르면, 아드리아나는 수동적인 지도자나 비난의 무력한 표적이 아니라 수녀원 파벌의 중심에 있었다. 수녀원장은 "지구상에서 내가 보아온 누구보다도 이중적인 사람"이었다. 사실 "이 수녀원에서 그녀만큼 사람을 차별하고 감정적인 사람도 없다"고 마가렛은 기술했다. 그리고 덧붙여 "그녀의 가슴은 누군가에 대한 신랄함으로 가득 차서 종종 그것이 쏟아져 나온다. 그것은 모두 사랑의 결핍이다"라고 했다. 중세 로맨스의 기사들처럼, 아드리아나는 적들에게는 매서운 비판자였고 친구들에게는 매우 충직했다.

아드리아나가 가장 싫어하게 된 사람은 마가렛 말고도 마가렛의 친구인 카타리나였다. 카타리나는 부원장으로서 원장의 가장 가까운 조언자여야 했다. 카타리나가 완곡하게 건의하거나 다른 수녀들의 불만을 전하면, 원장은 "상급자를 중상하는" 것으로 받아들이고 카타리나가 "이상한 뒷공론에만 몰두한다"고 불평했다. 부원장은 평온을 유지하기 위해 거의 대부분 "우리가 침묵해야 했던 것처럼 입을 닫지 않을 수 없었고 원장이 자신의 방식대로 하게 할 수밖에 없었다". 사실 카타리나는 감히 어떤 충고도 하지 못했다. 왜냐하면 아드리아나가 "너무 자존심이 강하여 아무 말도 듣지 않고 누구의 조언도 구하지 않았기" 때문이다. 심지어 아드리아나는 카타리나가 원장이 될 때까지는 만족하지 않을 사람이라고 말하기도 했다. 마가렛은 그와는 정반대였다고 단언한다. 카타리나는 권력에 대한 욕심이 전혀 없었다. 오히려 원장이 부원장인 자신을 수용하지 못했기 때문에, "부원장 자리에서 풀려나고픈 강한 소망"을 지닌 수녀였다.

이러한 상황에서, "수녀원에 부원장을 지명하는 것은 의미가 없었다. 부원장은 아주 작은 일도 시작하지 못하고 비웃음을 받으며 원장의 등 뒤에서 많은 부당함을 견뎌내야 했기 때문이다. 부원장은 수녀들에게 평판이 좋지 않았고 그것은 원장의 잘못"이었다. 원장은 이유 없이 전체 수녀들 앞에서 카타리나를 위압했고, 그녀와 이야기를 많이 나누는 것이 눈에 띈 사람은 안 좋게 보았다. 원장은 심지어 "어린 수녀들이 이곳에 온 첫날부터" 신입 수녀들을 부원장에게서 떼어놓으려 했다. 이것은 특히 심각한 문제였는데, 카타리나가 부원장으로서 자동적으로 수련 수녀 감독관Novice-Mistress이자 그들의 훈육 책임을 맡고 있었기 때문이다. 그러나 원장은 수련수녀들을 다른 길로 이끌면서 그들의 충성심을 확인하고 자기 마음대로 수녀들을 휘둘렀다. 그것이 바로 원장이 종종 "수련수녀들과 두 시간 동안이나 이야기한" 이유이며, "만약 부원장이 수련수녀들에게 무엇을 명령하거나 금지시키면 원장은 그 반대로 하라고 할 사람"이라고 마가렛은 말했다.

아드리아나는 젊은 수녀들의 환심을 사기 위해 자신이 직접 나섰을 뿐만 아니라 하수인들을 시켜 작업하기도 했다. 원장은 카타리나의 권위를 줄이려고 안나 피흐나롤라를 임명하여 성무일도서 낭송을 "젊은 수녀들에게 가르치게" 했다. 그러나 안나는 "그 직책에 전혀 적임자가 아니었으며, 젊은 수녀들을 원장 편으로 끌어들이려고 임명한 것이었다". 원장은 카타리나에게 안나가 그 직무를 2주간만 수행할 것이라고 했지만 이미 18개월이나 계속하고 있었다. 마가렛은, 이제 "원장의 맹목적 애정 덕분에 피흐나롤라는 부원장보다 더 편하게 수련수녀들을 호출하고 명령한다. 원장은 피흐나롤라보다 수련수녀들을 더 잘 지도하는 사람은 없다고 생각하지만, 그녀는 수녀원에서 가장 무식하고 가장 상스러운 매너를 지녔으며 가장 당파심이 많은 사람"이라고 말했다. 부원장이 "가장 어린 수녀한테 궁지에 몰리거나" 안나가 부원장의 뒤에서 감히 "부원장은 대단한 멍청이다"라고 말한다면 그 얼마나 큰 수녀원의 수치인가! 하지만 안나는 그렇게 말할 이유가 전혀 없었다. 부원장은 "누구를 험담하지도 않고 누구에게 나쁜 일을 하지도 않았기 때문"이다. 원장의 진짜 속셈은 카타리나를 부원장 자리에서 몰아내고 안나를 대신 임명하는 것이었는지 모른다고 마가렛은 의심했다. 하지만 만약 그러한 일이 일어난다면, "그것은 참으로 수녀원의 불행이 될 것이다".

아드리아나를 불쾌하게 만든 또 다른 대상은 마리아 코닝크슬로 Maria Coninxloo였다. 원장은 그녀가 자신이 싫어하는 카타리나와 같은 편이라고 생각했다. 수녀 전체가 보는 앞에서 원장은 두 수녀를 잔뜩 모욕하고 비난했다. 그리고 그들이 수녀원에 대한 부정적인 정보를 대주교에게 건네는 주된 정보원들이라고 의심했다. 원장은 마리아를 "대단한 가브리엘"이라고 불렀는데, 그녀가 가브리엘 천사처럼 다른 사람들에게 열심히 소식을 전달했기 때문이다. 원장은 "그녀 편 사람이 아닌" 두 명의 수녀가 이야기를 나누는 것을 보면, 그들이 대주교의 다음 방문 때 보고할 것을 두고 음모를 꾸미고 있다고 의심했다. "그녀는 수녀들이 아무런 나쁜 의도를 갖고 있지 않을 때도 '여기서 무슨 회의를 하고 있는 거야?'라고 직설적으로 말했다." 원장이 "마리아 수녀와 다른 수녀들"에 대해 어떻게 소문을 퍼뜨리고 다니는지를 마가렛이 말로 나타내기는 어려웠다. 다만 마리아와 카타리나가 원장의 공개적인 멸시 때문에 지금 "다른 수녀들에게서 미움을 받고 있다"고 말하는 것으로 충분했다.

마가렛에 따르면, 원장이 마리아를 싫어하는 것을 가장 눈에 띄게 표현하는 방법 중 하나는 성가대에서 드러났다. 수녀들을 관례에 따라 수녀원에 들어온 순서나 나이순으로 앉게 하는 대신에, 원장은 마리아를 수련수녀 혹은 "어린 수녀들과 함께 성가대 자리에" 앉게 했다. 불평이 많이 나오자, 원장은 결국 "가장 어린 신참자를 마리아 좌석 아래에" 앉게 했다! 마가렛에게는 원장이 "한 방의 결정타로 마리아의 분노를 불식시킬" 생각을 한 것처럼 보였다. 하지만 오히려 원장 자신이 격분에 크게 휩쓸렸다. 원장은 마리아가 "호기심이 많아 매사를 관찰하고 그 모든 것을 적어 가끔 대주교에게 편지를 보내는 것 때문에" 마리아를 싫어했다. 원장은 편지를 전달한 평신도 수녀들이 알려주어서 마리아가 대주교에게 편지를 보낸 사실을 알았다. 마리아의 경솔한 말을 엿들은 안나 피흐나롤라가 그것을 즉시 원장에게 전하여

"원장의 머리에 꽂히게" 하기도 했다. 결국 원장은 모든 수녀들에게 "마리아 수녀가 모든 일을 높은 사람들에게 일러바치는 배신자이므로 조심하라"고 경고했다.

원장이 사랑이 부족하다는 것을 보여준 마지막 증거는 과거에 대한 험담을 허용한 것이다. 그것은 여러 종교 공동체의 분열과 악감정의 원인이었다. 브뤼셀의 베타니Bethanie 수녀원에서는 엘리자베스 수녀가 어린 수녀들에게 상급자들의 과거 악행을 계속 말하여 증오심을 불러일으켰다고 한다. 마가렛은 특히 "지금은 다른 수녀원에 있는 레스컨 네인스 수녀"에 대한 험담을 하는 것을 비난했다. 그 험담에는 물론 마가렛도 포함되었다. 수녀들은 가끔 "그 자체로는 좋거나 나쁜 일이 아닌 사건들을 이야기하기 시작하지만" 곧 모든 숨겨진 비밀들이 드러난다. "비록 그들이 깨닫지 못하더라도 그것이 바로 많은 죄악의 원인이다. 원장 자신도 종종 그러한 험담의 대상이고 자신에 관한 소문이 있다는 것을 알고 있으므로, 조용히 침묵하는 것이 더 정직한 일이고 그녀에게 구원이 될 것이다." 마가렛은 아드리아나도 부정한 과거가 있다고 비난했다. "다른 수녀들도 몰래 원장의 과거를 이야기하는데, 비록 아드리아나가 지금은 원장이지만 그렇다고 하여 그녀가 더 성스러운 사람은 아니다."

사랑받은 사람들

마가렛은 아드리아나의 경쟁자로 보이는 사람들에 깊은 관심을 표명하는 한편, 아드리아나가 편애한 사람들을 비난하는 데 더 많은 에너지를 쏟았다. 마가렛은, "몇 안 되는 원장의 친구들 모두 자리를 차지하고" "묵언 수행 중에도 이른 시간에나 늦은 시간에 서로의 비밀을 털어놓으며 항상 함께 있다"고 항의했다. "어떤 말도 비밀리에 해서는 안 되는데, 마리아 요스, 안나 피호나롤라, 그리고 레스컨 요스 수녀는 무언가 그들을 불쾌하게 하는 일이 있으면 즉시 원장에게 달려가 그것을 보고하고", 다른 수녀에 대한 그들 세 수녀의 의견은 "즉시 원장의 의견이 되어버렸다". 이런 식의 편애는 잘못이며 이 수녀들에게 원장이 많은 자유를 허용했다. "그들은 매우 대담해져서 수녀들 위에 군림했고, 말로 할 수 없는 것은 능글맞은 웃음으로 서로 의사소통했다." 원장이 고해신부나 혹은 다른 수단을 통해 어떤 수녀의 비밀을 알게 되면, "원장의 한탄을 듣는 수녀들의 표정을 보고 곧 그것을 알아챘다".

마가렛을 가장 싫어한 수녀는 안나 피호나롤라였다. 그녀는 원장처럼 어린 나이에 수도회에 들어와 곧바로 중요한 직책을 맡았다. "원장은 안나를 너무 좋아했는데, 두 닮은 사람끼리 혹은 다른 말로 해서 동성의 커플끼리 그처럼 사랑하는 것을 내 생애를 통틀어 본 적이 없다." "그들은 한시도 떨어질 수 없는 사랑에 빠진 구혼자들 같았다. 보통 두 사람 중 한편이 더 사랑하는데, 이 경우에는 둘 다 사랑에 눈이 멀고 말았다. 그것은 단순한 편애가 아니었고, 그들이 아끼는 모든 수녀에게도 해당되었다. 즉 안나가 공격한 사람은 누구든 원장이 처리했고, 다른 추종자들의 경우에도 마찬가지였다." 원장이 안나를 아낌없이 칭찬하면, 안나도 원장이 보편애를 장려하고 적대자들을 화해시키고 적을 사랑하는 점에서 "가장 훌륭한 원장"이라고 공공연히 주장했다.

안나는 지정 시간 외에도 진료소 환자를 방문할 수 있는 자유를 특권으로 누렸다고 마가렛은 주장했다. 아드리아나 원장이 아파 누워 있으면, "안나도 반드시 진료소에 함께 있었다. 그들은 아프지 않을 때도 아침 일찍 그리고 저녁 늦게 항상 진료소에 있었다". 그들과 한 편인 진료소장 레스컨 요스 덕분이었다. 마리아 요스, 레스컨 요스, 혹은 "그들 패거리의 누군가가" 아파 누웠을 때도 마찬가지였다. 안나 피흐나롤라가 아프면, "원장은 이 세상에서 가장 걱정 많은 엄마가 애지중지하는 아이를 대하듯이 안나와 함께 있었다. 원장과 진료소장은 다른 할 일이 없는 듯했다". 원장은 그 폭넓은 사랑을 모든 건강한 사람이나 모든 병자에게 베풀지 않았다. "원장은 자신이 한 사람에게 하는 것과 똑같이 모든 사람에게 할 것이라고 말하지만, 우리 눈으로 본 것은 전혀 달랐다. 마리아 코닝크슬로 수녀나 다른 수녀들이 아플 때는 원장이 진료소를 뛰어서 들락거리는 것을 볼 수 없었다." 원장이 진료소를 왕래하는 횟수만 보고도 마가렛은 환자를 짐작할 수 있었다. 그 환자가 원장이 좋아하는 누군가일 때는 아무리 병증이 사소해도 "의사, 약사, 외과 의사, 일곱 명의 수발인을 즉시 진료소로 보냈다". 원장의 편애를 받지 못하는 환자는 몰래 진료소에 들어가 약을 받고 치료를 받아야 했다. "오, 너무도 어리석은 사랑이여!"

한마디로, "안나에 대한 원장의 감정을 시험하고 싶은 사람은 안나에 대한 좋은 말을 해보면 된다. 그러면 원장은 즉시 그 말에 동의하고, 사랑스런 영혼으로 변하여 온통 행복한 표정을 지을 것이다. 하지만 안 좋은 말을 하면 곧 표정이 바뀌어 이를 갈고 화내는 얼굴로 악담을 할 것이다". 마가렛은 현 상태를 개선하려면 두 사람이 서로를 조금 멀리하는 것이 좋다고 생각했다.

안나가 특권을 누리고 어리고 약삭빨라서 마가렛이 싫어했다면, 레스컨 요스는 평신도 수녀로 편애를 받고 헨리 요스의 친척이었기 때문에 싫어했다. 원장은 평신도 수녀들 모두의 지지를 받았지만 레스컨은 특별한 자리를 차지했다. 마가렛은 그 이유를 알 수 없었다. "레스컨은 일을 하지 않았다. 아픈 사람을 위해 약을 가지러 가거나 다른 심부름할 일이 있으면 하녀를 시켰다. 원장, 마리아 요스, 혹은 안나를 위한 일일 때만 다른 사람을 믿을 수 없으므로 본인이 했다." 그리고 원장이나 안나 피호나롤라처럼 레스컨도 편파적이고 차별 대우를 하는 사람이어서, 좋아하지 않는 사람에게는 최소한의 관심만 보였다. 더구나 "그녀는 대단한 수다쟁이였다. 상황을 항상 부정적으로 보고, 병자의 말이나 행동을 수녀원에 들어와 모두 떠벌렸다. 자신과 친하지 않은 사람의 병환은 잘 보살피지도 않고 낫도록 도와주지도 않았다. 누군가 사고를 당하거나 창피스러운 약을 필요로 할 때면, 그 사람을 놀리고" 다른 사람도 동조하게 했다. "그녀는 매사에 의심을 품고 냄새를 맡았으며" 당혹스런 이야기들을 자세히 풀어 제쳤다. "내가 조금이라도 그 이야기를 들은 것이 부끄럽다. 내가 아프면 그 병을 알리느니 차라리 죽겠다"고 마가렛은 결심했다.

레스컨뿐만 아니라 평신도 수녀 모두가 총애 받는 지위를 이용하여 마가렛을 괴롭혔다. 원장은 그들이 종신 서원한 수녀들보다 우위에 서게 했고, 그들은 수녀원의 사소한 일까지 챙겼다. "그들의 재잘거림, 투덜거림, 고함 소리가 끊이지 않았고, 원장이 보는 앞에서 수녀들을 비난하기도 했는데 원장은 그들을 오히려 부추겼다." 부원장도 물론 그들의 주요 타깃이었다. "그들은 전체 수녀 앞에서 마치 부원장을 산산조각 내려고 짖어대는 개처럼 몰아세웠다." 그들은 대상을 가리지 않고 감히 대적했다. "베들레헴만큼 수녀들이 물어뜯기는 수녀원은 세상에 없을 것이다.” 수녀들이 평신도 수녀에게 밖으로 심부름 갈 것을 요청하면, “그들이 하도 버럭 소리를 질러서 애초에 부탁을 하지 말걸 하고 생각하게 된다. 그리고 그들이 우리가 부탁한 것을 빠트리고 수녀원에 돌아와도 우리는 아무 말도 하지 않았다. 뭐라고 하면 그들은 ‘가서 당신이 구해 오시오’라고 말할 것이다”. 하지만 베일을 쓴 수녀들은 물론 밖에 나갈 수가 없다. 수녀원 밖에서도 그들은 형편없이 일을 했다. “그들은 너무도 손실이 큰 거래를 해서 놀라울 뿐이다. 아이들을 내보내도 그만큼은 할 것이다.” 평신도 수녀들은 좋아하지 않는 사람이 부탁하면, “그 물건이 아무리 좋지 않아도 전혀 개의치 않고 구매했다”. 그들은 종종 수녀들의 묵상 생활을 조롱하기도 했다. “그들은 성가대와 성무일과의 행위들을 웃음거리로 삼고, 수녀들이 손에 책을 들고 있는 것 외에는 아무 일도 하지 않는다”고 말했다. 원장으로 하여금 그들에게 멈출 것을 명령하도록 권고해도 소용이 없었다. 원장이 그 말을 듣지 않을 것이기 때문이다. 마가렛이 생각하기에, 유일한 해결책은 대주교가 원장과 부원장 앞에서 직접 평신도 수녀들에게 말하는 것이다. 즉 “수녀들에게만 관계되는” 일에는 상관하지 말고 “소문의 집”을 만들 목적으로 함께 몰려 앉지 말도록 명령하는 것이다.

가진 자와 못 가진 자

아드리아나의 편애는 마가렛과 같은 수녀들에게 정서적 고통을 주었지만 동시에 눈에 보이는 결과도 초래했다. 즉 수녀원의 귀중한 물건들이 불공평하게 분배된 것이다. 마가렛이 부나 편안함을 갈망해서가 아니다. 우리가 죽으면 "어차피 아무것도 갖고 가지 못한다".
마가렛을 화나게 한 것은, 원장이 어떤 수녀들의 물질적 필요에는 무
관심하면서 다른 수녀들에게는 지나친 관심을 보이는 것이다. 총애
를 받은 수녀들은 잘 지냈고, 나머지 수녀들은 고통 속에 조용히 지
켜보았다.

베들레헴 수녀원의 근원적인 문제는 대부분의 수녀원과 마찬가지
로 수녀들에게 공평한 혜택을 줄 실질적인 공동 재원이 부족하다는
점이었다. 대부분의 수녀원은 기부금, 노동 수입, 입회할 때 수녀들
이 가져온 연금 등으로 공동 자금을 만들려 했다. 모든 자원을 합하여
똑같이 나누는 것이 가장 바람직했다. 하지만 수녀원은 기부금과 노
동 수입이 만성적으로 부족했기 때문에 입회 수녀에게 자신의 연금을
사용하도록 허용하는 것이 관례였다. 수녀와 그 가족에게는 최소한
보통의 소박한 생활수준을 누릴 수 있다고 보증했다. 수녀들은 청빈
서약을 하기 때문에 원장이 수녀들 이름으로 된 연금을 갖고 집행할
책임이 있었다. 하지만 대부분의 경우 연금은 수녀 자신만을 위한 것
이었다. 그래서 연금이 많은 수녀일수록 다른 수녀보다 더 많은 안락
을 누릴 수 있었다. 그리고 세속 세계와 똑같은 물질적 · 사회적 불평
등이 수녀원에 만연할 가능성이 컸다. 더 가난한 수녀원의 수녀들도
세속 신분을 지우기가 힘들었다. 안나 피흐나롤라, 레스컨 네인스,
쉬산나 하흐츠Susanna Haechts가 연 50플로린의 연금을 갖고 온 반면, 마
가렛과 같은 수녀는 훨씬 적게 가져왔고 그 물질적 · 사회적 결과를
감내해야 했다.

그래서 마가렛은 원장이 자기 자신의 필요에만 급급하고 다른 수녀
들의 필요와 결핍을 묵살했다고 오랫동안 비난했다. "수녀원의 일부

는 부유하고, 다른 사람들은 바보들처럼 보였다." 수녀원이 각 수녀에게 제공하는 공동 분량은 옷도 아니고 침구도 아니고 식사뿐이었다. "우리가 필요한 모든 것을 우리 스스로 마련해야 한다"고 마가렛은 불평했다. "그러나 좋은 집안 출신으로 연금을 갖고 온 수녀들은 긴 양말, 구두, 심지어 때로는 좋은 옷도 소지했다." 식사는 빈약했고 사순절 기간에는 특히 그러했다. 원장은 부원장 바로 옆에 앉아 있으면서도 식탁에 남은 아주 작은 빵 조각마저 부원장에게 주지 않고 "배불리 먹어버렸다". 연금이 없는 수녀들은 1628년 부활절과 오순절 사이에 일주일에 사나흘은 정오에 "수프와 달걀 한 개 그리고 밤에 우유를 조금 받았을 뿐"이라고 마가렛은 말한다. "여름 동안에도 정오에 샐러드와 수프 조금 그리고 밤에도 역시 우유 약간만을 받은 날이 많았다." 아픈 수녀들도 "각자 자신이 먹고 싶은 것을 사지 않는 한 공동으로 지급되는 적은 분량 이상을 얻지 못했다. 먹는 것이나 마시는 것도, 우리가 직접 사지 않는 한 수녀원에 있는 흰 빵이나 좋은 맥주한 잔도 먹거나 마실 수 없었다". 아마 아드리아나 스스로 가난을 경험해보았다면 좋았을 것이라고 마가렛은 생각했다. 그랬다면 원장은 조금의 동정심이라도 보였을 것이다. 하지만 "그녀는 오랫동안 자신이 원하는 것을 가질 수 있는 지갑을 지녔다. 그녀의 추종자들도 역시 가난을 몰랐다. 하지만 나는 이 수녀원에서 지낸 세월 동안 아플 때나 건강할 때 흰 빵 한 덩어리의 껍질도 본 적이 없는 것 같다. 그들은 손수건 한 장도 나를 위해 바느질해주지 않았고, 나는 그것을 돈을 내고 사야 했다".

마가렛을 가장 못살게 굴었던 부유한 총애자는 당연 안나 피흐나롤라였다. 그녀는 "수녀원에 자신의 작은 천국을 갖고" 있었다. 그녀는 공적으로나 사적으로 원하고 "바라는 수많은 것들을 이미 갖고 있었기 때문에, 필요한 새로운 무언가를 생각해내기가 힘들었을 것이다. 원장은 우리 모두를 똑같이 사랑하며, 한 수녀를 위해 하는 일을 다른 수녀에게도 할 것이라고 말한다. 하지만 원장은 눈이 멀었다. 그녀는 어리석은 사랑의 창과 문을 통해 보기 때문에 그 점을 감안해야 한다. 그렇지 않다면, 나는 그녀가 해로운 거짓말을 한다고 분명히 말하겠다". 마가렛은 세속적인 총애를 한다는 비난에 원장이 응답하기를 기대했다. 적절한 판단을 내려 물품을 관리하고 물품들에 대한 욕망을 가라앉히는 것은 원장의 책임이기 때문이다. 원장은 종교적인 이유를 들어 한 수녀에게 물품을 주지 않고 다른 수녀에게 주었다고 주장하지만, 그것은 책략이라고 마가렛은 말한다. 왜냐하면 원장은 다른 사람의 욕망을 누르면서 자신과 친구들의 욕구만을 충족시켰기 때문이다.

가장 눈에 띄는 사례는 수녀 한 명의 임종이 임박했을 때 일어난 다툼이었다. 마가렛은, "수녀의 영혼이 몸을 떠나자마자 원장은 속세인들이 사람이 죽으면 유품을 나누듯이 죽은 수녀의 물건들을 나눠주기 시작했다"고 썼다. 진료소장인 레스컨 요스는 환자가 죽을 때까지 기다리지도 않고 침상 주위에 있는 물건들을 뒤지기 시작했다.

수녀원을 세속 세계처럼 분열시키고 정서적인 불안을 초래한 또 다른 일은 사적인 파티라는 새로운 관습이었다. 왜냐하면 파티가 일상적인 것이 아니라 초청에 의해서만 열렸기 때문이다. 이 모임은 분명 노동 모임으로 계획되었으나 곧 진짜 파티로 변모했다. 성가대 단장인 안나 피흐나롤라는 어느 날 네 명의 수녀에게 청소를 명했다. 다음날은 여섯 명이 하루 종일 청소를 하러 갔는데, 그들은 내내 "소리치고 고함치고 야단법석을 떨었다. 직접 보거나 듣지 않았다면 믿지 못할 광경이었다. 저녁에는 청소를 끝내고 요리들을 준비했는데, 이것은 마리아 요스의 아이디어로, 그래야 모두 흥하지 않게 술을 많이 마실 수 있었기 때문이다". 마가렛의 머릿속은 수녀원의 관행적 규칙에 대한 생각으로 가득 찼다. 즉 공동체 정신과 규율 준수를 함양하기 위해, 수녀들은 말할 때는 공손하게 요점만 말해야 하고, 서로에게 보편적인 사랑을 보여야 하며, 정해진 식사 시간 외에 음식을 먹어서는 안 되었다. 그러나 어떤 수녀들은 전혀 개의치 않았다. 사실 "매년 파티가 더 커지고, 수녀들은 멋대로 행동하고 즐거운 감정을 표현하고 싶어 했으며, 파티를 통해 친한 무리들의 수가 늘어나는 것을 나는 눈치 챘다". 지난 파티에는 여섯 개의 요리가 있었다. 하지만 마가렛은 그 이름을 말하는 것조차 괴로웠다. 그 요리들은 비싼 것이었기 때문이다. "그곳에는 소음뿐이었다. 그들은 오래도록 늦게까지 그곳에 앉아서, 마치 맥주를 마시며 떠들어대는 주정꾼들처럼 너무 어지럽게 놀아서 그들이 수도자들이라고는 도저히 생각할 수 없었다." 그러한 모임들이 수녀원 내에서 문제가 되지 않더라도, 그 소음은 수녀원 바깥 사람들의 평화를 깨고 수녀들에 대한 좋은 이미지도 무너뜨릴 것이라고 마가렛은 확신했다.

아드리아나는 그러한 모임을 막기는커녕 장려했다. "물품이 매일 더 많이 들어왔고, 원장은 그 모임에 관심이 있었으므로 파티에 항상 참석했다. 화요일에는 성가대석에서, 수요일에는 다섯 명의 수녀가 식당에서 흥청거렸다. 지난번만큼 많은 음식은 없었지만 소음은 마찬가지였다." 준비된 음식에 관한 그처럼 정확한 기록은 마가렛이 요안나 스훈세터르스Joanna Schoensetters에게서 정보를 얻었다는 것을 짐작게 한다. 요안나는 요리사인 평신도 수녀로서 마가렛과 가끔 이야기를 나누었고, 원장의 총애를 받지 못한 여섯 명의 수녀 중에 유일한 평신도 수녀였다. "목요일에는 작업실에서, 그리고 위급한 경우가 아니면 원장이 단식을 지키는 좋은 모범을 수녀들에게 보여야 할 금요일에, 원장은 네 명의 수녀에게 자신의 방을 청소하게 하고 저녁에는 그들 모두를 위해서 또 모임을 후원했다. 그들은 다른 모임에서처럼 기분이 좋았다." 이번에는 수녀들이 무엇을 먹었는지 마가렛은 알지 못했지만, "그들은 너무 취해서 수녀들 중 한 명은 부축을 받고 식당을 나와야 했다. 혼자서는 서 있을 수도 없었기 때문이다".

마가렛을 더 불안하게 만든 것은 "수녀 지망자들과 수련수녀들이 항상 이 모든 파티에 초청받았다는 것이다". 이것은 골치 아픈 일이었는데, 왜냐하면 이 "어린 사람들"이 나중에 수도자 생활을 그만두고 수녀원을 떠나기로 결정하면, 그들은 친구들과 가족들에게 수녀들이 "청소하고 소리치는 것"밖에 하지 않는다고 말할 것이기 때문이다. 이들 수녀들은 작업실에서 "아침부터 저녁까지 소리치고 고함치고 험담하고 떠들고 먹고 마시는 등 온갖 추잡함을 다 보여주었다". 선택받은 수녀들은 가끔씩만 정규 식사 시간에 식당에서 식사를 했고, 어떤 때는 공동 식사가 끝나기를 기다렸다가 나중에 "원하는 것"을 먹었다. 아드리아나는 파티 참석자들이 자신들의 연금에서 그 비용을 지불하기 때문에 노동 파티는 수녀원의 비용이 들지 않는다고 응대했다. 그러나 마가렛은 그 관행이 적법하다 하더라도 그것은 분명 수도자 생활의 정신을 손상시켰다고 주장했다. "술 마시고 떠드는 것 외에 다른 공동 노동을 하지 않는 이러한 행위는 수도원 사람들에게는 추악한 관습이다. 우리가 함께 식사하고 침묵하며 하나로 공유할 때는 자랑스러웠는데, 이제 그러한 것을 바라는 사람들에게는 희망이 없다."
베들레헴 수녀원의 불행한 운명은 "잦은 소규모 음주 파티를 열기 좋
아하는" 원장 때문에 더 악화되었다. 마가렛은 '공동생활'을 소중히
생각했다. 그러나 "이곳에는 공동생활을 바라는 사람이 거의 없다.
그들은 필요하든 않든 자신이 원하는 모든 것을 사는 데 너무 익숙해
져 있었다".

　마가렛의 불만은 1592년에 대주교 호비위스가 타보르Thabor라는 수
녀원에 경제적 차별을 없애기 위한 다양한 법령을 제정한 이유를 설
명해준다. 그는 수녀원 입소 비용을 받는 것을 불법으로 하고, 만약
누가 수도원 밖에서 음식을 받으면 가능한 한 많은 조각들로 나누어
즉시 모든 사람과 나누어야 한다고 공포했다. 이 규칙들은 마가렛 스
밀더르스와 같은 가난한 여성에게는 매우 중요했다. 마가렛은 대주교
보넌의 비밀 자선으로 1년에 6플로린만을 받았을 뿐이다. 물론 마가
렛은 아마 순전히 영혼 구원을 위해 공동생활을 바랐고, 여러 독실한
저술가들이 촉구한 것처럼 진실로 음식을 맛이 아니라 약으로 생각하
려 했다. 혹은 좋은 음식과 음료로 가득 찬 식탁에서 식욕을 통제하는
것보다 더 숭고한 금욕은 없다고 믿었다. 문제는 그녀가 선택의 여지
가 없었기 때문에 그러한 금욕을 실행할 기회를 갖지 못했다는 것이
다. 궁핍이 강요되었기 때문에 미덕이 설 자리가 없었다. 다른 대부분
의 수녀들처럼 뢰번의 회색 수녀회 수녀들은 음식을 피하기 위한 모
든 방법을 강구한 중세 엘리트 신비주의자들이 아니었다. 그들은 호
화로운 음식이나 포식이 필요한 부자 수녀들도 아니었다. 베들레헴
수녀들은 대체로 중간 계층 출신이었고 수녀원의 검소한 음식은 수녀
원 계율과 들어맞았다. 그러나 적어도 마가렛의 판단으로는, 어떤 사

람에게는 풍족하게 주면서 다른 사람에게는 계속 주지 않는 심한 차별은 그러한 소박한 이상과는 거리가 멀었다.

그러므로 수녀원 생활의 가장 큰 시련의 하나는, 수천 제곱미터 안의 좁은 공간에서 수십 명의 다른 사람들과 영원히 살아야 하는 것을 인식하고 조화롭게 사는 것이었다. 그것은 힘든 일이며 동시에 그렇게 의도된 것이기도 했다. 고난 자체가 정신 순화를 돕는 것이기 때문이다. 즉 공동생활은 그 속에서 미덕이 단련되는 불과 같다. 폐쇄된 숙소에서 분노, 질투, 무관심의 가능성은 증가했다. 하지만 함께하는 자매애의 정화의 불꽃도 가장 뜨겁고 강했다. 어떤 수녀들은 그 불꽃을 통해 생활하고, 어떤 이들은 계속 고투를 벌이며, 어떤 이들은 전혀 불꽃의 감화를 받지 못했다. 경력이 있는 수도자는, 따뜻한 정과 세속적 보살핌으로 표현되는 참다운 동지애가 각 세대별로 그리고 새 수녀가 들어올 때마다 새롭게 학습된다는 것을 인지했다.

기부받기

    수녀원 내에서 원장의 편애만큼 마가렛을 힘들게 한 것은 외부 후원자들에 대한 원장의 과도한 관심이었다. 그러한 관심은 물론 어느 정도는 즐거움을 위해서였지만, 수녀원에 기부를 받기 위한 진지한 목적이기도 했다. 마가렛은 독실한 기부자들에게 간청하지 않고 그들이 자발적으로 기부한 물품과 공동 노동, 검약, 소식小食 등을 통한 전통적인 방법으로 수녀원의 물질적 필요를 채워야 한다고 생각했다. 반면에 아드리아나는 신앙심과 상관없이 정기적인 기부자들과 그들의 기부품에 대한 공격적인 구애를 통해 세속적인 복지를 추구했다. 외부인들에게 음식, 술, 그리고 다른 특권들을 맘껏 누리게 함으로써, 그녀는 관대한 그리고 지속적인 기부를 장려하고자 했다.

    손님 환대는 수도원의 전통적인 관습이었다. 하지만 마가렛의 눈에 아드리아나는 지나치게 멀리 나갔다. 즉 외부인들에 대한 그녀의 노력은 수녀들의 기도시간이나 노동시간을 사취했으며, 그들의 마음을 세속 일에 돌리고, 수녀원의 빈약한 공동 물품을 빼앗음으로써 더 가난한 수녀들에게 상처를 주었다. 간단히 말해 원장의 계획은 정신적인 혼란이자 경제적 실패였다. 마가렛에 따르면 외부인들을 만족시키기 위해 들어간 비용이 더 많았기 때문이다.

면회소에서 벌어지는 일

베들레헴 수녀원에서 기부에 대한 교묘한 요청은 항상 논란의 대상이 되었던 작은 공간에서 일어났다. 그곳은 수녀들과 방문자들이 이야기를 나누는 면회실의 창살문grille이었다.

베들레헴 수녀원에서 방문자 문제로 일어난 가장 큰 소동들은 1628년 공식 방문 이전에 이미 일어났다. 1618년에서 1624년 사이에 대주교들은, 외부인들이 객실에서 밤을 지내게 허용하는 오랜 관행을 멈출 것을 수녀원에 명령했다. 1626년 그리고 다시 1627년에는, 비용을 줄이고 세속적인 식사 모습을 막기 위해 음식과 음료를 면회소에서 대접하는 것을 중단하라고 대주교 보넌이 명령하기도 했다. 방문자들이 오면 법석을 떨지 말고 앉아서 간단한 이야기만 나누어야 했다. 마가렛, 카타리나, 그리고 마리아 코닝크슬로는 이 명령에 매우 기뻐했다. 특히 마가렛이 반겼는데, 숙소에 있는 그녀의 방에서 방문에 따른 소란으로 누구보다 더 고통을 받았기 때문이다. 그러나 대부분의 수녀들은 "으르렁거리는 개들"처럼 음식물 금지 조처에 화를 냈다.

마가렛은 금지령을 알게 된 평신도 수녀들이 "마치 정신이 나간 것처럼 소리치며 날뛰기" 시작했다고 했다. 그러나 "그들 중 우두머리"는 마리아 요스였다. 그녀는 "마치 수녀원이 가장 불공정한 일격을 당한 것처럼 근거 없이 말했다. 그녀는 으르렁거리며 잡아먹을 듯한 기세로 달려드는 개처럼 부원장을 뒤쫓았다". 마리아는 원장에게 심지어 다음과 같이 말했다. "내가 당신이라면 나는 열쇠 꾸러미를 주교 발아래 던지고, '당신이 하세요, 나는 이런 식으로는 할 수 없어요'라고 말할 것이다. 그리고 하루 종일토록 그가 포고하고 명령하게 한 다음, 내가 적절하다고 판단한 바대로 할 것이며 가득 쌓인 그의 칙령들을 모두 던져버리고 그로 하여금 마음껏 선언하고 공표하게 할 것이다. 하지만 우리는 포고문을 따르지 않을 것이며, 이런 식으로 지배받느니 차라리 그에게 항거하여 수녀원을 떠날 것이다." 그러한 반란은 마가렛에게 참을 수 없는 것이었다. 마가렛은, "상급 성직자에 대한 그런 불경한 표현에 다른 사람들이 영향을 받지 않기를" 신에게 기도했다. 왜냐하면 많은 사람들은 마리아가 "성령의 영향 아래에서 말한다고 믿으며 그녀가 다른 사람보다 더 신앙심이 깊어 보이고 다른 누구보다도 말주변이 좋았기" 때문이다.

마가렛은 마리아의 재능을 인정했지만, 권위에 대한 만용과 물품을 마음대로 취하는 것은 용인할 수 없었다. 새로운 포고문이 발표되기 전에 마리아의 수많은 친구들이 수녀원에서 먹고 마시고 잤다. "우리는 수녀원에 표지판을 걸고 흔한 술집 이름인 '들르세요Do Drop In'라고 부르는 게 낫겠다." 그 이름은 베들레헴 수녀원의 길모퉁이에 있는 술집 이름에서 나온 것이었다. 최근의 포고문이 공표된 후에도 마리아는 "여전히 그녀가 할 수 있을 때면 지위의 고하를 가리지 않고 모든 사람에게 음식과 음료를 주었다. 그녀는 주교도 그것을 허용했으며 우리를 평화롭게 내버려 둘 것이라고 말했다"고 마가렛은 썼다.

대주교의 새로운 포고문에 마리아 요스만큼 격렬히 반대한 사람은 손님들 자신이었다. 마리아 코닝크슬로와 카타리나 레이케부르에 의하면, 외부인들은 대담하게도 수녀원을 계속 자주 방문했다. 성 테레사의 아빌라 수녀원에서는 세속 여인들이 도덕적 · 재정적 지원을 해주는 대가로 수녀들이 비밀을 지켜주기를 노골적으로 기대했다. 베들레헴 수녀들도 자신의 후원자들에게서 유사한 기대를 감지하고 그들의 기분을 거스르지 않으려 했다. 그들은 영국 중세의 일부 수녀들만큼 상급자들에게 반대하려고 하지는 않았다. 영국 수녀들은 후원자들과의 대화를 제한한 링컨Lincoln의 주교에게 너무 화가 난 나머지 그에게 쫓아가서 머리에 교황의 교서를 던졌다. 베들레헴 수녀들은 대주교 보넌의 생각을 바꾸기 위해 "원장을 부추기는 것"은 따라 했다.

그러나 면회소에 대한 수녀들의 그러한 고집은 단순히 수도원 관습이나 사람들과 어울릴 기회 때문만은 아니었다. 베들레헴처럼 가난한 수녀원에서 그러한 관행은 구호품을 얻는 것과 관계가 있었다. 그들이 고해신부에게 설명한 것처럼, 그들은 "매우 빈궁"해서 구호품을 얻고 후원자들을 지킬 필요성이 "부유한 수도원들"보다 더 컸다. 즉 자선 물품을 얻기 위해 후원자들을 대접하고 심지어는 먼저 무언가를 주어야 했으며, 그러한 일을 하는 최적의 장소는 면회소였다. 자선 물품을 갖고 방문한 후원자들 중 일부는 '시골'에서 왔고 오랜 여행 후에 목이 말라 있었다. 그러므로 동정심과 우호 관계를 바탕으로 그들에게 음료를 주지 않을 이유가 없었다. 헨트의 주교인 안톤 트리스트 Antoon Triest는 아우데나르더Oudenaarde에 있는 수녀원에서 비슷한 생각을 드러냈다. 주교는, 본래 그런 사람이 아닌데 수녀원 고해신부가 과음을 한 것은 면회소에서 와인을 잔뜩 마시게 하는 것 외에는 친구와 지인들을 즐겁게 할 방법을 수녀들이 몰랐기 때문이라고 했다. 그 고

16세기 수채화 책에 실린 뢰번의 시내 전경. 베들레헴에 대한 어떤 삽화나 그림도 남아 있지 않다. 하지만 오른쪽에 보이는 종교 건물처럼 베들레헴 수녀원은 뢰번을 굽이쳐 흐르는 데일(Dijle) 강 옆에 위치했다.
(ⓒ 알베르트 1세 왕립도서관, 브뤼셀)

해신부는 베들레헴 수녀들도 다른 모든 명령에는 복종하겠지만 후원자들을 위해서는 맥주를 대접할 것이라고 대주교에게 알려주었다.

마가렛도 기부 물품을 얻는 것 그리고 그런 일을 위해 공손해야 하는 것이 유서 깊은 수도원의 전통이라는 트리스트 주교의 말에 동의해야 했다. 가장 금욕적인 수도원도 일종의 세속적인 입회금을 요구했으며 그렇지 않으면 수도원이 존재할 수 없다고 모두가 인정했다. 하지만 수도원의 가장 중요한 활동인 '기도'를 너무 도외시하지 않고 입회금을 확보하는 것이 요령이었다. 육체적 필요를 충족시키는 두

가지 기본 방법이 있었다. 가능한 한 그 욕구를 무시하는 것, 그리고 더 높은 경지를 추구할 수 있다는 희망으로 평정심을 위해 노동하는 것이다. 첫 번째 방법은 일부 엄격한 수도원에서 볼 수 있었고, 베들레헴을 포함하여 많은 수도원이 두 번째 방법을 훨씬 더 선호했다.

　재정 안정을 위한 가장 기본적인 수단은 공동 노동과 수녀들이 가져오는 연금이었다. 육체노동은 육체뿐 아니라 정신에도 좋다고 보는 것이 수도원의 또 다른 전통이었다. "신의 시녀들"은 "과도한 노동"을 피해야 한다는 법령들에도 불구하고, 수녀들은 영성과 현금을 얻을 수 있다면 심한 노동이나 품위 없는 노동도 마다하지 않았다. 노동은 활동적인 수도자뿐만 아니라 묵상 수도자에게도 해당되었다. 그 종류는 원예, 교육, 세탁, 장례 휘장과 장식 대여, 통상적인 바느질과 수공예, 육아, 포도주·맥주·증류주의 생산과 판매 등이었다. 수도원들이 노동 훈육보다는 돈을 벌기 위해 노동했다는 사실은 그들이 가장 싫어하는 일도 할 수 없이 맡은 것을 보면 알 수 있다. 그에 대해 수녀들은 종종 불평을 토로했는데, 예를 들어 뢰번의 흰색 수녀회 수녀들은 부유한 아일랜드 부부의 두 아이를 약속된 시간보다 더 오래 돌보아야 하는 것을 참지 못하고 항의했다. 그러나 만성적인 기금 부족 때문에 트리엔트의 고매한 이념에도 불구하고 싫은 일을 계속해야 했다.

　그러나 세속적인 평가 순위를 올리려는 수도원들은 입회 연금이나 공동 노동으로 얻는 적은 수입에 의존하지 않고 후원자들에게서 기부금을 받는 것을 가장 큰 희망으로 삼았다. 후원자들은 그 대가로 여러 직접적인 혜택에 더하여 수녀원의 기도를 기대했고 받았다. 그러나 여성 수도원의 심각한 문제는 수녀들이 산 사람이나 죽은 사람을 위해 미사를 집전할 수 없는 것이었다. 그것은 기부자들이 가장 많은 기금을 내며 희망하는 것이었다. 미사를 집전하는 사제들로 가득한 남성 수도원은 여성 수도원보다 더 많은 기부를 받았다. 여성 수도원 수녀들은 기부에 대한 대가로 기도하거나 성가를 불러줄 뿐이었다. 더구나 수녀들은 자신들을 위한 미사를 집전할 사제를 고용해야 했고 그것은 수녀원의 비용을 높였다. 그리고 수녀들은 수녀원을 떠나는 것이 금지되었기 때문에 프란체스코 수도회의 복장을 잘 갖추고 직접 기부금을 구하러 나갈 수 없었고, 행렬을 지어 걸으면서 잠재적인 후원자들에게 자신들을 더 잘 보이게 할 수도 없었다. 하지만 남성 수도자들은 기부금을 만들기 위해 종종 이러한 방법을 사용했다. 그 결과 여성 수도원은 대체로 남성 수도원보다 가난했다.

물론 일부 남성 수도원도 가난했다. 그리고 베들레헴 수녀들보다 속세의 대부분의 농민들이 가난의 고통을 더 많이 겪었다. 1640년대부터 1650년대까지의 재정 기록들을 보면, 수녀원들은 자본 기금을 고갈시키면서도 종종 현상 유지는 했다. 그러나 베들레헴과 같은 수녀원은 절대적으로 곤궁했고 수녀들이 모두 계속 불만 상태였다. 마가렛은 지출을 훨씬 더 줄이고 품위를 지키며 함께 고통을 나누면서 가난에 대처하자고 했다. 그러나 아드리아나는 대부분의 수도원들이 취한 길을 따랐다. 즉 이사야서 1장 23절의 간명한 격언에 분명히 나와 있듯이, 잠재적 후원자들을 포함해서 "모두 뇌물을 좋아하고 선물을 쫓아다닌다"는 것이다. 후원자들을 접대하지 말라는 대주교의 몇 차례 경고에도 불구하고, 아드리아나 원장과 그 무리들은 쾌락과 이윤을 위해 계속 방문자들을 열심히 기다렸다.

세 명의 특별한 후원자

베들레헴의 면회소에 은총을 베푼 가장 인기 있는 후원자는, 마가렛에 의하면, 여전히 헨리 요스였다. 멀리 떨어진 몰에서 살고 있지만, 수녀원의 예전 고해신부였던 그는 계속 베들레헴 수녀원 파벌주의의 중심에 있었고 예전처럼 면회소에서 친절한 모습을 보였지만 접대비가 많이 드는 손님이었다.

원장의 무리들 모두가 당연히 헨리 요스에게 헌신적이었지만, 안나 피흐나롤라가 가장 두드러졌다. 마가렛의 말에 따르면, 안나는 "헨리 요스처럼 경건하고, 지혜롭고, 신중하고, 애정이 넘치고, 자비롭고, 온갖 미덕을 갖춘 사람을 어디서도 찾을 수 없다"고 생각했다. 그리고 "우리 생애에 그처럼 뛰어난 고해신부이자 설교자가 없었고 앞으로도 그럴 것"이라고 하면서, "그가 우리에게 봉사해준다는 점에서 우리는 가장 복 받은 사람들"이라고 생각했다. 안나는 그렇지 않다고 말하는 사람들의 "혀를 뜨거운 다리미로 지져야 마땅하며 앞으로 계속 벌을 받아 마땅하다"고 믿었다. 심지어 안나는 뻔뻔하게도, "지금은 죽은" 대주교 호비위스와 주변 성직자들이 과거 헨리 요스에게 내린 처우로 "어떤 심판"을 받았을지 궁금해했다. 그러나 마가렛은 문제가 되는 그 사건들이 일어났을 때 안나는 수녀원에 있지도 않았다고 지적한다. "그녀는 조용히 있는 게 더 낫다. 자신이 그때 이곳에 살았다면 그 경우에는 말할 자격이 있다."

과거 좋지 않은 사건이 있은 이후 처음으로, 마가렛은 헨리 요스에 대한 자신의 감정을 대주교에게 표현했다. 그녀는 항상 그를 '몰의 사제'라고 불렀다. 그에게 좋은 구석이 없는 것은 아니다. "사실 그는 많은 미덕과 자비를 보이며 용모와 행동도 훌륭하기 때문이다. 특히 그가 지난번에 이곳에 왔을 때 나는 놀랍게도 교화를 받았다." 그러나 "그의 과거 결백에 대해서는 그 일을 실제로 경험한 사람들만 말할 수 있으며 그들 중에 아직 몇 명은 살아 있다". 불행하게도 '과거 고해신부'의 어두운 면을 아는 사람들도 종종 침묵했으며, "수녀원이 평화롭게 계속 유지되도록 하기 위해 그를 높이 칭송했다".

만약 일부 사람들이 헨리 요스에 대해 침묵했다는 마가렛의 말이 맞다면, 그가 세속적인 면으로 수녀원에 중요했던 것도 분명 그 한 이유였다. 안나 피흐나롤라는 "정기적으로 그와 단 둘이서 이야기했다. 그가 올 때마다 결코 그를 놓치지 않는 것 같았다. 그녀는 그에게 매년 주름 장식을 보냈고, 헨리 요스는 그 답례로 그리고 그녀가 원장의 특별한 사람이었기 때문에 그녀에게 돈을 보냈으며, 이것으로 안나는 원장을 기쁘게 하기도 했다. 원장과 친구가 되고 싶은 사람은 그에게 말하고 그에게 선물을 했다. 그에게뿐만 아니라 그의 모든 친구들에게 더 많이 할수록 원장은 더 좋아했다". 여기서 마가렛은 우정이 기부금과 연결되어 있는 내막을 분명히 보여준다. 그러나 "얻기 위해 주는 방침" 때문에 얻는 것보다 나가는 것이 더 많았음을 보여준 가장 좋은 사례가 바로 헨리 요스이다. 마가렛은, 마리아 요스의 "사랑하는 오빠"가 무료로 수녀원 고해신부 일을 했으며 자신의 밥값으로 1년에 100플로린을 냈다는 말이 아직도 베들레헴에 전해진다고 말한다. 하지만 "그러한 사람을 다시 수녀원에서 일하게 하면 우리 수녀원은 망할 것"이라고 했다. 왜냐하면 그가 설사 1년에 200플로린을 냈더라도 그가 사용한 시트, 냅킨, 수건, 침대를 비롯한 다른 물건 값을 생각하면 그 비용은 턱도 없었기 때문이다. 그는 항상 자신의 손님들과 함께 와서 지냈는데, 그 손님들은 "몇 달씩" 있었고 수녀원은 그들도 역시 잘 대접했다. 그때 "헨리 요스와 가까운 수녀들이 매주 두 번 그와 식사하도록 초대받아서 하루 종일 그곳에 머물며 연회를 하고 노래하고 소음을 냈다". 만약 다른 수녀 중 누군가 불평을 하면, 그를 추종하는 수녀들이 "곧바로 그에게 달려가 그 말을 똑같이 전했고, 그들의 험담은 헨리 요스가 부추긴 것이나 같았다. 그러면 그는 자신의 은혜를 입지 못한 사람들을 매우 나쁘게 말하였고, 그것은 결국 고해신부에게는 추한 일이었다. 그것은 엄청난 양심의 압박을 초래하는 행위이기 때문이다. 그리고 사람들은 우리가 너무 많이 손해 보았다고 불평했다". 마가렛에게는, 그가 고해신부직을 상실한 것이 경제적인 이유나 다른 이유로 보나 좋은 일이었다. "그가 종종 우리에게 선물을 주지만 그는 여전히 우리에게 빚을 지고 있다. 그가 자기 물건의 절반을 우리에게 준다 하더라도, 그가 우리의 정신과 육체에 입힌 손상을 치료하기에는 충분하지 않으며 그 사실을 헨리 요스 자신도 잘 알고 있다."

헨리 요스 다음으로 수녀원의 가장 큰 후원자는 마가렛이 '레오파드의 여인In Den Luypaert'이라고 이름 붙인 사람이었다. '레오파드'는 길모퉁이에 있는 집 이름으로 아마 여인숙이나 양조장이었던 것 같다. 이 여성은 우연히도 (하지만 놀랍지 않게) 헨리 요스와 베들레헴 지도 수녀들과도 친구였다. 마가렛은, 아드리아나 원장이 "자신의 수녀원과 수녀들보다 레오파드 사람들에게 더 관심을 가졌다"고 주장한다. 평신도 수녀들은 매일 "그곳에 갔는데 때로는 하루에 두세 차례 갔으며, 그녀가 특별히 식욕이 예민한 해산 중일 때를 비롯하여 수년 동안 너무 이르거나 너무 늦지 않게 갔고, 그날이 중요한 금식일이거나 수녀원에 일이 있을 때이거나를 상관하지 않았다". 그 여성은 "극진한 보살핌을 받았고, 원장과 다른 수녀들은 상상하거나 꿈꿀 수 있는 모든 것을 그녀를 위해 해주었다. 최고의 음식 혹은 주름 장식 등 그들이 그녀 아이들에게 줄 수 있는 것은 모두 주었다. 그 집을 위한 것이라면 원장에게는 무엇도 지나친 것이 아니었다". 이것은 마가렛을 혼란스럽게 만들었다. 그 비용뿐만 아니라 모든 제공 물품이 외부인들을 '놀라게' 했기 때문이다. 외부인들은 "원장이 그런 선물을 아이들에게 할 수 있다면, 베들레헴은 그렇게 가난한 것이 아니"라고 말했다. 마가렛은 또한 외부인들에게 보이는 수녀원의 이미지에 대해 원장과는 다른 방향에서 걱정했다. 즉 사람들이 수녀원이 부유하다고 생각하면 수녀원에 기부를 적게 할 것으로 보았다. 반면에 원장은 선택된 믿을 만한 후원자들에게서 기부를 받으려면 먼저 호의를 베풀어야 한다고 생각했다.

그래서 원장은 주고 또 주었다. 그러나 마가렛은, '레오파드' 여인에게서 많은 호의를 받았다는 원장의 허풍에도 불구하고 그 액수가 아주 적었다고 했다. 그녀는 "때때로 우리에게 맥주, 고기, 그리고 다른 물품들을 주었다. 하지만 우리도 그녀에게 가능한 많은 호의를 베풀었고", 그럼에도 불구하고 그 대가로 크든 작든 "어떤 대단한 선물"을 받지 못했다. 사실 "그 모든 선물들을 다 합쳐도 우리가 그들에게 준 것이 더 많을 것이다". 다른 수도원들은 멋대로 하는 후원자들에게 어떻게 하는지 마가렛은 궁금해했다. "한 번, 두 번, 세 번이 아니라 항상 그녀를 위해 요리하고 몰래 밖으로 내가야 했다. 돼지고기를 비롯하여 타르트Tart, 숙성시키지 않은 부드럽고 하얀 코티지치즈Cottage Cheese, 접시에 담은 플랑Flan 파이, 와인과 설탕으로 잼 사과, 그리고 내가 이름을 다 적을 수도 없는 많은 음식들을 준비했다. 원장은 그 여성이 필요한 물품을 제공한다고 말하지만, 그것은 마치 '상을 차리는 사람이 가장 비용이 많이 든다'는 옛말과 같다." 그 여성은 정신적으로도 나쁜 영향을 미쳤다. "그녀는 험담과 불평이 가득하며, 사람의 등 뒤에서 이름과 명예를 실추시키는 비난을 많이 하고, 자신의 하녀들에 대해서도 마찬가지였다."

세 번째 그리고 마지막으로 가장 선호하는 후원자는 수녀원의 집사인 사무장이었다. 모든 수녀원은 세속적인 문제에서 수녀원을 성실히 대변할 세속 일에 밝은 사람을 고용한다. "믿을 만한 훌륭한 사무장은 의무감으로 직무를 수행해야 한다." 그러나 마가렛의 눈에, 베들레헴의 현재 집사는 수녀원의 옹호자라기보다 수녀원 물품의 소비자에 더 가까웠다. 그는 높은 봉급을 받을 뿐 아니라 게걸스러운 식욕을 지닌 남자였다. "그가 올 때는 미리 고지를 하며, 마치 그가 왕자인 것처럼 준비가 시작된다." 그는 "가능한 한 가장 비싼 돼지고기 족발과 향료에 절인 양고기 약간", 그리고 좋은 소고기로 만든 스튜의 일종인 휘체폿Hutsepot을 먹는 것으로 식사를 시작한다. 그리고 다음은 "그들이 상상할 수 있는 혹은 손을 댈 수 있는 어떤 음식이든 준비된다. 그는 그 모두를 게걸스럽게 먹는데 식사 예절이 좋지 않으므로 항상 제일 먼저 그에게 음식을 내놓는다". 고기를 내놓으면, 그는 "고기를 아주 작은 조각으로 잘라 큰 비용을 들여 여러 번 요리한 것이 아니면" 먹기를 거부한다. 그리고 보통 "5일, 6일, 8일 정도 오래 머무르는데, 말할 수 없이 까다로워 어떤 좋은 음식도 그를 만족시킬 수 없다. 그가 우리와 친분이 없다면, 자신이 가난하기 때문에 그렇다고 말해야 했을 것이다". 더구나 그는 결코 혼자 식사하지 않았고, 최근에 결혼했는데 그것은 앞으로 더 큰 파티가 열릴 것을 의미했다.

마가렛이라면, 사무장을 뢰번의 다른 곳에 재우고 그가 한 일에 대한 통상적인 봉급만을 줄 것이다. 하지만 그렇게 하지 않았기 때문에 그는 계속 1년에 서너 번 방문하여 잠잘 때까지 먹고 마셨으며, "종종 그렇듯이 술에 취하면 침대에 눕힐 수도 없었다. 수도자가 그렇게 늦게까지 술고래와 함께 있는 것은 수치스러운 장면이었다". 대주교 보넌을 곤란하게 한 또 다른 일이 있었는데, 그것은 그가 베들레헴을 방문한 바로 그해에 브뤼셀 근처에 있는 예리호Jericho 수도원에서 비슷한 사안을 밝혀내고 사무장을 해고한 일이다. 그 사무장은 새벽 4시까지 자신의 방에서 수녀들을 흥겹게 해주는 일도 벌였다.

새로 충원된 후원자들

마가렛이 묘사한 것에 따르면, 외부인들에게 물품과 식사를 제공하는 것과 같은 일은 분명 수도원의 환대 전통을 훨씬 벗어난 것이다. 그리고 그 접대는 중요한 손님 세 명 외의 다른 사람들에게로 확대되었다.

언제나처럼 안나와 원장이 함께 그렇게 하도록 이끌었다. 원장은 확실한 호의를 얻기 위해 안나에게 외부인들과 친분을 쌓으라고 독려했다. "원장은 수녀원 손님들에게 그처럼 상냥한 수도자를 내보이는 것을 가장 큰 기쁨으로 여겼다." 안나는 "유창한 말솜씨로 쉽게 사람들의 마음을 끌었다. 하지만 그녀가 버릇없게 된 것은 참으로 유감이다. 그녀가 처음부터 잘 훈련받고 실천하여 훌륭해졌다면 매우 유능한 수도자가 됐을 것이다. 이제는 너무 방자해져서 다른 방도가 없다". 안나는 누가 오든 바로 그 옆에 앉았다. "아주 조금 아는 사람"도 찾아가고, 자신을 보러 온 사람뿐 아니라 다른 수녀를 보러 온 사람들과도 대화를 나누었다.

아드리아나 원장도 친구를 만드는 데 수완이 좋았다. 마가렛은, 원장이 후일 베들레헴 수녀원에 들어올 수도 있는 딸들을 가진 부유한 가문 사람들에게 특별한 관심을 기울였다고 말한다. 젊은 여성이 돈만 있으면 원장은 "누구든 만족하고 수녀로 받아들였다". 원장은 지망자가 수녀 생활을 해낼지 계속 생각하면서도, "다리를 절거나, 한쪽 눈이 장님이거나, 지능이 떨어지더라도 누구나 환영했고, 부원장이 건강과 능력을 고려해야 한다고 제안해도 원장은 괜찮다고 했다. 부원장은 수도원 원칙을 충직하게 따랐지만, 반대로 원장은 원칙의 경계가 너무 넓었다".

그 증거로 마가렛은 2년 전에 받아들인 수녀 지망자를 예로 들었다. 그녀의 진기한 건강 기록 때문에 그녀는 입회 자격을 얻지 못했어야 했다. 그녀는 "어렸을 때 불구덩이에 빠져 한쪽 눈이 온전하지 않았다". 그래서 항상 안경을 써야 했다. 쓰지 않으면 거의 볼 수 없기 때문이다. 더구나 "눈동자가 항상 움직여서 빛이나 불을 견디지 못했다". 이러한 육체적 질병으로도 충분하지 않아서, 이 지망자는 "태어날 때부터 생긴 결점"이 있었다. 즉 그녀는 피를 흘리지 않고서는 음식을 먹을 수 없었는데, 그것은 수녀원에 큰 불편을 끼쳤다. "그녀가 성가대, 작업실, 식당으로 들어올 때 혹은 그녀가 무슨 일이든 하고 있을 때 갑자기 그녀 코에서 피가 흘러나오기 시작하여 주변을 더럽혔다." 게다가 성품도 적절치 못했다. 그녀는 단체 노동에 대해 불평하고, 잡담을 하고, 고집이 셌으며, 불쑥 무례하게 말을 했다. 결과적으로 이 여성에게 너무 많은 비용이 들었다. 그녀는 수녀원에서 2년을 살았지만, 그 아버지는 '한 푼의 스타이버stiver(네덜란드 화폐 단위)'도 비용으로 지불하지 않았기 때문이다. 이 많은 신체장애들에도 불구하고 원장은 그녀를 환영했다. 원장과 안나는 그녀를 "너무 좋아했으며" 그녀 집안이 상당한 세속적 수확을 안겨줄 것을 기대했다.

원장은 새로운 가문 출신을 충원하는 것 말고도 자신의 집안에도 상당한 돈을 썼다. 그녀의 조카는 "2년 동안 거의 매일 수녀원에서 식사를" 해결했다. 그리고 또 다른 조카와 질녀가 있었는데, 두 명 모두 그들이 갖고 온 것보다 소비를 더 많이 했다. 마가렛은, 손님이 누구든 "그들이 객실로 들어가는 것을 들키지만 않으면 그들은 마치 없는 것처럼" 여겨졌다고 적었다. 만약 그러한 상황이 지속되면, 마가렛은 객실에 머물기로 한 자신의 결의를 상실할 터였다. 왜냐하면 마가렛은 "도시 밖에서 온 베긴회 수녀들과 뢰번 출신의 젊은 수도자들이 함께 객실에 앉아 맥주와 와인을 마시고 여러 음식을 먹으며 정오에서 밤까지 연회를 하는 것이 마치 선술집에 사는 것처럼 종종 느껴졌기" 때문이다. 남자와 여자가 "함께 앉아 계속 연회를 했고, 밤이 되면 그들은 너무 취했고 자기 수녀원에 돌아가는 길도 기억 못 했다". 원장은 "아무도 객실에서는 먹지 않는다"고 말하지만, 마가렛은 "아무도 오지 않을 때에만" 사실이라고 반박한다. 일단 손님들이 거실에 있으면 곧 음식 대접이 시작되었기 때문이다. 어리석게도 원장과 그 무리들은 마가렛이 그것을 볼 수 없을 거라고 생각했는지 모른다. 그러나 마가렛은 "아무리 비밀스럽게 해도 객실에서 일어나는 일을 내가 보거나 듣지 않을 수 없다"고 적었다. "그들은 분명 여러 술책과 속임수를 썼지만 내가 성무일도를 암송하는 중이 아닐 때는 그것이 모두 헛

수고였다." 수녀원이 돈이 없어 옷을 꿰맬 때 쓸 "몇 조각의 린넨"도 살 수 없다는 말을 방금 들은 누더기 입은 수녀들은, 후원자들을 위한 이러한 사적인 식사를 알고 깊은 고통을 느낄 뿐이었다.

베들레헴 수녀들이 후원자들에게 선물을 아낌없이 주는 또 다른 방법은, 지역의 인기 특산품인 와플을 주민들의 집으로 배달해주는 "아주 흥하고 해로운 관습"이었다. 마가렛은, "매년 참회의 화요일Shrove Tuesday에 원장은 여러 지역으로 가져갈 큰 덩어리의 와플을 수도원 기금에서 마련하여 굽도록 고집했다"고 말했다. "충분한 양을 굽기 위해 두 명의 수녀가 하루 종일 교대하며 일해야 했다. 세 명 때로는 네명의 수녀가 각 구역으로 하루 종일 와플을 운반했다. 원장은 분명 '내가 이 관습을 시작한 것이 아니라 이전부터 계속해왔다'고 말할 것이며 그 말은 맞다. 그러나 그처럼 심하게 행한 적은 없었다." 프란체스코 수도회의 고해신부들 혹은 뢰번의 지구장과 같은 수도원의 합당한 친구들을 위해 이곳저곳으로 와플을 보내는 것은 마가렛도 기꺼이 양보했다. 그러나 수녀들은 아무것도 기대할 수 없는 사람들을 위해서도 충분한 양을 만들어야 했다. 그러한 노동은 더 가난한 수녀들을 화나게 했으며, 이를 위해 "엄청나게 비싼" 스토브용 나무를 쓰는 것을 보고 마가렛은 "더 이상" 참을 수 없었다. 가장 최근의 '참회의 화요일'을 맞아 "와플을 굽고 보내는 데 14일이나 걸렸다. 일부는 엄마, 사촌, 조카, 질녀에게 보내고, 다른 수녀들은 자매나 형제에게 보냈다. 그것은 그렇게 나쁘지 않다. 하지만 어떤 수녀는 친한 친구에게 보내고, 다른 수녀는 아우구스티누스 교단의 성직자와 젊은 신학생에게, 그리고 또 다른 수녀는 남녀 수도자에게 보냈다. 또 곤궁한 사람에게나 돼지들에게도 보냈다! 만약 이렇게 계속되면 회색 수녀회가 구운 와플을 맛보지 않은 사람은 아무도 없을 것이다".

당연히 큰 상자를 가득 채운 와플이 최근 몰의 헨리 요스에게 보내
졌다. 그러나 마가렛은 이 와플을 하나도 맛보지 못했다. "몰에 보낼
선물로 와플을 구울 때 나는 그곳에 있었지만 작은 조각 하나도 맛보
지 못하게 했다. 사실 그때 나는 몸이 아팠는데 수녀원에서 만든 물품
을 나누는 것을 바로 눈앞에서 지켜봐야만 했다." 또다시 원장은 목적
이 있어서 와플을 보냈다고 하며 그 행위를 합리화했다. 그러나 마가
렛은 수녀원 와플을 받은 사람 열 명 중에 보답으로 기부금을 보낸 사
람은 한 명뿐이었다고 반격했다. "원장이 와플을 굽는 것에 그렇게 헌
신적이라면, 그녀는 시장에 노점을 열고 바로 그 자리에서 와플을 구
워 조각으로 팔아야 한다."

베들레헴에 사는 26명의 수녀들을 돌보는 데는 비용이 너무 많이
들었기 때문에, 마가렛은 어떻게 수녀원이 그렇게 많은 식사를 접대
하고 와플 배달 서비스를 하고도 여전히 버텨내는지 상상할 수 없었
다. 그러나 그녀는 변화에 대한 어떤 희망도 품지 않았다. 그것은 "도
둑이 항상 훔치려는 경향이 있듯이, 원장의 성향도 마찬가지이기" 때
문이었다.

음식과 음료 외의 것

마가렛의 비판은 대부분 음식에 초점이 맞추어졌지만, 그녀는 다른
비용에 대해서도 걱정했다. "몇 년 동안인지는 모르지만 예수상Agnus
Dei과 복음서만을 만드는 수녀가 한 명 있는데", 그것을 모두 후원자
들에게 부적으로 나누어주었다. 게다가 꽃, 부케, 장식 꽃가지, 나뭇

가지, 성모님을 위해 수놓은 드레스 등도 선물로 주었다. "나도 우리가 가끔은 증여해야 한다는 것을 안다. 하지만 그것은 능력에 따라서 그리고 상황에 맞추어 신중하게 행해야 한다." 원장은 항상 "선물을 어디에 하는지 분명히 알고 보낸다"고 주장하지만, 마가렛은 수녀원이 무언가를 얻기 위해 노력한 대부분의 시간은 소득이 없었다고 반격했다.

안나의 잘못이 가장 컸다. 마가렛은, "안나 혼자서 전체 수녀원이 나누어주는 것의 백배를 증여"하며 "수녀원 비용을 많이 쓴다"고 말했다. 그리고 수녀원 밖의 누군가가 안나에게 기부품을 주면, 안나는 보답으로 무언가를 줘야 한다고 고집하여 수녀원이 얻을 수 있는 어떤 이득도 없애버렸다. 마가렛은, 성물실을 담당하는 안나가 다른 수녀보다 공동 기금에 더 쉽게 접근했기 때문에 그러한 증여가 가능했다고 추측했다. 수녀원은 지도신부 중의 한 명을 통해 최근의 무절제한 행위를 알게 되었다. 그 신부는 안나가 자신의 대부에게 줄 선물로 금속과 비단으로 비싼 부케를 만든 사실을 폭로했다. 신부는 그 장식 꽃잎들을 보고, 가난하다는 수녀들이 어떻게 그처럼 비싼 선물을 만들어 보낼 수 있는지 의문을 표했다. 마가렛은, 안나가 성가대를 위한 그림 한 점을 대부에게서 받을 희망으로 그 선물을 주었다고 설명했다. 그러나 만약 대부가 기대한 대로 답례를 하지 않으면 어쩔 것인가? "오, 그는 안나에게 약속하고 안나는 그가 기대에 부응할 것이라고 생각하지만, 기대한 날이 오면 그것은 부도수표가 될 것이다. 그럼 누가 그 모든 것을 보상할 것인가? 아마도 원장은 수녀원 기금에서 지불할 것이다."

원장과 안나가 하기 좋아한 또 다른 값비싼 관행은 성 제르트루다의 날 혹은 성 그레고리우스St. Gregorius의 날에 지켜지던 오랜 전통으로, 아이들에게 수녀복장과 베긴회 옷을 입히는 것이었다. 원장은 이 행사가 지역사회와 관계를 맺는 데 좋을 것으로 생각했다. 부모들은 아이들이 부산을 떨며 옷을 차려입는 것을 보는 걸 좋아하며, 그 행사를 위해 특별히 나눈 안나와의 대화도 좋아했기 때문이다. 하지만 수녀원 정관을 보면 "아이들에게 수녀나 베긴회 옷을 입힌 적이 없었다"고 마가렛은 말한다. 그 일에는 시간도 투자되었다. 두세 명의 수녀들이 아이들을 돌보기 위해 성무일도를 못했기 때문이다. 수도원의 신성함을 모독할 위험도 있었다. 아이들의 의상을 입히는 일은 대부분 손님 숙소의 개방문 앞에서 일어났기 때문이다. 결국 이방인들도 그 날의 야단법석을 위해 아이들을 데려오면서 수가 늘어났다. "그 이방인들에게서 우리는 아무것도 받지 않으며, 헛된 희망 외에 그들에게 기대할 수 있는 것은 없다. 하지만 다른 모든 일처럼 우리는 보답을 받을 기대로 이 행사를 하고 있다." 모든 언사를 동원하여 행사를 한 후에 수녀원이 받은 신성한 보상은 아무것도 없었고, 다만 "더러운 린넨과 이런저런 일들을 쫓아다닌 것밖에 없었다".

가족들을 즐겁게 해주는 또 다른 행사는 유아들을 수녀원 안에 들이도록 허용한 것이다. 수녀들이 아이들을 맹목적으로 좋아하는 데는 문화적 혹은 정서적 이유가 있다. 유아는 어른들처럼 위협이 되지 않기 때문에 기분 전환이나 생활의 변화를 위해 수녀원에 들였을지도 모른다. 혹은 예수의 어린 시절을 묵상하는 프란체스코 수도회의 전통에 근거한 것일 수도 있다. 그 전통은 회색 수녀회가 아이들에게 특별한 애정을 갖게 했다. 그러나 무엇보다 그 행사는 수녀 복장을 입히는 행사처럼 기부를 얻기 위한 것과 관계있었다. 즉 현재의 기부자 혹은 잠재적 기부자의 자녀들을 차려 입히는 것이다. 마가렛은 그 행사가 오래전에 비난받았다고 주장했다. "나이를 불문하고, 딸이거나 하인이거나 상관없이, 그리고 아무리 수가 많더라도 아이들을 수녀원 안에 데려오거나 들이는 것을 원장이 허용하지 못하도록 다시 막아야 한다. 그것을 금하는 지난번 포고령에도 불구하고 아주 최근에 다시 그 행사가 벌어졌다."

또한 원장은 와인을 포함하여 외부인의 물품을 창고에 보관하려 했다. 이것은 불편할 뿐만 아니라 법적인 문제도 있었다. 수도원들은 세금 면제를 받으며 그 특권을 다른 사람들에게 확대해서는 안 되었기 때문이다. "무엇보다, 파산한 것처럼 하고 이곳에 자신의 물품을 숨기려는 채무자들에게서 아무런 감사도 받지 못한다. 물건을 맡기고 얼마 후에 와서 '이것보다 더 많은 것을 맡겼다' 혹은 '내가 이 물건을 맡길 때는 이렇게 손상되지 않았다'고 말하는 사람들에게서도 아무런 감사를 받지 못한다. 우리는 철제품에 녹이 슬지 않게 할 수 없으며, 그 녹을 청소할 책임도 없다! 우리는 다른 사람들의 부정한 일을 해주면서 수녀원을 위험에 빠뜨리고 있다." "내가 너무 자주 보아왔던 것처럼 수녀들은 왜, 육신이나 정신에 아무 소용도 없고 유익하지도 않고 그 어떤 보상이나 사례는커녕 은혜도 모르는데, 밤낮으로 외부인들의 노예가 되어야 하는가?"

마지막으로, 훨씬 부담스러운 관행으로, 원장이 수녀원의 물품을 빌려주는 것이 있었다. "원장은 수녀원 창고에서 이방인들에게도 곡식을 빌려주었다. 한번은 1뮈데mudde 즉 3부셸bushel(8갤런에 해당하는 양)에 해당하는 곡식을 빌려주었는데 3년이 지나서야 받았고, 그들이 되갚아야 한다는 사실에 배신감과 충격을 느꼈다고 하여 우리는 곡식을 돌려받은 날 그들에게 식사를 대접했다." 원장은 4년 전에 또 다른 1/2뮈데의 식량을 빌려주었는데 아직도 돌려받지 못했다. "그 식량은 우리에게 아무것도 해주지 않은 이방인에게 빌려준 것이다. 그래서 후에 우리는 비싼 가격으로 더 많은 곡식을 사야만 했다." 원장은 또 한 수녀원이 일종의 물품 대여소가 될 정도로 옮길 수 있는 물건들을 빌려주었다. "침대, 시트, 모직 담요, 베개, 식탁보, 냅킨, 주석 그릇, 접시, 항아리, 냄비를 심지어 수십 개씩 빌려주었고, 의자, 벤치, 식탁, 심지어는 진료소의 침대와 베개까지도 빌려주었다! 한마디로 우리가 가진 모든 것은 그것을 빌려간 사람들로 인해 더러워지거나 손상되거나 분실되었다. 그리고 우리는 때로 누가 빌려갔는지도 모른다. 사람들이 큰 연회를 베풀거나 산욕 중이거나 바자회를 열 때, 그들은 모두 이 물건들과 부엌 용품 등을 빌리러 왔다." 그러나 빌려간 사람들은 종종 "내가 전혀 본 적 없는 용품들로 보이는 것을 반납했다. 우리는 강제로 이방인들의 하녀가 되었다". 만약 수녀원이 "이 사람들에게서 어떤 친절을 기대할 수 있다면 다행이지만" 실제는 그러지 못했다. 오히려 수녀원이 전혀 도움을 필요로 하지 않는다는 인상을 줄 뿐이었다. "우리는 가난하다. 그리고 가난한 수녀원으로 알려지기를 원한다. 그러나 물품을 빌려줌으로써 우리는 가난하지 않은 것처럼 행동한다. 가장 부유한 수도원들도 결코 이렇게 할 수는 없을 것이다."

마가렛은, "원장은 외부에는 자선을 베풀면서 수녀원 안에는 아무 것도 주지 않는다. 그럴 의향이 없기 때문이다. 그녀가 세속적인 이득에 관심이 없었다면, 우리는 우리 몫을 확보했을 것이다"라고 결론지었다. 문제는 "누구도 어떤 일도 할 수 없다는 것이다. 원장이 잘하지도 못하면서 모든 직책을 수행하기 때문이다. 그녀는 원장, 부원장, 재무 담당관, 식료품 관리자, 신참 수녀 관리자 등 거의 모든 일을 담당했다". "사람들의 자비나 호의를 바란다면 스스로 먼저 호의를 베풀어야 한다"는 원장의 주장에 대해, 마가렛은 "그녀는 얼마나 많은 양의 맥주를 헛되이 낭비했는가?"라고 반문했다.

마가렛의 부정적인 평가는 기억할 수 있는 자세한 정보로 가득 차 있으며, 속세에서 벌어진 수녀원의 분주한 역할 및 수녀원에 미친 속세의 영향을 보여준다. 역사가 로저 데보스Roger Devos는 프랑스 수녀들에 대해, "어떤 의미에서 수도원은 주위 사회와는 다른 가치에 의해 지배되는 '실제적인 유토피아', 즉 '다른' 사회로 간주될 수 있다"고 했다. 그러나 "이 '세속을 등진 세계'는 세상 속에 확고히 자리 잡고 있다. 수도원이 세상과 동떨어져 다르게 살려고 한 노력은 너무도 일찍 한계에 부닥쳤다".

세속적 풍습

'따로 다르게' 사는 것은 수녀원에 세속적인 그리고 정신적인 도전이었다. 당시 베들레헴 수녀원의 체제에 대한 마가렛의 세 가지 비판 가운데 마지막이자 가장 긴 비난은, 수도원의 훈육이 약화된 점과 세속적인 풍습이 번성한 것이었다.

성가대를 가득 채운 꽃다발

베들레헴이 세속화했음을 보여주는 증표는 낭비하는 경향이었다. 기부 동기를 유발하려고 미덥지 않은 외부인에게 투자하는 것을 마가렛은 잘못이라고 보았지만, 그녀는 적어도 그 이면의 목적은 인정했다. 그러나 수녀들이 어떤 유용한 목적도 없는 활동을 위해 시간과 물품을 터무니없이 허비할 때, 마가렛은 매우 발끈했다.

다른 수녀원과 수녀들에게 선물을 아낌없이 주어서 도대체 무슨 좋은 결과가 있단 말인가? 왜 아드리아나 원장은 수녀들이 취향에 따라 흰색이나 검은색 신발을 신는 등 유행을 좇는 데 돈을 낭비하는 것을 용인하는가? 이전 원장들은 일반 골무와 의자에 만족했는데, 아드리아나는 작업실에서 은으로 만든 골무를 쓰거나 스페인산 의자에 앉음으로써 어떤 모범을 보였는가? 그리고 수녀들이 '원하는 만큼' 물약, 알약, 고약을 그렇게 많이 낭비하도록 왜 허용하는가? 하고 마가렛은 생각했다. 그러나 특별히 마가렛의 관심을 끈 것은 교회 안의 수녀 성가대석을 과도하게 장식하는 것이었다.

성가대석이 어느 정도로 일반 대중에게 눈에 띄느냐는 보통 수녀원 교회의 성가대를 본당 회중석과 나누는 칸막이의 크기와 디자인에 달려 있었다. 성가대석의 일부를 항상 볼 수 있으며, 특히 미사 도중 칸막이 안의 영성체 창문이 열릴 때는 확실히 그 모습이 회중에게 보인다. 성가대의 모습과 노래는 미사에 참례한 방문자들의 주의를 끄는 두 가지 주요 대상이어서, 후원자들을 기쁘게 하기 위해서도 장식이 이루어지며 그 장식은 자선 행위로 여겨질 수 있었다. 그러나 마가렛에게 그것은 분명히 엄청난 낭비였다.

사치는 마가렛을 괴롭게 했다. 예를 들어 마가렛은, 수녀들을 불러 성가대석 장식을 위해 정기 기부를 하게 하는 "추악한 관행"을 멈추기를 희망했다. 어떤 수녀가 생일이나 축일을 기릴 때마다, 성가대 단장인 안나 피흐나롤라는 원장에게 접시를 주었고, 원장은 성가대 주위를 걸으며 수녀들로부터 돈을 모았다. 마가렛은, "그것은 볼 만한 장관이었다. 그 돈은 모두 안나가 손으로 만든 인조 꽃에 낭비될 잃어버린 돈이다"라고 말했다. "내가 물에 뛰어드는 것보다 더 필요 없는 일, 즉 성가대석을 꾸미는 데 그렇게 많은 쓰레기를 사용하는 것은 죄악이다. 원장은 안나를 위해 수녀원에 많은 손해를 입힌다."

안나의 꽃들은 성가대석의 사방에 위치하여 특정한 성인에게 봉헌된 '작은 제단들'이나 성물함을 아름답게 하는 데 주로 쓰였다. 마가렛에게 그것은 신앙이라기보다 '허식'이었다. 그녀는 개신교도들처럼 자신이 잘 장식된 성인의 이미지를 싫어해서가 아니라고 조심스럽게 말한다. "성인의 형상은 나를 매우 기쁘게 한다." 그러나 과도한 장식이 그녀를 화나게 하고 당황시켰다. 수녀 대부분이 가난하기 때문에 외부인들이 수녀원을 가난하다고 보는 것이 중요한데, "생화처럼 만들기 위해 많은 돈을 들여 비단 꽃들로 덮은 작은 제단들, 작은 성물함들을 보고 사람들이 무엇을 생각하겠는가?" 처음에는 '소박한 꽃들'이었다가, 그 다음에는 좋은 린넨으로 만든 '더 화려하고 색깔 있는 꽃들'이었고, 그리고 최근에는 비단으로 만든 주름 꽃, 장미, 그 외 다른 모양의 꽃들이었다. "꽃들이 다 만들어질 때쯤에는 교회 전체 벽을 모두 덮을 것이다"라고 마가렛은 걱정했다. "성가대의 지휘자 위치에 있는 대 성모 성물함은 머리부터 바닥까지 꽃으로 덮이고 매 행사 때마다 새 꽃들로 덮였다."

마가렛이 심하게 비난한 이 작은 제단들 혹은 성물함들은 당시 가톨릭 신앙에서 가장 유행한 것들이었다. 성물함은 15세기에 발달하여, 수녀들과 베긴회 사람들이 속세의 페인트공 및 목각사 들과 작업하여 완성했으며, 1500년경에 브뤼헤를 경유하여 저지대 국가에 들어왔고 그곳에서 퍼져 나갔다. 성물함은 다른 제단 장식들처럼 세 조각이지만 훨씬 더 작아서 높이는 99센티, 넓이는 127센티미터 정도였다. 대개 전문가들이 페인트칠을 하는 날개 부분은 성인들 혹은 수도회 및 수녀원의 기부자들을 묘사했다. 가운데가 가장 중요하고 눈에

16세기의 호르투스 콘클루수스(Hortus Conclusus). 여기서는 우르술라(Ursula) 성인, 엘리자베스
(Elizabeth) 성인, 카타리나(Catharina) 성인을 부각시켰다.
(출처: OLV 병원, 메헬렌)

띄는 부분인데, 보통 수녀들 손으로 직접 모양을 만들고 종종 별도로
세우기 때문이었다. 그것은 성인, 천사, 성서 인물 등의 세밀한 조각
상들이 가득 담긴 얕은 유리 상자로서, 정교하게 만든 인조 꽃으로 다

시 꾸몄다. 꽃들은 대개 비단, 양피지, 혹은 금속으로 만들었다. 인조 잔디 가운데 세운 작은 울타리 뒤에는 호르투스 콘클루수스Hortus Conclusus, 즉 밀폐된 정원이 있었다. 그곳은 성모 마리아 동정성의 상 징이자 동시에 거기 묘사된 경외심을 갖게 하는 인물들이 구원의 은 혜를 최상으로 베푸는 곳이다. 그리고 신심 깊은 관람자도 구원을 행 할 수 있었다.

작은 제단들이 지닌 예술적 의미 말고도 제단들은 여성이 그 시대 의 종교적 감정이나 예술적 솜씨를 표현한 독특한 방식을 보여주었 다. 왜냐하면 수녀들이 불가피하게 수녀원 안에서만 경배를 드린 반 면, 남자 수도자들은 여행이 수월하여 수많은 장소에서 신을 섬겼고 그 결과 자신의 수도원을 꼼꼼하게 장식할 동기나 기회가 더 적었기 때문이다. 사실 남성 수도원과 여성 수도원, 그리고 여성 수도원과 교 구 교회의 장식을 비교하면, 숭배의 형태와 방식이 성별에 따라 매우 달랐다는 것을 알 수 있다. 루돌프 벨Rudolph Bell 교수와 캐롤라인 워커 바이넘Caroline Walker Bynum 교수가 음식과 영성체에 대한 중세 남성과 여성의 차이를 찾아낸 것과 같았다. 그러나 이 열광적인 성가대석 장 식에 대한 수세대 동안의 엄청난 갈채에도 불구하고, 부인할 수 없는 그 아름다움에도 불구하고, 그리고 종교적 예술 생산이 수도원의 우 울과 싸울 바람직한 수단이라는 테레사 성녀의 추천에도 불구하고, 그것은 모두 마가렛에게는 소용없었다.

마가렛은 편지에서 여러 차례 그 문제에 대해 길게 이야기했다. 토 요일마다 안나 피호나롤라는 "하루 종일 성가대석에서 보낸다. 아침 에 정원에서 꽃을 따는 것으로 시작하여, 꽃잎을 뜯어 부케를 만드는 데 온종일을 보낸다. 부케를 만드는 일을 돕는 또 다른 수녀가 있고,

정오부터 저녁까지 성가대석을 청소하고 촛대를 윤내는 데 모든 시간을 쓰는 또 다른 수녀가 있다. 하나의 초라하고 거무칙칙한 성가대석을 위해 세 사람이 일한다. 안나는 토요일에는 저녁기도나 마침 기도에도 가지 않고 식당에도 가지 않는다. 저녁 8시가 한참 지날 때까지 그녀는 고삐 풀린 망아지처럼 한낮인 양 사람을 부르고 이야기를 나누며 여기저기를 뛰어다닌다. 시간에 개의치 않고 정원에 맨 처음 도착한 아침 시간에도 역시 마찬가지이다".

마가렛은 그 일을 시작한 사람으로 마리아 요스를 비난했다. 안나는 그 관행을 더욱 악화시킨 사람이었다. 성가대석을 가끔 부케로 장식하는 것이 아니라, 지금은 "여름이나 겨울이나 매일" 열두 쌍의 부케로 꾸몄다. 그를 위해 상당한 계획과 정비가 필요했다. "부활절, 성령강림절, 혹은 다른 중요한 날에, 그녀는 미리 3일간 연속으로 일을 한다. 하루는 철저히 청소하고 다음 날은 개장改裝을 하고 세 번째 날에 꾸민다. 게다가 그녀를 돕는 수녀들이 있고, 또한 작은 특별 성물함들을 하나씩 자신이 직접 장식한다." 성모 마리아와 다른 성인들의 상은 "마치 진짜 사람의 옷을 입히듯이 여러 다른 옷들로 갈아입힌다". 그렇게 "작은 성물함에 쏟는 그 많은 비용과 노력은 얼마나 큰돈을 낭비하는 것인가". 마가렛은 성상들의 수를 줄이고 대신 크고 눈에 띄는 성상을 두는 것이 낫다고 생각했다. 그녀는 소형 성상에 필요한 인내와 정교함의 가치를 인정하지 않았다.

마가렛이 말한 것처럼 장식이 변화한 것은 사실이다. 원장과 안나는 여러 주 동안 아침 일찍 그리고 밤늦게 진료소를 비밀 작업실로 삼아, "성모상을 위한 치마를 최고급 공단으로 만들고 사치스럽게 자수를 놓아 열심히 바느질했다". 그 작업에 필요한 돈 그리고 "아직 더 많은 작은 제단들을 위해 브뤼셀에서 벨벳을 살 돈은 충분히 있었다. 금으로 된 술 장식도 있었고, 성모 마리아의 금색 린넨 가운도 있었다. 이미 성모 마리아상을 위한 두 개의 공단 가운과 두세 개의 붉은색 가운, 그리고 다른 재료로 만든 몇 가지 옷들도 있었지만 그들은 그것만으로 만족하지 못했다. 그들은 붉은색 벨벳 천이 없는 것을 안타까워했다. 성가대석에는 또 다른 성모상들이 있는데, 나는 그들의 옷을 다 묘사할 수도 없다". 마가렛은 수녀원 생활에 훨씬 더 중요한 수녀원 담 하나를 아직도 다 세우지 못했다는 사실을 상기시켰다.

경건하지 않은 성무일도와 다른 기도들

베들레헴 수녀원의 세속성을 보여주는 또 다른 표시는, 그 주변을 둘러싼 성물들이 넘쳐났음에도 불구하고 정작 성가대에서는 경배심이 부족한 것이었다.

마가렛 자신도 촛불에서 나오는 많은 연기 때문에 경배심을 갖기 힘들었다. 하지만 수녀들은 그들이 애지중지하는 성물함과 성상들 주변에 초를 쌓아두는 것을 고집했다. 초는 불을 밝히는 것이며, 세상의 빛인 그리스도의 상징이자 동시에 특정 성인에 대한 사적인 기도의 상징이었다. 그러나 마가렛이 보기에 그것은 과도했다. "초를 밝히는 것을 중지시키지 않으면, 수녀들이 각 성상 앞에 각자 초 한 개씩을 밝힐 것이다." 과거에는 한 성물함에 한두 개의 초만을 밝혔는데, 지금은 "모든 성물함 앞과 주위에" 초를 밝혔다. 식당에서 식사하는 중에는 "두 개의 가는 초만을 밝히기 때문에" 앞에 놓인 음식도 잘 보이지 않았다. 그러나 성가대석에는 항상 여분의 초와 주름 장식을 할 돈이 넘쳐났고 그것은 마가렛을 분노하게 했다. "성가대석은 매우 좁아서 초에서 나오는 고약한 냄새를 참기 힘들다. 우리는 이 많은 초들 바로 아래에 무릎을 꿇어야 하는데 그 연기는 엄청나다." 마가렛은 "그렇게 좁은 곳에서 그 연기들이 얼마나 건강에 이로울지" 대주교에게 물었다. 더구나 "스팀 요리처럼 사람 머리에서 증기가 올라왔다". 그리고 굳은 기름도 문제였다. 겨울 이른 아침에 미사를 볼 때는 성가대석이 보통 때보다 더 어두워서, 마가렛은 종종 초에서 흘러나온 기름에 미끄러져 자기도 모르게 무릎을 꿇곤 했다. "그것은 사소한 문제처럼 보이지만 매우 불편하다"고 그녀는 말했다. 마가렛은, 다른 수녀들도 초를 불만스러워하지만 원장 때문에 감히 말하지 못한다고 했다. 그래서 과도한 촛불 켜기가 매일 계속되었고 축일에는 더 심했다. 누군가 좋은 날씨를 희망하면 바람의 방향을 바꾸기 위해 초를 밝혔다. 만약 어떤 수녀의 후원 성인의 축일일 경우, 초는 하루 밤낮으로 태워졌다.

성가대석은 과도한 장식으로 불편을 초래했을 뿐만 아니라 소음도 유발했다. 미사 중에 임무를 맡은 수녀들은 초를 손질하고 계속 타게 만들기 위해 '서너 차례' 소란스런 출입을 해야 했다. 게다가 성가대석은 "정적일 때가 없이 항상 잡담과 험담이 오갔다. 원장을 비롯한 수녀들은 긴 대화를 이어갔고 들락거림도 잦았다". 들어오고 나갈 때 "거의 모든 수녀들은 마치 말굽을 단 말들처럼 성가대를 가로질러 쿵쿵 걷거나 발을 굴렀고, 그것은 지극히 불경스러웠다. 그 소리가 미사를 올리기 위해 앉아 있는 세속인들에게까지 들렸다는 것은 수치스러운 일이다".

수녀들은 또한 미사를 단정하지 않게 올림으로써 불경함을 드러냈다. 그들은 절도 있는 움직임을 보이지 않고 성서 구절을 쉬지 않고 읽어서 당시 여러 공식 방문에서 그 문제가 지적되었다. "최소한의 것도 지켜지지 않았다." 안나 마르셀리스 수녀는 성가 속도가 자신이 판단하기에 충분히 빠르지 않으면 "마치 고삐 풀린 말처럼" 발을 굴렀다. 마리아 요스와 안나 피흐나롤라는 "그들이 성가대석에 있는 이유라도 되듯이" 계속 잡담을 했다. 다른 수녀원에서처럼 베들레헴에서도 수녀들이 매우 급하게 행동하기 때문에 "수많은 말과 단어들이 순식간에 사라졌다". "노래를 할 때는 마치 대회를 하는 것 같다. 원장은 수녀들이 미사를 매우 빨리 끝낼 수 있다는 것을 자랑하여" 명성을 높였다. 마가렛은 "그들이 면회소에서 말할 때나 식탁에서 재잘거리고 음식을 나를 때도 그렇게 빨리 하기를" 희망했다. 마가렛은, 타보르 수녀원처럼 베들레헴도 성가대 노래를 잘 못 부르는 수녀를 잘 부르는 수녀로 교체하거나, 미사의 단정함을 해치는 수녀는 묵독을 하게 할 것을 희망했다.

마가렛의 주요 관심은 수도원의 핵심 활동인 기도와 찬송에 있었다. 특히 매일 드리는 일곱 가지 성무일도의 '시간'에 관심을 보였다 (성무일도를 수행하는 데는 거의 서너 시간이 걸린다). 또한 정기적인 고해와 영성체, 매일 미사와 대중 강론 참석, 묵상, 기도, 그리고 자기 훈육이 중요했다. 이 모든 활동은 수녀의 하루 일과를 채우는 일이고, 많은 기도 시간을 가질 수 없는 일반 세속 여성과 수녀들을 구분하는 것이며, 세속적인 노동에 너무 바쁘거나 힘들어서 모든 기도를 수행할 수 없는 활동적인 수도회와 베들레헴을 구별하는 것이기도 했다. 그러나 프란체스코회의 저술가인 더 소토De Soto에 의하면, 다른 성녀들보다 성모 마리아에 대한 흠모와 공경을 보이는 성교회Holy Church의 '최상'

을 대변하기 위해 묵상 수녀들은 자신들의 삶을 기도에 헌신해야 한다. 더 나은 다른 세상인 천국에 대한 생각이 하루 종일 특히 성무일도 하는 중에 그들의 마음과 감정을 사로잡아야 한다.

다른 수녀들처럼 베들레헴의 수녀들은 새벽 3시에 일어나야 하는 축일을 제외하고는 새벽 4시에 정확히 일어나 함께 아침기도와 찬송을 올리기 위해 그들의 소박한 교회로 나간다. 그리고 아침부터 저녁까지 그들은 가장 어린 수녀들이 내는 신호 소리를 따라 여섯 차례 더 소집된다. 즉 해돋이 기도, 오전 9시 기도, 정오기도, 오후 3시 기도, 저녁기도, 그리고 마침 기도. 이 성무일도는 기도, 독서, 찬송가(주로 시편에서 나온)의 선택과 배열이 서로 다르고 전례 시기에 따라서도 달라진다. 성가대석에 들어가면서 수녀들은 성수를 자신에게 뿌리고 성체를 존숭하기 위해 무릎을 끓으며, 복도를 가로질러 서로 마주보게 배열되어 있는 좌석에 보통 연장자 순으로 자리를 잡는다. 성무일도 중에 수녀들은 그날에 맞춰 그리고 수도원 특성에 따라 성서를 크게 읽거나 성가를 부른다(예를 들어, 뢰번의 검은 수녀회는 크게 읽지 않고 각자 조용히 혼자 읽는다). 수녀원에서 집단 찬송과 독서는, 일반 속인과 글을 잘 모르는 여성 수녀원이 하듯이 세속 언어로 축약된 '소성무Small Office'를 올리기보다 라틴어로 된 생략하지 않은 '대성무Great Office'를 하는 것이 이상적이다. 1628년경에 베들레헴 수녀들이 모두 라틴어를 읽을 줄 알았던 것은 아니지만, 그들은 '대성무'를 암송하거나 찬송하는 수녀들에 속했던 것 같다. 하지만 그들은 아마도 그 뜻을 완전히 이해하지는 못했고, 지정 기도는 대부분 익숙한 라틴어 제목과 관용구들을 사용했다. 비록 라틴어를 모른다 하더라도 그들은 라틴어의 '완벽한 종교적 음성'을 냈고 그것은 라틴어의 신비감과 권위를 더 느끼게 해주었다.

수녀들은 또한 적어도 하루에 한 번은 미사에 참례하여 성가대석에 앉았다. 그들은 기부자, 성인, 혹은 죽은 수녀를 위한 기도를 올리거나, 평소보다 더 정성 들인 미사를 올리는 축일을 기념하거나, 가톨릭 군대나 국가 군대의 성공 혹은 죄인과 이단의 회심을 위한 일반 기도를 올렸다. 베들레헴 수녀들은 미사를 집전할 수 없었지만, 기부자들이 요청한 대로 미사에서 찬송을 하거나 들었다. 그들은 파리의 생제르맹 수녀원St. Germain des Pres in Paris처럼 매년 27번의 장엄 미사나 2,600번의 독창 미사를 올리지는 못했지만, 수녀원 교회는 1년에 수백 번의 미사를 올렸고 대부분의 미사에 수녀들이 참례했다. 다른 회색 수녀회처럼 가장 큰 축일은 4대 성 주기週期, 성모 승천일, 예수 할례일(새해), 동방박사 3인 축일, 예수 승천일, 삼위일체일, 성 프란체스코 축일, 성 엘리자베스 축일, 그리고 베들레헴 교회 축일(성 프란체스코 축일 다음 일요일, 10월 4일)이었다. 물론 베들레헴 수녀원의 특별 후원 여성을 위한 성 레닐디스St. Renildis 축일인 7월 16일도 있었다.

마가렛은 베들레헴의 다른 기도들에 대해서는 몇 가지 단서만 주고 자세히 말하지 않았다. 바르바라 벨리의 '고행'이나 일부 수녀가 고행자의 옷을 입은 것은 당시의 일반적인 관행을 반영한다. 하지만 베들레헴에서는 그것이 어느 정도나 행해졌는가? 그러한 고행에 참여한 수녀들은 실제 고통을 느낄 정도까지 주기적으로 스스로를 체벌했는가? 독실한 종교 저술가였던 피넬리Pinelli는, "당신의 육체를 고행 정화하지 않으면 육체는 통제되지 않고 방종해진다"고 경고했다. 특별한 행사에서 베들레헴 수녀들은 브뤼헤 주교 관구의 참회 수녀들이 하듯이 '피가 날 때까지' 하는 '고행'으로 자기 매질을 감내했는가? 그

16세기, 기도하는 간호 수녀
(출처: 왕립문화유산연구소, 브뤼셀, ⓒ IRPA-KIK Brussel)

러나 프란체스코회의 더 소토는 수도자들이 "극단적으로 고행해서는" 안 되고 중용을 보여야 한다고 했다. 사실 극단보다는 중용에 대한 권고가 더 강력했다. 왜냐하면 기도와 자기 참회의 중용 행위가 매우 힘들었기 때문이다. 예를 들어, 수녀들은 마침 기도 때부터 다음 날 아침 7시까지 그리고 주일과 축일에는 정오까지 침묵을 지켰는가? 불 주위에 앉을 때 그들은 죽은 신자들의 영혼을 진실로 묵상하고 시편 찬송가나 주기도문을 되뇌었는가? 매일 주어지는 세 번의 30분짜리 시간을 개인 기도를 위해 충분히 사용했는가? 밤에 잘 때는 무덤에 묻힐 모양대로 눕고, '악몽' 때문에 잠에서 깰 때는 그 지역의 유명한 회색 수녀회 개혁가인 페테르 마르한트Peter Marchant가 추천한 대로 십자가로 달려가 고통 받는 상처 입은 주님에게 기도했는가? 성 프란체스코처럼 베들레헴 수녀들도 자신들의 기도는 천둥과 같고 삶은 번개와 같았다고 말할 수 있는가? 독실한 저자인 구에베라Guevera가 제안한 대로 두 종류의 정신적 풍요함으로 영혼을 채웠는가? 노동할 때는 예수님이 십자가를 지고 가는 것을 돕는다고 상상하고, 식사할 때는 예수의 상처를 한 입 가득 베어 물고 예수의 심장의 피를 마신다고 생각하고, 고통 받을 때는 십자가에 예수와 함께 매달려 있다고 상상하고, 잠잘 때는 베개가 예수의 면류관이라고 생각했는가? 프란체스코회 고해신부의 강론을 들을 때는 예수의 발아래 막달레나와 함께 있다고 생각했는가? 천국을 라인Rhine 포도주가 넘치는 연회에 비유하기를 좋아한 중세의 대가 얀 브루흐만Jan Brugman과 같은 화려한 설교자들의 강론을 들었는가? 베들레헴 수녀들 중 어느 누가, 눈물로 얼굴이 달구어져 찬 물로 꺼야 했던 폴리뇨Foligno의 안젤라Angela 성녀처럼 기도했는가? 혹은 너무 오래 무릎을 땅에 박고 있어서 무릎이 구더기로 가득 차 버린 메헬렌의 성녀처럼 기도했는가? 고해신부보다 머리를 더 높이 들지 않고 겸손하게 고백했는가? 입을 너무 크게 벌려 마녀로 의심받지 않게 그리고 신부의 손이 이빨에 닿지 않도록 적당히 입을 벌려 영성체를 행했는가? 기침, 재채기, 거친 숨 혹은 다른 것들로 성체가 상하지 않도록 재빨리 성체를 삼켰는가? 화체설化體說의 기적을 생각하되 회의가 들지 않도록 너무 깊이 생각하지 않고, 다만 예수님이 몇몇 물고기와 빵 조각으로 수천 명을 먹이고 구약에 나오는 과부와 그 아들에게 무궁한 기름과 음식을 주었다면, 예수님은 분명히 수십만 개의 전병에도 즉시 현현할 수 있다고 생각했는가? 마가렛이 이러한 것들에 대해 거의 언급하지 않았다면, 그것은 당연한 것으로 여겼기 때문인가 아니면 베들레헴 수녀원에서는 전혀 없었기 때문인가?

유희

마가렛은 베들레헴의 또 다른 세속적 관행, 즉 노는 날을 과도하게 즐기는 것에 대해 훨씬 많은 것을 폭로했다.

수도원에서 하는 기분 전환 행위는 가톨릭 유럽 세계에서 축일을 지키는 두 가지 정반대 방식인 단식과 흥겨운 놀이가 대표적이다. 행사에 따라 둘 중 하나가 선택되는데, 마가렛이 관심을 가진 것은 흥겨운 놀이 특히 사람들이 좋아하는 뒤죽박죽 축제였다. 예를 들어 메헬렌에서는 크리스마스 직후에 하는 인기 있는 바보들의 축제Feast of Fools에서 하층민들이 그날의 '주교' 역할을 할 미천한 사람을 정한다. 그는 당나귀 교황, 당나귀 주교, 바보 주교, 그리고 더 심한 이름으로 불린다. '주교'는 종종 당나귀 귀를 달기도 하는 등 황당한 복장을 한다. 그리고 성무일도를 흉내 낸 행사가 교회에서 거행된다. 즉 음정이 맞지 않는 성가를 부르고, 경건하기보다 웃기는 간주곡을 곁들여 성서를 읽고, 청중에게 성수를 흩뿌리는 것이 아니라 끼얹는다. 해석하기에 따라, 이것은 이상적인 모습과 노골적으로 대비함으로써 사물의 합당한 질서를 강조하기 위해 행해지거나, 울적한 기분을 발산하는 것을 허용하기 위해, 혹은 둘 다를 위해 행해진다.

보통 수녀원 내에서 사적인 축제를 하면서 그러한 축제일의 재미를 즐기는 것이 상례였지만, 마가렛은 베들레헴 수녀들이 더 진중했어야 한다고 믿었다. 물론 베들레헴 수녀들은 이탈리아 수녀들보다는 덜 세련되었다. 이탈리아 수녀들은 프란체스코 페트라르카Francesco Petrarca 의 저술이나 구약 중의 한 편인 〈아가서〉를 바탕으로 구성이 복잡한 연극을 만들고 스타킹과 짧은 바지를 입고 외부인들을 위해서도 공연했다. 베들레헴 수녀들은 이탈리아 수녀들만큼 열성적이지 않았다. 하지만 마가렛의 판단에 그것은 맞지 않는 말이었다.

아드리아나는 수녀원의 누구보다도 축제일에 '심하게' 놀았다. 그녀는 또한 "수녀 각자가 모두 함께 쉬지 않고 놀기를 강요했고 허가 없이는 축제가 끝날 때까지 게임을 그만 두지 못하게 했다. 만약 누군가가 자리를 뜨면 그녀는 곧 그 수녀를 잡기 위해 달려가거나 돌아올 것을 명령했고, 모두가 놀아야 한다는 특별 명령을 내렸으며, 그 시간에 신에게 헌신하는 일보다는 놀이를 통해 더 많은 것을 얻을 수 있다고 말했다". 그러한 날에는 미사 때를 제외하고는 하루 종일 시끄러웠다고 마가렛은 비난한다. 미사가 끝나자마자 "그들은 누구나 보고 들을 수 있도록 하루 종일 소리 지르고 경박하게 고함을 질러서 세속인들이 모두 둘러서서 그 소리를 들었다".

마가렛을 가장 화나게 한 것은 바로 이것이었다. 즉 축제는 당연히 그래야 하듯이 수녀원 담 안에서 벌어졌지만, 수녀들은 야단법석 행동을 통해 말 그대로 세속 공동체의 더 방종한 축제와 유사한 모습을 보였다. 마가렛은 소음 때문에 그녀 가슴이 "수치심으로 내려앉자" 면회소에서 여러 번 "훌륭한 분"(아마도 요스트 바우카르트)과 면담을 했다. 그들을 선동한 사람은 아드리아나였다. "그녀는 수녀들에게 합당한 수도원 방식으로 유희를 즐길 것을 장려하지 않고, 가장 소리 지르는 수녀가 가장 미덕이 있다고 생각했다. 그리고 원장은 놀지 않는 사람은 결코 스스로를 독실하다고 말할 수 없으며 유희의 즐거움이 없는 곳에는 기도와 사랑도 없다고 했다. 그것은 통탄할 일이다. 그러면 유희를 즐기지 않는 카푸친 수도회와 다른 수도원들은 어디에 속하는가? 노는 것 자체가 나를 성가시게 하지는 않지만 그 악의에 찬 고함과 폭언은 도저히 견딜 수 없다." 수녀원의 어떤 규정도 이처럼 주의 깊게 준수되고 엄격히 시행되지 않았다고 마가렛은 말한다. 사실 아드리아나는 수녀원의 규약을 심각히 위반한 수녀보다는 자신의 기준에 맞게 놀지 못한 수녀에게 더 적극적으로 참회서를 나누어주었다.

마가렛은 그러한 규약 위반이 놀이 자체를 통해 일어났음을 보여준다. "수녀들은 놀이 날에 밤늦게까지 식당 탁자에 앉아서, 맥주를 마시는 술주정꾼처럼 식탁을 두드리며 악을 썼다. 식탁 위의 온갖 접시들과 냄비, 부엌 용기들로 너무 많은 소음을 내서 수녀들은 자신이 어디 있는지조차 모를 정도였다. 이 모든 소란을 보거나 듣기 싫어하는 사람은 흥을 깨는 사람, 고집불통이라 했다."

외부 세계에서처럼 베들레헴에서 가장 중요한 날은 예수 공현의 날 혹은 동방박사 3인의 날인 1월 6일이었다. 이날 수녀원 수녀들은 대단한 난리법석으로 세상을 뒤집어놓았다. 세속 축제의 모습을 따라 수녀들은 어린 수녀 중에서 그날의 난리법석 여왕을 뽑고 그녀를 '성모 마리아'라고 불렀다. 그러나 가장 바라는 역할은 바보의 역할인데, 그 관행이 마가렛을 가장 분노하게 했다. 수녀들은 그 역할에 너무 열성을 다해서 바보 역을 할 기회를 얻기 위해 한 달도 더 전인 강림절 중에 제비뽑기를 했다. 그리고 축일 당일에 헤네켄Henneken 혹은 '엄마 암탉'이라고 불리는 운 좋은 바보는 왕관을 쓰고 옷을 입었다. 가장 문제가 되는 것은 바로 의상인데 마가렛은 그것을 자세히 묘사했다. 그것은 수녀와 어울리지 않는 노랗고 붉은 여러 다른 색깔로 장식된 특별한 드레스, 길고 하얀 앞치마, 면사포, 목에 두른 주기도문 묵주 구슬과 장식 조각, 큰 바늘들이 꽂힌 잠옷, 머리에는 종을 단 온갖 막대가 달려 있는 모자, 팔에는 인형, 팔 양쪽에는 (그러한 축제의 전형인 과도한 음식의 상징이랄 수 있는) 돼지고기 그리고 바보의 큰 바이올린으로 꾸며진다. 이것들은 모두 수녀들이 지켜야 할 위엄과는 정반대되는 것이다. "먹을 시간이 되면" 수녀들이 와서 바보를 식당으로 이끄는데, 이때 "바보는 바이올린을 켜고 수녀들은 함께 노래하고 뛴다". 그때 모든 사람이 주전자, 냄비 뚜껑, 그리고 "그들이 손댈 수 있는" 물건들로 소리를 내면서 엉망진창인 음악을 연주한다. 수도원 밖의 사람들은 야단법석 소리를 듣고 그 광경을 보기 위해 다락으로 달려가거나 정원의 나무 위로 올라갔다. 날씨가 좋으면 수녀들은 수녀원 정원으로 달려갔다. 주변 이웃들이 여러 곳에서 그들을 볼 수 있었는데, 마가렛은 이에 분노했다.

이런 왁자지껄한 난폭함 말고도 축제가 가져온 가장 불행한 결과

중 하나는 축제로 가장하여 수녀들이 경쟁자들을 마음대로 놀린다는 사실이었다. 저작이 널리 출판된 프란체스코회 저자 구에베라가 적었듯이, 축제 날에는 배를 쉽게 채울 수 있었고 배가 부르면 입이 열심히 움직이기 시작한다. "재미로" 부른 노래들이 누군가를 겨냥하고 마음을 찌르고 "독을 발랐기" 때문에 자매애가 크게 손상되었다. "조롱의 웃음 때문에 사람들이 진정으로 상처를 입었다"고 구에베라는 말했다.

베들레헴에서 "바보 복장을 한 사람은 세속인이나 종교인을 조롱하고 웃음거리로 만들어도 되고, 자기 머릿속에 있는 것을 무엇이나 내뱉는 등 자신이 하고 싶은 것은 무엇이든 해도 된다고 생각한다". 어떤 수녀는 자신이 이전에 꿈꾸었던 것을 말할 수 있는 바로 그 자유 때문에 바보 역할을 맡기를 열망했다. 어떤 수녀는 아주 작은 가시로 악의적인 농담을 하는 법을 알아서 많은 사람의 마음에 심한 상처를 주었다. 비록 농담으로 웃자고 하는 말이지만, 그 말들은 대사까지 갖추고 잘 준비되었다. 아드리아나는 그러한 농담을 잘하는 사람 가운데 하나였는데, 그녀는 흉내 내기 전문이었기 때문이다. 그녀가 다른 사람을 말이나 행동으로 얼마나 잘 흉내 내는지 "당신은 직접 그것을 보거나 들어야 한다". 그러한 "그녀의 농부 같고 우스운 익살극은" 수치스러운 행위라고 마가렛은 결론 내렸다.

고립 생활의 전통

단순히 세속 세계를 흉내 내는 것보다 마가렛에게 더 위험하게 보인 것은 수녀들이 세속 세계와 만든 정서적 유대였다. 어떤 세속적 접촉도 규율을 망가뜨리지만, 특정 형태의 접촉은 수녀들의 영혼에 치명적인 위험이 되었다.

세상과 분리되는 가장 기본적이고 전통적인 방식은 고립 생활 특히 여성 수도자를 위한 봉쇄 수녀원이었다. 수녀들 주위에 처음 벽을 쌓아 올린 동기 중 하나는 잔혹한 세상으로부터 그들을 육체적으로 보호하는 것이었다. 그러나 수백 년이 지나면서 그 벽은 또한 여성 수도자가 어떠해야 한다는 사회의 통념을 보호하기 위한 것이기도 했다. 유럽인들은 독실한 여성이 집을 떠나 방랑하는 것을 오랫동안 모순으로 여겼다. 15세기 피렌체의 세속 기관들도 수녀들이 고립 생활을 준수하지 않을 것을 염려했고, 세속 세계와의 분리가 잘 지켜지지 않을 경우 수녀들이 처녀성을 잃을 위험에 처할 것을 걱정했다. 수녀원이 엄격하게 '고립 생활clausura'을 지키지 않는 것은 느슨한 고삐에 묶인 수녀들의 비정숙함을 보여주는 확실한 표지로 여겨졌다. 또한 그와 관련하여, 여성은 타고난 본능을 이길 수 있도록 보호해줄 필요가 있다는 통념도 있었다. 12세기 시토 수도회 수사였던 프뤼페닝Prüfening의 아이둥Idung은 신에게 서약한 수녀도 남자보다 세속적 쾌락에 더 취약하기 때문에, 여성 수도자는 외부와 단절되어 지내는 것이 가장 중요하다고 주장했다. 따라서 그는, 여성의 "타고난 변덕"을 억누르기 위해, 그리고 "나약한 여성이 강인하게 저항할 수 없는 외부 유혹들 때문에도" 고립 생활이 필요하다고 했다. 이런 발상은 아이둥이 창안한 것은 아니었으며, 그 이후에도 이런 관념은 지속되었다. 주장의 정도와 형태는 다양했지만, 마가렛의 시대에도 이는 마찬가지였다.

고립 생활을 긍정적으로 보는 이유는 순결에 대한 생각에 기반을 두고 있었다. 프란체스코회 수도사인 페라리아는, 수도원 입회 맹세

두 번째 규약에 담긴 '모든 육체적 욕망을 정복하는 것'이 남자든 여자든 그리스도교 신앙인이라면 반드시 싸워야 할 가장 힘든 싸움이라는 데 아우구스티누스와 생각을 같이했다. 그는 고립 생활이 그러한 싸움을 전개하는 데 가장 좋은 무기 중의 하나라고 단언했다. 트리엔트 공의회도 여성의 순결을 돕는 것으로 수도원 생활을 강조했다.

그 중요성에도 불구하고 고립 생활은 규정 해석에 대한 의견 불일치, 법적 논란, 그리고 규약 시행의 한계 때문에 수녀원에서 오랫동안 논쟁거리였다. 많은 수녀원에서 수녀들은 주교들이 바라는 것보다는 덜 완벽하게 혹은 다르게 고립 생활을 지키고자 했다. 스헤르펜회벌 근처인 지험Zichem에 있는 수녀원에서는 1618년에 원장이 방문 사제들과 밤늦게 가끔 포도주를 마시곤 했다. 브뤼셀에 있는 베타니 수녀원에서는 1592년에 근처 수도원에서 온 두 명의 수사가 외부인에게는 공식적으로 금지된 수녀원 작업실에 들어가기도 했다. 마가렛은, 비록 공식 수도원은 아니었지만 베들레헴 수녀원이 완전한 벽을 쌓지 못하고 마치 세속 세계의 일부인 것처럼 종종 어떻게 생활했는가를 보여주었다. 여러 수녀원에서는 오랫동안 지켜지지 않은 고립 생활을 강요하려는 시도를 둘러싸고 논쟁과 심지어 소송이 벌어졌다. 브뤼셀 근처의 호로트 베이하르던Groot Bijgaarden 수녀원에서 그러했고, 완고한 독일 시토회 수녀원들에서도 그랬다. 시토회 수녀들은 수녀원 바깥을 출입했고, 여행에 동반자들을 데리고 갔으며, 종종 세속 사람들과 함께 숙박했다. 성직 위계질서 속에서 열심히 일한 일원들은 여러 고집 센 수도원 공동체들을 다루면서 쉽게 무력감을 느꼈을 것이다.

그러나 '봉쇄 수도원clausura(바깥세상과 접촉이 일절 금지되어 고립 생활을 하는 수도원. 대개 한 달에 한 번 면회가 허용된다.—옮긴이)'의 역사를 단순히 분란, 저항, 그리고 간헐적인 강제의 역사로만 보는 것은 잘못이다. 느슨함의 전통 혹은 지역 관습의 전통이 강할 수 있다. 하지만 보편적이고 웅대한 이상의 힘 또한 강력했다. '고립' 생활은 사람들과 어울리고자 하는 인간의 태생적인 열망을 극복해야 하는 힘든 과정으로, 바로 그 이유 때문에 어떤 사람들에게는 매력적이었다. 일부 수녀원은 트리엔트 공의회 이후에 할 수 없이 고립 생활을 수용했으나, 또 다른 수녀원들은 자발적으로 앞장서서 '봉쇄 수도원'을 요구하기도 했다. 페시아Pescia의 테아티노Theatine 수도회의 신참내기 수녀들은 수녀원의 궁극적인 합법성의 기준인 고립 생활의 자격을 상급 성직자들이 부여해주지 않을까봐 내부 문제들을 비밀에 부쳤다. 다른 수녀원들도 마찬가지였다. 메헬렌 블레이덴베르흐Blijdenberg 수녀원의 수녀들은 1616년에 대주교 호비위스와 함께 '고립 생활의 특권'을 청원했다. 사실 네덜란드 수녀들은 고립 생활에 대한 특별한 애정을 지녔다고 지역 대학 교수들은 주장했다. 그들은 17세기 의학 논리를 따라 스페인이나 이탈리아의 피가 따뜻한 수녀들을 안에 가두려면 12미터나 되는 높은 담이 필요하지만, 기온이 차고 육체적 욕망도 차가웠던 스페인령 네덜란드 수녀들은 그처럼 철저한 조치가 필요하지 않다고 주장했다. 엄격하게 고립시킬 필요가 없고 '단지' 4.5미터 높이의 담이면 충분하다는 것이다. 그들은, "사방 5센티미터의 두 창살문 아래 30센티미터 대못들이 튀어나와 있는 면회소는 필요 없고, 사방 7.5~12.5센티미터의 창살문 하나만 있는 면회소로도 고립 생활은 더 잘 보호될 수 있다"고 설명했다.

그러므로 고립 생활의 역사는 평탄하지는 않았지만 그 권위는 지속되었다. 마가렛의 시대에 베들레헴을 포함하여 수녀원들에서 불거진 여러 논란은, 고립 생활을 공식적으로 수용할 것인가 혹은 고립 생활을 이상적인 것으로 유지할 것인가를 둘러싸고 벌어지지 않았다. 오히려 논쟁은 종종 고립 생활의 참뜻을 둘러싸고 벌어졌다. 그 정신은 수녀원의 잠재적 취약 지점들인 수녀원 입구, 현관, 그리고 면회소에서 이루어지는 외부인들과의 접촉 정도를 의미했다. 베들레헴의 모습을 보여주는 스케치는 남아 있지 않지만, 그것은 12세기의 유명한 발명품인 면회소를 네 개 설치했음이 분명하다. 두 개는 손님 숙소에 있었고, 그래서 한 집단 이상의 방문자들이 동시에 숙박할 수 있었다. 또 다른 두 개는 교회에 있었다. 그중 한 개는 재단과 성가대석 사이에 있어서, 그곳을 통해 수녀들은 성체를 모셨다. 또 다른 하나는 병원과 진료소 사이의 벽에 있어서, 아픈 수녀들이 미사를 볼 수 있었다. 베들레헴에서 일어난 논쟁은 수녀들이 고립 생활을 수용할 것인가의 여부가 아니라, 어떤 상황에서 얼마나 오랫동안 어떤 주제로 어떤 감정으로 면회소에서 대화가 이루어져야 하는가에 대한 것이었다. 베들레헴 수녀원의 여러 면회소들을 개혁하려는 1627년의 포고문은, 객실에 있는 면회소 창살의 구멍 크기를 줄이고 쇠창살의 두께는 두 배로 할 것을 요구했다. 그것은, 네덜란드 수녀들을 옹호하던 사람들이 더 차가운 열정을 가진 북부의 수녀들에게 필요하다고 주장한 것과는 정반대의 조치였다. 그리고 객실에 있는 면회소들이 가장 많이 이용되었지만, 교회에 있는 면회소들은 특별한 문제가 있었다. 각 창살문의 창살 사이에 열 수 있는 매우 큰 창문들을 만들었기 때문이다. 그것은 이론상으로는 전례 목적만을 위한 것이었다. 마가렛은 봉쇄 수도원의 전통적 이상과 새로운 이상을 잘 알고 있었고 그 남용을 걱정했으며, 수녀들이 면회소와 출입문에서 규칙을 지키지 않고 정결의 정신에 어긋나는 죄를 짓는 수많은 방법들을 대주교에게 폭로했다.

육체의 상처

마가렛이 보기에, 다른 모든 일에서처럼 아드리아나가 가장 비난을 받아야 했다. "그녀는 세속 사람들과 함께 있을 때 생기가 돈다"고 마가렛은 썼다. "항상 작업 인부들과 함께하고 식사와 연회를 하는 것이 그녀의 삶에 큰 기쁨이었을 것이다. 오, 쓸모없는 수녀원 규정들이여, 이제 우리는 어디서 휴식을 구할 것인가?" 아드리아나의 수많은 남자 친구들 중에서 가장 큰 스타는 물론 헨리 요스였다. 마가렛은 그를 위해 음식과 음료를 쌓아두는 것을 불평했다. 그는 식료품 저장 창고를 축냈을 뿐만 아니라 수녀원의 청렴함을 위협했다. 또한 "그가 도착할 때 드러나는 원장의 환한 기색과 말할 수 없는 행복감, 그리고 단둘이 나누는 잦은 대화는 수녀들에게 귀감이 되지 못했다. 그것으로 물론 어떤 죄악이 행해지지는 않는다"고 마가렛은 인정했지만, 여전히 "원장이 그렇게 하지 않는 것이" 최상일 것이라고 생각했다.

마가렛은 아드리아나가 그를 너무 신뢰한다고 생각했다. 예를 들어 최근 성령강림절 직전 월요일에 헨리 요스는 수녀원을 네 시간 동안 방문하여 원장과 자신의 여동생 마리아를 만났다. 이때 "원장은 네 명의 평신도 수녀로 하여금 그와 동행하게 함으로써, 메헬렌으로 돌아가는 길에 그들 모두는 떠들고 마셨다". 마가렛에 따르면, 동행 수녀 중에는 이전에 헨리 요스에 의해 '타격을 받은hit' 수녀도 있었다. 이 표현은 성적으로 부적절한 행동을 지칭할 때 흔히 쓰는 것으로, 총대리 대주교가 '무절제를 의심'하는 뜻으로 사용했다. 그 일이 헨리 요스가 고해신부일 때 일어났는지 아니면 그 후에 일어났는지는 기술되어 있지 않다. 하지만 그 상황에서 마가렛은 "원장의 판단력 부족을 크게 의심"하지 않을 수 없었다. "그러한 동행을 허용한 것은 개탄할 일이다. 왜냐하면 당사자 수녀는 헨리 요스 신부의 존재를 매우 불편해했지만 감히 원장에게 대들 수 없었기 때문이다. 요스 신부가 뢰번에 와서 저녁에 자신의 숙소로 돌아갈 때마다 원장은 항상 그 수녀를 그에게 보냈다." 해당 수녀는 아마도 그 신부와 마가렛과의 과거 소문을 알고서, 그 문제에 대해 한번은 마가렛에게 이야기를 꺼내기도 했다. 그러나 대주교가 그 문제를 아드리아나에게 제기한다면 수녀원 안에 큰 동요가 일 것이고, 따라서 그 관행을 중지하는 것과 지속하는 것 중 어느 것이 더 안 좋을지 마가렛은 알 수 없었다. "그리고 그 수녀는 내 이야기 전부를 모르기 때문에 당연히 내가 무슨 말을 옮기면 크게 화를 낼 것이다."

이 '타격 받은' 수녀는 요안나 스훈세터르스일 가능성이 매우 높다. 그녀는 아드리아나 원장을 싫어한 그리고 마가렛이 상당히 친하게 지낸 유일한 평신도 수녀였다. 그러나 그 수녀가 누구든 그 사안은 과거 편지들에서 드러낸 것보다 헨리 요스에 대한 마가렛의 분노를 훨씬 더 불러일으켰다. "나는 그가 살아 있는 한 다시는 뢰번에 오지 않기를 바라지만, 그는 종종 올 것이며 적어도 1년에 두세 차례 방문할 것이다. 그는 항상 우리 교회에 와서 미사를 집전하고 강론할 것이다. 그것은 나와 다른 수녀들에게 얼마나 큰 괴로움일까!" 그러나 수녀원의 다른 수녀들은 "그의 방문으로 말할 수 없는 기쁨을 얻었고 그들이 하늘에 들려 올라갈 준비가 된 것처럼 느꼈다". 그래서 그의 방문은 지속될 것 같았다.

헨리 요스가 없을 때 원장의 관심은 인부들에게 향한다고 마가렛은 말했다. 그것은 원장이 인부들에게 관대한 자선을 기대하거나 그들에게 가능한 한 최상의 작업을 독려하기 위함이 아니었다. 오히려 그녀는 단지 그들과 함께하는 것을 즐기는 것 같았다. 다른 친구들에게 하듯이 원장은 인부들에게 음식과 음료를 몸소 넉넉히 제공했다. "가구장이, 목수, 목재 절단하는 사람, 땅 파는 사람, 다섯 명의 석공, 회반죽 옮기는 사람들"은 한 무더기의 음식을 먹어치울 뿐만 아니라 "손에는 술통을 들고 있는 듯했다. 바로 술을 마시고 있는 것이다! 나는 남자가 하루에 일곱 잔을 마시는 건 지나치다고 생각한다." 그러나 그것은 아드리아나가 통상 퍼주는 것보다 약간 많은 양이었다. 마가렛의 눈에 원장은 남자들에게 지나치게 애정을 가졌다. 원장이 보인 우애의 모범은 다른 수녀들을 대담하게 만들었다. "그들은 인부들에게 가서 옆에 서서 그들과 대화를 나누었고, 수다를 떠는 동안 인부들은 몇 시간씩 일을 하지 않았다. 그리고 저녁에 날이 저물면 수녀는 땅 파는 사람과 재잘거리려고 홀로 남았고 다음 날에는 또 다른 인부와 이야기를 나누었다."

마가렛이 보기에 헨리 요스의 놀라운 인기 혹은 인부들에 대한 과도한 관심만큼 심각한 것은 안나 피흐나롤라와 수녀원 지도신부들 사이에 오가는 사적인 대화였다. 그 대화는 교회에 있는 두 개의 창살문에서 자주 이루어졌는데, 그 문들은 성찬식에만 열어야 했지만 일부 수녀는 다른 때에도 열려고 했다. 교회 창문들의 문제는 수녀가 몸을 기울여 올라가서 통과할 수 있을 정도로 크다는 것이었다. "그것은 사람들이 생각하는 것보다 더 위험한 문제"였다고 마가렛은 말한다. 그것은 단지 '한두 명'의 구원을 위협하는 것에 그치지 않기 때문이다.

예를 들어 브뤼셀 근처의 보르스트Vorst에 있는 유명한 베네딕트 수녀원에서 바르바라 수녀는 성가대석 창살문의 열린 영성체 창문을 통해 남성 흠모자에게서 선물을 받고 그와 자주 이야기를 나누었다고 한다. 그 수녀는 열쇠를 몰래 건네준 다른 수녀의 도움으로 창살문을 열었다.

성가대석 창살문과 진료소 창살문은 모두 안나가 좋아하는 장소였다고 마가렛은 주장했다. 성가대 책임자로서 안나는 분명 전례를 준비해야 했다. 하지만 마가렛은 안나가 미사를 집전하는 신부와 이야기하려고 성물실 주위를 서성거리며 자신의 지위를 남용했다고 강변했다. 안나가 자신의 책임 때문에 매일 할 일에 대한 통지를 전하는 등 사제들과 어느 정도 접촉을 해야 했지만, 마가렛은 안나가 이러한 접촉을 친밀함으로 변모시켰다고 믿었다. "가장 어린 수녀인 안나"는 성가대석 창살문에서 "신사들과 대화하기 위해" 매일 성가대에서 내려왔다. "그녀는 성물실의 열린 문에서도 오랫동안 이야기를 했다."

안나는 외부인들만을 좋아한 것이 아니라 특히 남자들을 좋아했다고 마가렛은 단언했다. 그녀는 레스컨 요스가 책임자로 있는 진료소 창살문의 창문 안에서 "그녀가 하고 싶은 만큼 자주 지도신부와 이야기를 나눈다". 안나는 "창문을 열고 그 위에 팔꿈치를 구부려 올린 채 머리를 교회 안으로 집어넣고" 섰다. 안나는 주일과 축일에 그리고 "심지어는 부활축일에도" 수녀들과 함께 성무일도를 하는 것을 종종 소홀히 했다. 안나는 또한 객실 혹은 성가대석 창살문에서도 "한 번에 한 시간 혹은 두 시간 동안 이야기를 하고 심지어 노래를 하면서" 지도신부를 즐겁게 했다. 쉬는 날에는 지도신부에게 수녀원의 문과 창살문을 통해 수녀원 안을 보라고 큰 소리로 부르기도 했다. 마가렛은 이 점잖은 분의 명예와 미덕을 예찬했다. "그는 모든 면에서 우리를 교화하고 이전 사제들만큼 좋은 사람이기 때문이다. 그러나 그는 위험에 처해 있다고 본다. 안나는 지도신부에게 지나치게 애착심을 갖고 있으며 여러 면에서 세속적이고 대단한 수다쟁이이다. 그러므로 이제 그러한 접근을 멈추게 하는 것이 좋다. 우리는 그녀보다 더 현명하고 더 심지 굳은 높은 산들도 무너지는 것을 보아왔다."

마가렛은 안나의 자유로움 역시 원장의 책임이라고 비난했다. "원장은 그녀를 너무나 신뢰하여 나를 놀라게 한다. 왜냐하면 원장 자신도 이런 식의 나쁜 경험을 갖고 있기 때문이다." 이것은 아드리아나의 과거 '나쁜 경험'에 대한 마가렛의 두 번째 암시이다. 마가렛은 원장 자신이 지도신부나 고해신부에 의해 더럽혀졌다는 것을 말하고 있는가? 또 다른 수녀도 이 공식 방문 중에 똑같은 암시를 했고 이후 다른 수녀들도 비슷했다. 그러므로 마가렛만 말한 것은 아니다. "만약 소문에 들리는 그 일이 진짜 일어났다면", 원장은 더욱더 "그러한 일이 안나에게 일어나지 않게" 해야 한다고 마가렛은 말했다. 원장이 "스스로 강변하는 것처럼 기만당했다면", 왜 그녀는 안나가 현혹되지 않도록 더 많은 관심을 보이지 않았을까? "원장은 '사악한 자가 사악한 것을 생각한다'고 말할 것이다. 그러나 안나가 그 신부에게 쓸데없이 너무 자주 달려가는 것은 분명하다. 나는 일생에 그처럼 달려가는 것을 본 적이 없다"고 마가렛은 단언했다. "그녀는 지도신부에게 빠져 있다. 그에 대해 어떤 싫은 감정을 보이거나 그녀가 그 신부와 너무 많이 이야기한다고 말하는 사람은 그 이후 평온하지 못할 것이다. 안나는 일주일 내내 투덜대고 토라질 것이며, 원장은 항상 하듯이 '안나는 이제 그러지 않을 것'이라고 말할 것이다."

외부인을 향한 애정 문제는 원장과 안나에 그치지 않았다. 대부분의 경우 수녀원의 정숙함을 크게 위협하지 않았지만 그럼에도 불구하고 골치 아픈 문제였다. 안나 코닝크슬로의 여동생은 최근 뢰번에 있었는데, 연속으로 11일간 수녀원에 들렀다. 안나 피흐나롤라의 어머니는 매년 오랫동안 수녀원을 방문했고, 안나 마르셀리스 수녀는 '자신의 모든 친척들'을 접대했다. 그러나 가장 많이 창살문에 앉아 있는 죄를 지은 수녀는 아드리아나의 또 다른 지지자인 마리아 요스 문지기장이었다.

마가렛이 보기에 마리아는 전혀 모범적인 문지기장이 아니었다. 규범에 따르면 파수꾼은 "마치 예수 그리스도의 무덤을 지키듯이" 수녀원의 문들과 창살문들을 감시해야 한다. 그러나 마리아는 숲을 지키기 위해 밀렵꾼을 고용한다는 플랑드르의 속담을 몸소 보여주었다. 예를 들어 방문자들은 객실에서 밤을 지낼 수 없는데도, 마리아는 그들이 낮 동안에는 그곳에서 잠을 자도록 허용해야 한다고 고집했다. "이러한 논리로 그녀는 수도자 중의 한 명이 완전히 만취한 군인들과 낯선 사람들을 데려와 침대에 눕히도록 했다." 외부인들이 이것을 모두 보고, 그 군인의 여자 형제가 수녀원에 있다고 관대하게 생각했을 것이다. 그러나 서너 명의 다른 군인들이 수녀원에 들어가 "납작보리처럼 드러눕듯이" 술에 취해 수녀원을 나서는 것을 보면, 그들은 분명 다른 사람들에게 그 볼썽사나운 장면에 대한 소식을 전할 것이라고 마가렛은 걱정했다. 그러한 일은 "결코 다른 수녀원에서는 허용되지 않는다".

진료소와 교회 사이에 있는 창살문에서 하는 수녀들의 행동도 문제였다. 성가대석의 창살문이 더 크고 사생활을 지킬 수 있었던 반면,

진료소의 창살문은 가장 인기 있는 곳이었다. 일부 수녀는 미사 중에 성체 거양을 직접 보기 위해서만 이 창문을 이용했다고 대주교에게 말할 것이다. 그러나 "그것은 진짜 이유가 아니며 그럴 필요도 없었다"고 마가렛은 경고했다. "그들은 마치 그곳이 잡담 학교인 것처럼 거기로 모였고, 그것은 신 앞에서의 수치이다." 진료소 창문 주위에 몰려들었던 수녀들은 이후 진료소를 떠나 성가대석에 자리 잡았다. 창살문이 현재 위치에 계속 있다면, "수녀들의 수다는 멈추지 않을 것이며 그들의 갈망도 계속될 것이다. 수녀들은 교회에 들어오는 사람들을 창문을 통해 자세히 보고 옆에 있는 친구들에게 누가 거기 있고, 그들이 어떤 옷을 입고 있고, 그들이 무엇을 하고 있는지를 보고한다. 심지어 성체 강복식 중에도 그들은, '그녀가 저기 있고 무엇을 하고 있으며 뭘 갖고 있다'는 등의 잡담을 나누며 웃고 소란스럽게 한다. 마치 달걀 시장 같다". 종종 여덟에서 아홉 명의 수녀들이 둥글게 모여 "너무 떠들어서 나는 지도신부가 제단에서 그 모든 소리를 들을까 봐 부끄러웠다".

이 수녀들은 창살문의 빗장을 통해 보는 것으로 만족하지 않고, 창문 전체를 열고 팔, 팔꿈치, 턱을 내놓고 보려 했다. 수녀들은 성가대석에서 미사 봉헌 소리를 듣고 싶지 않거나 바깥을 더 잘 보고 싶으면 진료소에 있으면서 거기서 미사를 지켜보았다. 결혼식 혹은 다른 특별한 경축 행사가 교회에서 열리면, "창문으로 모두 달려가서 서로의 발을 밟으며 입을 벌리고 본다. '레오파드'의 여인들이 교회에 오면 한 시간 동안 수다가 계속된다. 지도신부도 수녀들과 쓸데없이 대화를 한다. 나는 당신이 이 모든 나쁜 짓들을 없애버리기를 기도한다". "오, 불경한 창문들이여! 그 창문들이 오래전에 봉쇄되었다면 모든 문제들을 피할 수 있었을 텐데!"라고 마가렛은 개탄했다.

유람

　적어도 마가렛이 보기에, 수도원 정신을 마지막으로 위배한 것은 바깥 여행으로 초래된 손상이었다.

　수련수녀가 서원하기 전에 마지막으로 집에 다녀오는 것은 베들레헴의 "추악한 관행"이라고 마가렛은 말했다. 아마 이것은 '마지막으로 한 번' 증후군의 하나이거나, 수련수녀의 관대한 가족을 기쁘게 하기 위함이거나, 수련수녀에게 바깥일을 정리할 기회를 주기 위함이었다. 이유가 무엇이든 마가렛은 이 마지막 여행이 수녀원의 풍기를 어지럽힌다고 믿었다. "노는 것은 수녀원에 오기 전에 할 수 있다." 수녀가 되려는 여성은 단 한 번만 수녀원에 와야 한다. 만약 그들이 잠깐이라도 수녀원을 떠나면 그들은 돌아오기 전에 '방종하게' 될 수 있으며 그들이 밖에서 알게 된 것을 잊지 못할 것이라고 마가렛은 믿었다. 여행은 또한 "그들이 뒤에 남기고 작별을 고한 세상"으로 돌아가고 싶은 유혹을 증대시킨다.

　따라서 그 관행은 멈추어야 한다고 마가렛은 생각했다. 실제로 일부 수련수녀가 스스로 "이러한 여행을 떠나는 것에 이의를 제기했다"고 마가렛은 주장했다. 그러나 아드리아나 원장은 "그것이 관행이기 때문에" 어쨌든 가야 한다고 강요했다. 일단 밖에 나가면, 그들은 수많은 초대를 받게 되고 "먹고, 마시고, 절제하지 않으며, 더구나 수녀원에서 일어난 일을 말할 기회를 더 많이 갖게 된다. 이것이 나를 매우 부끄럽게 한다". 일부 수련수녀는 '외유 동반자'와 함께 내보내므로 수녀원에서 일어난 세세한 일들을 발설할 유혹을 경감시킬지 모르지만, 혼자 보내진 수녀는 그러한 유혹을 참기 어렵다고 마가렛은 한탄했다. 그들은 "수녀원에 들어오기 수년 전 과거에 일어난 일들과 중요한 일들", 즉 마가렛 스밀더르스는 말할 필요도 없고 헨리 요스, 레스컨 네인스 등의 일을 "모두 말한다".

여행의 두 번째 문제점은 평신도 수녀들 특히 레스컨 요스의 행동이다. 본래 평신도 수녀들에게는 그러한 여행이 허용되며, 베일을 쓴 종신 서원 수녀들보다 외부인과의 접촉을 더 많이 하게 되어 있다. 그러나 그들은 자신들의 외유를 필요악으로 보지 않고 세속적인 일들에 지나친 관심을 가짐으로써 그 책임을 남용했다고 마가렛은 단언했다. "평신도 수녀들은 쓸데없이 거리에서 지나치게 떠든다. 한 시간 동안 다섯 명 혹은 여섯 명의 평신도 수녀들이 수녀원을 나서는데 한 명이 앞서고 다른 한 명이 뒤따르며, 한 수녀는 여기에 다른 수녀는 저기에서 허락도 받지 않은 채 각기 하고 싶은 대로 행동한다." 여기서 마가렛은, 아드리아나 원장이 암묵적으로 이 모든 것에 동의했음을 대주교에게 상기시켰다. 원장은 규정에 공표된 대로 평신도 수녀들을 짝을 지어 보내지 않고 개별적으로 외출하게 했다. 원장은 수녀들이 모두 짝을 지어 나가면 수녀원의 모든 일이 완수될 수 없다고 주장했다. 하지만 사람들의 이목도 있고 보호의 차원에서도 수녀들을 두 명씩 짝을 지어 나가도록 한 규정을 어긴 것에 대해 마가렛은 분노했다.

밖에서 보이는 부적절한 행동 말고도 평신도 수녀들은 수녀원으로 소문을 물고 왔다. 마가렛은 원장이 "유익하지 않은 소식과 사건들을 수녀원에 전하거나 자세히 이야기하지 못하도록" 금지시키기를 원했다. "약혼, 결혼, 무슨 일이 어떻게, 뢰번뿐만 아니라 다른 도시에서 그리고 다른 수녀원에서 일어난 일 등" 세상에서 일어나는 일 중에 수녀원 전체가 알지 못하는 일이 없었다. "레스컨 요스 수녀가 그 선봉장으로, 외부 소식을 수녀원에 많이 가져오고 그에 대해 수다를 떨었다." 약 6개월간 진료소에 아파 누워 있는 수녀가 없었던 시기가 있었는데, 이때 자유로워진 레스컨은 "한가로이 수다를 떨며 하루의 절반을 보내거나, 온갖 소식과 놀라운 일, 이야기들을 알아내며 온종일 거리에서 지냈다". 원장은 수녀들의 그러한 행동을 부추겼고, "다른 수녀들처럼 이 모든 소식을 마치 그것이 복음의 소리인 양 들었다. 때때로 그들은 이 모든 소식을 들으며 두 시간 동안 탁자에 앉아 있기도 했다". "당신은 종종 모든 사람이 둘러앉아 수다 떠는 소리를 들을 것이다. 수다의 대상인 사람에 대해 각자 지닌 애정과 취향에 따라 판단하고 판결을 내리며 많은 이야기를 한다."

평신도 수녀들은 출산에 참여하는 동안 대부분 이러한 소식을 수합했다. 일부 수녀원이 출산과 병자 간호에 정기적으로 참여하고 있음을 마가렛은 알았지만, 그것은 수녀원의 임무가 아니며 수녀들을 위해 봉사하는 평신도 수녀들의 임무가 되어서도 안 된다고 마가렛은 주장했다. "그것이 얼마나 유해하며 수녀들에게 얼마나 많은 문제를 초래하는지 더 이상 소리쳐 말할 수 없을 정도이다." 그러나 아드리아나는 그러한 관행을 옹호했다. 원장은, "반대하는 사람들은 머리가 이상하거나 신앙이 깊은 체하는 사람들"이라고 하면서, 자신은 "그 관행을 비판하는 사람들에 너무 놀라 그들을 누구라고 불러야 할지 모르겠다"고 말했다. 마가렛은, "그것은 수녀원의 정신과 육체에 매우 해로운 것이며, 우리에게 유익하지 않다"고 보았다. "신은 그러한 관행이 수녀들에게 얼마나 해로우며 어떤 생각들을 불러일으키는지

안다. 수녀들은 그 이야기들을 듣지 않았다면 평생 동안 그러한 일들에 대해 결코 생각해보지도 못했을 것이다. 나는 수녀들이 그러한 일들을 알아서는 안 된다고 신의 사랑으로 당신에게 기도한다." 그렇다면 그러한 일은 어떻게 처리해야 하는가? "우리는 신에게 봉사하기 위해 세속 세계를 떠나왔다. 이 일들은 우리의 소명과 관계없다. 우리의 마음이 사랑과 감사로 감동받으려면 신과 거룩한 소임에 대해 배워야 할 것이 너무 많다. 다른 일들이 우리의 관심사가 되어서는 안 된다."

새로운 체제

이 모든 비판과 함께 마가렛은 베들레헴에 두 가지 특별한 조치를 취할 것을 대주교에게 촉구했다.

첫째, 재무 담당에 다른 사람을 임명하여 아드리아나 원장이 세속적인 일을 직접 관리하지 못하게 할 것. "재무 업무에 적절한 사람이 없는 것처럼 보이지만 누군가를 찾아보세요. 만약 그 수녀가 일을 못하면, 그 업무를 제대로 할 사람을 찾을 때까지 누군가를 시켜보세요."

둘째, 아드리아나를 원장직에서도 해임할 것. 이 사안의 어려움은 다른 적임자가 적다는 것이라고 마가렛은 말했다. "나는 베들레헴보다 더 무능한 수녀원은 이 세상에 없다고 생각한다"고 그녀는 비관적으로 말했다. 원장이 되고 싶어 한다는 것을 모두가 알고 있는 안나 마르셀리스는 1625년 선거 때와 마찬가지로 무능했다. "그녀는 모든 좋은 규율을 지키는 데 태만하다. 자기 몸을 마음대로 하는 데만 능하며, 성가대에 자주 오지 않고, 늦잠을 자며, 묵언을 지키지 않고, 너무 많은 속세 사람들과 연결되어 있고, 일어나는 일들을 모두 그들에게 너무 쉽게 말한다. 내가 차마 말할 수 없는 것들은 생략하겠다. 다만 바지가 어떤 식으로든 한 번 맞게 되면 변하지 않는다는 것만 말하겠다." 안나에 대한 마가렛의 결론은 이것이다. "신이시여, 우리를 그러한 저주에서 보호해주소서!"

마리아 요스도 더 나은 대안이 아니었다. "매우 독실하고 경건한 수녀"이지만, 그녀는 "성질이 급하고 변덕이 심했다". 또한 마리아가 원장이 되어도 변하는 것이 없을 것이다. 아드리아나가 마리아 요스, 안나 피호나롤라, 레스컨 요스를 측근으로 수녀원을 관리하였듯이, 마리아도 그들 없이는 결코 수녀원을 다스리지 못할 것이다. 그녀는 또한 너무 많은 술, 주연, 그리고 새로운 것들을 허용했다. "하지만 내가 그녀에 대해 가장 싫어하는 것은, 원하는 만큼 많은 기회를 얻지는 못했지만 젊은 남자들과 함께하는 것을 너무 좋아한다는 것이다. 그녀는 신에게 더 많이 헌신해야 한다."

그러면 카타리나 레이케부르는 원장으로 어떠한가? 마가렛은 심지어 자신의 친구도 가능하지 않다고 생각했다. 무엇보다 다른 수녀들이 카타리나를 선출하지 않을 것이라고 마가렛은 주장했다. 왜냐하면 그들은 카타리나를 좋아하지 않고, 카타리나가 마가렛을 다시 수녀원 기숙사로 돌아오게 할 것을 염려하며, 카타리나가 "아드리아나보다 모든 일에 더 엄격할 것으로" 생각하기 때문이라는 것이다. 원장이 되는 것은 카타리나의 기질과 허약한 건강에도 맞지 않았다. "내가 그녀를 아는 바에 따르면, 원장을 맡는 것은 그녀에게 가장 큰 짐이 될 것이다. 그것은 그녀를 죽음으로 몰 것이다." 카타리나는 "진지하고 마음씨가 고우냐" "이 수녀원을 개선하기 위해" 필요한 싫은 일들을 수행할 만큼의 용기가 없다. "이곳의 원장이 되거나 원장직을 유지할 사람은 갑옷을 입고 굳센 용기를 갖고 목숨을 걸고 매달려야 한다." 카타리나는 세상일에 대한 요령도 없으며, 이 세상보다는 내세의 삶에 더 관심을 갖는다고 마가렛은 걱정했다. "그녀는 수녀원 정문이 뒤쪽으로 옮겨지더라도 한 걸음도 헛딛지 않을 것이다."

이 사람들이 아드리아나 원장의 뒤를 이을 최상의 후보자들이었기 때문에 마가렛은 수녀원에 아무 희망을 가질 수 없었다. "이 모든 사람들의 행동과 개성을 관찰할수록, 누가 자격이 있는지 더 말하기 어려워진다." 그래서 대주교는 자신이 할 수 있는 한 아드리아나 원장이 스스로의 잘못을 고치도록 하는 수밖에 다른 해결책이 없었다.

드디어 대주교의 공식 방문 시간이 다가오자, 마가렛은 두꺼운 노트를 들고 그 내용 대부분을 카타리나의 동의를 얻기 위해 보여주었다(카타리나 자신에 관해 쓴 뒷부분은 제외하고). 그리고 카타리나는 그것을 방문자에게 전달할 준비를 했다. 그런데 실망스럽게도 방문자는 대주교 보넌 자신이 아니라, 그의 용의주도한 2인자인 총대리 페테르 판데르빌이었다. 마가렛은 자신의 편지가 매우 길고 어떤 독자라도 자신이 내용을 과장했다고 생각할 수 있다는 것을 분명히 의식했다. 그렇다면 수녀원에 살고 있는 다른 수녀들은 왜 그렇게 많은 이야기를 하지 않고 혹은 마가렛처럼 그렇게 많은 문제점을 지적하지 않는가? 마가렛은 미리 설명하기를, 그것은 수녀들이 그 문제들에 무관심하고 편지를 쓸 기회가 더 적었기 때문이라고 했다. 그렇다면 편지를 쓴 수녀들이 있고 그들이 마가렛과 전혀 다른 이야기를 하고 있는 것은 어찌

할 것인가? 마가렛은 총대리가 사리분별 능력을 지녔다고 믿을 수밖에 없었다. "나는 성 사도 바오로의 이름으로 맹세컨대 거짓말을 하지 않았다"고 마가렛은 말했다. "신이 당신에게 기쁨의 지식을 주시고 신의 영광과 우리 모두의 구원을 가져올 깨달음을 주시기를 기원합니다. 그것은 수녀원 전체에 평화와 안정을 가져오고, 모든 훌륭한 수녀원 규율들을 준수할 수 있게 하고, 우리 모두를 교화할 것입니다."

13

공식 방문자들

주님, 당신께서 죄악을 살피신다면 주님, 누가 감당할 수 있겠
습니까?

_〈시편〉 130편 3절

1628년 6월 19일, 베들레헴. 페테르 판데르 빌이 과거에 보거나 듣지
못한 수도원 생활은 거의 없었다. 사실 그는 뢰번 대학의 철학 교수였
고, 1599년 이후 메헬렌 성당 참사회 의원이며, 오랫동안 대교구의 서
적 검열관이며, 지난 10년 동안 총대리 대주교로서 모든 종류의 기관
과 다양한 부류의 교회 사람들을 잘 알고 있었다.

　예를 들어 오늘 베들레헴에 도착하기 전에 이미 총대리 대주교는
자신이 수녀들과 개인 면담을 하게 되면 항상 그렇듯이 온갖 다양한
이야기와 의도가 드러날 것임을 알았다. 수녀들이 모두 수녀원 상황
에 대해 진실을 말하고 있다고 맹세하지만 그들이 각자 다른 관점에

서 보고 있다는 것을 그는 알았다. 아첨하지 않는 이야기를 하는 사람들 중 일부는 위반자들을 도우려는 진실한 마음으로 행동하고, 반면 경쟁자들에게 창피를 주려고만 하는 사람들이 있다는 것도 알았다. 수녀원의 모든 일이 잘되고 있다고 말하는 사람 중 일부는 진실로 그렇게 믿고 있고, 반면 다른 사람들은 단순히 현 체제를 방어하려고 한다는 것도 알았다. 어떤 수녀들은 놀라운 의견 일치를 보일 것도 알았다. 그들이 어떻게 반응할 것인가를 미리 조정했거나 아니면 그들이 정말로 상황을 똑같게 보았을 수 있다. 일부 수녀는 누군가의 잘못을 지적하는 정보를 말하지 않을 것이다. 외부인이 이해하지 못할 것이라고 생각했거나 아니면 동료 수녀들 혹은 상급자에 의해 침묵하도록 위협받았기 때문이다. 그는 수녀들이 각자 최선을 다할 것임을 알았다. 1440년과 1442년 사이에 공식 방문자를 너무도 증오한 독일 수녀들은 그가 지하실을 검사하러 내려가자 그를 가두어버렸고 또 그를 죽이려고 한 적도 있었다. 다른 수녀원에서처럼 베들레헴의 일부 수녀는 공식 방문에 무관심하고, 일부는 공식 방문을 청원하고, 또 다른 수녀들은 아예 방문자가 북해에 빠져버리기를 바란다는 것도 총대리는 알았다.

어쨌든 공식 방문의 암묵적 목적은 칭찬하기보다는 개선하기 위함이고 미덕보다는 문제를 부각시키는 것이었으므로 이것이 일부 수녀들을 불편하게 했다. 결점에 초점을 맞추는 것은 방문자들이 수녀원 상황에 대해 일그러진 관점을 갖게 됐음을 의미했다. 수녀들이 문제점을 언급했다고 해서 그것이 곧 수녀원이 매우 위험하다거나 혼란에 빠졌다는 것을 의미하지는 않았다. 하지만 하나의 심각한 추문 혹은 만성적인 문제가 수녀원의 풍기나 명성을 무너뜨릴 수 있는 것도 사실이었다. 즉 잘못은 일상적인 것이며 상황을 긴장시켰다. 교정하고 개선하는 것이 수도원 생활과 공식 방문이 가지는 참된 목적 중 하나였다. 하지만 어떤 실수는 원치 않은 말썽을 의미했다. 면담을 통해 드러난 다양하고 풍부한 이야기들을 주의 깊게 가려내서 진실이라고 생각되는 그림을 그리고 가장 관심을 쏟아야 할 사안을 결정하는 것이 바로 성실한 방문자의 임무였다.

그 앞에 놓인 그처럼 복잡한 임무를 보고, 판데르 빌은 수도원이나 다른 곳들을 수백 번 방문한 경험을 감사히 생각했다. 최근에는 수녀들의 진술만으로 예법, 고립 생활clausura, 공경, 심지어 수도원 서약을 명백히 위반한 사례들을 들었다. 그는 수녀에게 키스한 고해신부를 즉시 면직시켜야 하는가와 같이 흑백으로 분명히 나눌 수 없는 복잡한 사례들을 정기적으로 심리해왔다. 그는 베긴회 때문에 두통을 앓았다. 필보르더Vilvoorde의 수녀들은 여선생 중의 한 명을 '시골뜨기'라고 멸시했고, 또 다른 수녀는 특히 축일에 수사들 및 사제들과 '망신스러운' 키스를 했다. 베긴회 수녀인 앙엘라 스페이스컨스Angela Speyskens는 입을 냅킨으로 닦고, "'저 모든 신사들에게 가서 키스하려면 입을 닦아야 한다'고 말하고 실제로 그렇게 했다"고 했다. 그리고 베긴회를 방문한 한 남자는 "이 수녀들이 얼마나 열정적으로 키스를 하는지, 내 아내도 나에게 그렇게 키스하지는 않을 것이다!"라고 외쳤다. 이처럼 여러 사례를 본 판데르 빌에게는 놀랄 일이 많지 않았다.

놀라운 것은 30년 동안의 공식 방문 경험을 적은 총대리의 노트가 일관되게 생생하고 자세하다는 것이다. 그는 수도원들의 평상적인 일과 추문들, 오래된 일과 새로운 일을 충실하게 기록했다. 능력이 부족한 공식 방문자였다면 계속되는 고역에 녹초가 되었을 것이다. 메헬렌의 '가난한 클라라 수녀회'와 검은 수녀회에서, 티넌Tienen에 있는 카 빅Kabeek의 아우구스티누스 수도회 혹은 브뤼셀의 레프로시Leprosy 수 도원에 이르기까지, 방문 장소에 대한 기억도 희미해지고 비슷하게 보이기 시작했을 것이다. 그러나 그는 결코 지치지 않고 예비 수녀들 의 면담 내용을 똑같은 양식으로 기록하거나, 공식 방문 중 수녀들의 되풀이되는 응답을 받아 적었다.

그와 함께 이번 베들레헴 수녀원의 특별 방문에 동행한 사람은, 단 순하지만 믿을 만한 페테르 뤼시위스, 즉 뢰번의 교구장이었다. 그는 총대리 이상으로 기록하는 데 더 헌신적이었다. 판데르 빌이 목적을 위한 수단으로 기록하는 데 반해, 뤼시위스 교구장은 기록 자체를 좋 아하는 것 같았다. 자신의 교구 상태에 대한 그의 연간 보고서들은 길 이, 제출 주기, 심지어 주제까지 일정했다. 사실 그의 가장 큰 강점은 지루한 것을 잘 견디는 것이었다. 그는 똑같은 것들, 다시 말해 교회 장식들, 제대의 수, 종교 재단의 수와 가치 등을 마치 새롭고 신기한 것을 발견한 것처럼 매해 보고했다. 그의 공식 방문지 중에는 1621년 에 방문한 성 제르트루다 교구가 있었다. 거기서 그는 부사제Vice Pastor 인 헨리 요스가 길 건너 베긴회의 서원식 축제 참석을 이유로 자리를 비운 것을 발견했다. 하지만 그는 부사제를 벌하려 하거나 그를 억지 로 돌아오게 하지 않았다. 페테르 뤼시위스는 상상력이 풍부했을지 모르나 강압적이지는 않았다.

그리 흥미로운 개성을 지닌 사람은 아니지만 교구장은 베들레헴 수 녀들의 면담을 돕는 일을 하는 데 믿을 만했다. 그는 총대리만큼 많은 경험은 없지만, 최근 플로리발Florival이라는 수녀원을 방문하는 등 쉽 게 흔들리지 않을 만큼 충분한 사례를 보았다. 그 수녀원에서는 수녀

네 명이 남자들과 성적 관계를 한 혐의로 고발되었다. 그러므로 학식 있고 지적인 페테르 판데르 빌과 신뢰할 수 있는 페테르 뤼시위스는 베들레헴 방문에 앞서 탄탄한 경력을 갖춘 셈이었다.

그들은 베들레헴을 다른 수녀원 못지않게 잘 알았다. 총대리는 편지를 여러 통 받았을 뿐만 아니라, 매년 한 차례라는 이상적인 횟수보다는 적었지만 다섯 혹은 여섯 차례 베들레헴을 방문한 적이 있었다. 그것은 거의 500개의 본당과 수십 개의 수도원을 지닌 교구에서 할 수 있는 최대한의 것이었다. 교구장 역시 뢰번에 살고 있었고, 베들레헴의 일부 사건들을 몸소 목격했다. 그러므로 두 사람은 베들레헴에서 제기될 주요 논점을 알고 있었다.

그들은 마가렛에 대해 그리고 바르바라 벨리와 마가렛 사이에 일어난 사건에 대해서는 알았지만, 헨리 요스의 과거에 대해서는 분명 알지 못했다. 대주교의 1626년 법령이 베들레헴의 새 개혁 시대의 시작을 의미했지만 1년도 되지 않아 면회소를 둘러싼 논란이 벌어졌음도 알고 있었다. 그들은 또한 대주교 보넌이 이 수녀원에 필요한 만큼 최대한 노력했다는 것도 알았다. 그는 몸소 수녀원을 방문하고, 마가렛의 생계비를 대주고, 더구나 최근에는 각 수녀에게 특별한 반지를 만들어 선물로 모두 스물세 개를 주었다. 수녀들은 대주교의 '아버지 같은 보살핌'을 고마워했지만, 방문자들은 왜 수녀들이 행동으로는 감사를 표하지 않았는지 궁금해했다.

총대리와 교구장은 이런 생각을 비롯한 여러 상념을 마음에 지닌 채, 교회 의식을 통해 자신들의 신임장을 수녀원에 건네주고 객실로 물러나 각 수녀들과 창살문에서 이야기를 시작했다. 전체 과정은 대개 하루나 이틀이 걸렸다. 총대리가 묻고 대답을 촉구하면, 교구장 뤼시위스는 그것을 기록하는 능력을 발휘했다. 이것은 수녀들이 베들레헴 상황에 대해 생각하는 바를 확인하기까지 최소한 세 가지 여과 과정이 있었음을 의미한다. 즉 수녀들이 폭로하기로 선택한 것, 교구장 뤼시위스가 받아 적거나 혹은 적지 않기로 결정한 것, 그리고 수녀원의 문제를 한 번에 다 고칠 수 없으므로 총대리가 베들레헴의 최우선 개선 대상으로 생각한 것, 이러한 세 가지 여과 과정을 말한다. 총대리의 임무는 마지막에 모든 것을 수합하여 최종 공식 문서를 발표하는 것이었다.

면담은 아드리아나 원장부터 시작했다. 진실만을 말하겠다는 의례적인 선서를 하기도 전에, 아드리아나는 자신의 양심 부담을 덜고 수녀원을 개선하기 위해 원장직에서 물러나게 해줄 것을 요청했다. 자신의 진지한 의도를 보이려고 그녀는 수녀원 열쇠를 모조리 총대리에게 건넸다. 이것이 허세인가를 판단하기 위해 아드리아나를 바라본 후, 총대리는 조용히 그 요청을 거절했다. 뤼시위스 교구장은 그 장면을 굵고 검은 글씨로 열심히 위에서 아래로 반듯이 써 내려갔다. 마침내 아드리아나는 총대리의 질문에 대답하기 시작했다.

두 번째 대상인 카타리나 레이케부르와의 면담 장면도 거의 똑같이 반복되었다. 그녀는 원장이 자신을 믿지 않으므로 부원장을 그만두게 해달라고 요청했다. 총대리는 또다시 그 요청을 거절하고 면담을 계속했다. 그리고 종신 서원한 수녀들이 81세의 안나 판덴 브룩Anna van den Broek으로부터 24세의 안나 피흐나롤라까지 연장자 순서대로 면담에 임했다. 수녀원 밖에 있는 신분이었기 때문에, 마가렛은 어린 안나 수녀보다 더 뒤에 추가로 면담을 했다. 가장 마지막에는 일곱 명의 평신도 수녀들과 면담이 이루어졌다. 그들은 수녀들처럼 수녀원 전반의 상태를 질문 받고, 고립된 수도원 생활clausura, 바깥 친구들, 접대 등 통상적인 질문을 받았다.

다른 수녀원처럼 베들레헴에서도 공식 방문자들에게 긴히 말하고자 하는 수녀들은 말로 응답할 뿐만 아니라 미리 준비한 서찰을 제출했다. 수녀들은 이 서찰도 입으로 말한 것과 마찬가지로 진실임을 서약했다. 편지들의 내용은 가득했는데, 왜냐하면 교구장 뤼시위스가 아무리 잘 기록한다 해도 수녀들이 전달하고자 하는 자세한 사항들을 그의 노트에 모두 담을 수는 없었기 때문이다. 여섯 명의 수녀가 편지를 제출했다. 아드리아나 원장, 마리아 요스, 안나 피흐나롤라, 카타리나 레이케부르, 마리아 코닝크슬로 그리고 물론 마가렛인데, 이들은 정확히 수녀원에서 가장 심각한 경쟁 관계에 있는 것으로 보이는 수녀들이었다.

수녀들의 증언은 보통 교구장의 노트에 혹은 편지에 한 장 혹은 두 장으로 기록되었다. 그러므로 마리아 코닝크슬로의 여덟 장으로 된 편지는 단연 눈에 띄었고, 카타리나 레이케부르의 네 장으로 된 편지도 마찬가지였다. 그러나 이들과 다른 수녀들의 편지는 마가렛 수녀의 비교할 바 없는 보고서에 비하면 매우 적은 양이었다. 보고서 양이 너무 방대하여, 교구장 뤼시위스는 마가렛의 면담 중에 아예 아무 기록도 하지 않았다. 그녀가 말하고자 하는 바는 이미 보고서에 모두 기록되었기 때문이다. 드디어 총대리가 공식 방문 중에 완전히 새로운 경험을 하는 희귀한 순간이 도래했다. 그는 결코 이와 같은 보고서를 본 적이 없었다. 32쪽으로 된 마가렛의 편지는, 다른 모든 수녀들의 편지와 교구장 뤼시위스의 면담 요약을 모두 합한 24쪽보다 더 길었다.

면담이 끝나자 총대리는 교구장의 요약 노트와 수녀들의 편지를 모아 다시 메헬렌으로 돌아왔다. 그것은 공식 방문 후 과정의 첫 단계로, 시간이 나면 그것들을 모두 읽기 위함이었다.

다른 목소리들

마침내 총대리는 수녀들 일부가 거의 전적으로 마가렛의 의견에 동의하고, 많은 수녀들이 마가렛의 일부 견해에 동의하며, 다른 소수는 마가렛과 생각이 완전히 다르다는 것을 알았다.

아드리아나를 비판하는 또 다른 선봉에는 카타리나 레이케부르와 마리아 코닝크슬로가 있었는데, 그들은 마가렛과 동일한 사례들을 인용했지만 내용이 자세하지 못했고 적대감도 적었다. 사실 카타리나는 비판하는 입장이 아니라 마지못해 보고하는 것처럼 보였고, 원장을 비판하면서도 원장의 여러 재능을 인정했다. 즉 "모든 수녀들 중에서 누구도" 아드리아나보다 원장 자리에 적합한 사람은 없다는 것이다. 만약 원장에 대해 불평하는 사람들이 있다면, 그들 스스로가 허물이 있는 사람들이라는 것을 대주교가 기억해야 한다고 했다. 또한 원장이 카타리나를 잘 대우하지 않았다고 누군가 지적한다면, 그것은 자신의 책임이 더 크다고 했다. 누군가 원장의 과거에 오점이 있다고 말하면, 카타리나 자신은 원장의 "명성과 명예"를 떨어뜨리는 어떤 것도 알지 못한다고 했다.*

---

* 아드리아나의 과거에 대한 카타리나의 글귀는 복합적 의미를 담고 있다. 첫 줄은, 카타리나가 대주교나 총대리에게 아드리아나의 과거 잘못을 비난하는 어떤 말도 한 적이 없으며 원장의 명성이나 명예를 떨어뜨릴 만한 것을 알지 못한다고 적고 있다. 다음 문장에는 'beclapt(clap)'라는 단어가 나오

그러나 카타리나의 관대한 마음에도 불구하고, 그녀는 자신의 좌절을 숨길 수 없었다. 원장을 비판하는 데 주저하지 않았던 마리아 코닝크슬로도 마찬가지였다. 카타리나와 마리아 그리고 여러 다른 수녀들은 마가렛의 비난이 옳다고 인정했다. 즉 편애, 불공평한 세속 행정, 사랑이 아니라 두려움을 통해 수녀들을 지도하는 경향, 신참 수녀들을 자기편으로 끌어들이려는 노력, 기부를 얻기 위한 하염없는 노력, 와플 굽기, 노는 것을 과도하게 좋아하는 열정, 붐비는 창살문 광경에 대한 관용, 성가대석의 사치스러운 장식 애호, 원장 자신의 불경한 행위와 성무일도 중의 낮잠, 카타리나에 대한 원장의 부당한 대우 등을 지적했다. 원장은 수녀원 식당에서 '목에 경련'이 난 듯이 뻣뻣하고 마지못한 태도로 카타리나의 인사에 답례했다.

그러나 일부 수녀들은 마가렛, 마리아, 카타리나가 제시한 것과 완전히 다른 수녀원의 모습을 방문자들에게 제시했다. 그들은 마치 베들레헴이 아닌 다른 수녀원을 말하고 있는 것 같았다. 그들 중에는 수녀원의 규율이 좋다고만 말하는 사람이 있고, 혹은 전혀 아무 말도 하지 않음으로써 현 상태에 만족을 표시한 사람도 있었다. 하지만 일부는 암묵적인 만족을 표시하는 데서 더 나아가 노골적으로 아드리아나 체제를 옹호했다.

아드리아나 옹호자들은, 수녀원에 파당이 있었다면 그것은 카타리

___

는데, 이 'clap'이 종종 추문을 의미하기도 하므로 '만약 그녀에 대한 추문이 있었다면'으로 해석할 수 있다. 하지만 그러면 그에 이은 문장인 "그것은 그녀의 잘못이 아니었다"와 의미가 연결되지 않는다. 그러므로 앞 문장에서 명예를 언급했고, 마가렛이 1628년의 비슷한 상황에서 그리고 1637년 공식 방문 중 일어난 사건들에 특이하게 'clap(혹은 hit)'을 사용한 것으로 미루어 보건대, 여기서 카타리나가 사용한 'beclapt(clap)'라는 말은 마가렛이 (그리고 마가렛의 문구를 번역한 교회 공식 방문 관이) 그 단어에 부여한 똑같은 의미, 즉 성적 폭행의 뜻을 갖는 것 같다. 따라서 마지막 문장은 다음과 같이 해석된다. 만약 아드리아나가 '성폭행을 당했다면(hit)' 그것은 꼭 그녀의 잘못만은 아니었다.

나 레이케부르와 마리아 코닝크슬로의 잘못이라고 주장했다. 아드리아나 원장은 카타리나가 편파적이고, 거짓말을 많이 들으며, "수많은 말다툼, 불평, 악감정"의 근원이고, "고해신부, 상급자, 동료 수녀"에 대한 소문을 퍼트린다고 직설적으로 말했다. 아드리아나는 카타리나가 "두세 사람 특히 격정을 억누르지 못한 사람들하고만 시간을 보내지 말고" 모든 사람을 "공평하게 사랑하는 것"을 배워야 한다고 했다. 원장은 바로 마리아 코닝크슬로와 마가렛 수녀를 지칭한 것이었다. 마리아 요스는 카타리나가 미움을 받고 있는 마리아 코닝크슬로를 두둔했다는 그 이유로 멸시를 받았다고 했다. 안나 피흐나롤라는 마가렛이 그렇게 비난한 뻔뻔함을 드러내며, 세련된 글씨로 짧지만 솜씨 있게 쓴 편지에서 카타리나가 마리아 코닝크슬로에게 너무 많이 베풀었다고 주장했다. "카타리나는 경건한 수녀인 것 같은데, 마리아 코닝크슬로의 악행을 쫓지는 않았지만 그녀의 잘못을 말해주지 않고 그녀를 우리 수도회 성인인 프란체스코가 가르친 대로 안전하고 겸손한 곳으로 인도하지 않았다. 나도 여러 차례 이런 방식을 겪어보았다. 카타리나는 말은 많은데 행동은 하지 않는다. 내 말은 여기까지 하겠다."

그러나 안나는 거기서 멈추지 않았다. 그녀와 다른 수녀들은 카타리나가 사랑스러운 신참 수녀들에게 노래를 가르칠 능력이 전혀 없었다는 점도 지적했다. 카타리나는 듣기 싫은 목소리를 지녔고 성무일도를 부를 때 "마지막 음절들을 오래 끌어" 짜증나게 하는 습관이 있었다고 안나는 말했다. 카타리나는 결국 신참 수녀들을 교육하는 데 도움이 필요하다는 것을 인정했는데, 이때 안나를 임명한 것은 그녀의 생각이었다. 안나는 마리아 코닝크슬로와 다른 수녀들이 분노하고 "험담을 할까 두려웠기" 때문에 그 일을 수락하는 데 주저했지만, 결국 일을 맡았다. 카타리나가 마리아를 "달래겠다고" 약속했고, 수녀원의 누구라도 안나를 선정한 것을 비판하지 못하도록 대주교에게 요청하겠다고 했기 때문이다. 그러나 "그것은 모두 인간적인 약속이었다"고 안나는 결론지었다. 왜냐하면 한 달도 가지 않아서, 카타리나는 자신이 내린 결정을 후회하고 안나의 야심에 대해 험담을 퍼트리는 데 앞장섰기 때문이다. 안나에 의하면, 카타리나는 "여러 거짓말로 나를 괴롭혔는데 나의 고해신부와 신만이 진실을 알 것이다. 그러한 행동이 과연 신을 기쁘게 했을지 모르겠다"는 것이었다. 안나는, 복수심에 불타는 카타리나에게 고무된 다른 수녀들의 조용한 비난이 "나를 죽을 것처럼 힘들게 했다"고 호소했다. "내가 가장 나이가 어리고 신참 수녀들에게 노래를 가르치는 일을 맡았다고 해서, 그들이 나에게 쏟아 부은 증오심과 모든 악행을 내 양심이 더 이상 참을 수는 없다." 안나가 바란 것은 직위가 아니라 단지 신에게 헌신하는 것이었다. "그것이 바로 내가 속세를 떠난 이유이다."

일부 수녀들이 보기에 좋은 목소리를 갖지 못한 것만이 카타리나의 유일한 과실은 아니었다. 그들은 카타리나가 개인 기도에 시간이 걸려서 공동 작업실에 항상 지각하고, 창살문에서 마가렛과 이야기하느라 성무일도를 빼먹은 일도 지적했다. 하지만 비난의 화살은 항상 마리아 코닝크슬로에 대한 카타리나의 애정으로 돌아갔다. 카타리나는 그것을 부인하고, 마리아가 단순히 이야기하는 것을 좋아해서 아무도 그녀를 막을 수 없을 뿐이라고 했다. 그러나 카타리나의 반대쪽 수녀들은 그녀가 마리아를 막지 않은 것은 두 사람이 현 체제에 대항하기로 공모했기 때문이라고 보았다. 아드리아나는 마리아가 더 겸손하고 "상급자들을 공경하기를" 그리고 신참 수녀들을 자기편으로 끌어들

이러는 노력을 멈추기를 바랐다. 마리아는 한 신참 수녀에게 원장과 절대 말하지 말라고 설득했고, 그것을 알게 된 아드리아나는 신참 수녀가 그러한 생각을 버리도록 지도해야 했다. 안나 피흐나롤라가 보기에 마리아는 분명 순종을 중시하는 성직자들의 관심을 받을 사람이었다. 그런데 마리아는 "점차 고집이 세져서 곧 다루기 힘들 것 같다. 타일러도 전혀 말을 듣지 않기 때문이다. 고해신부가 그녀를 훈계하면, 마리아는 신부가 자신의 양심을 제지한다고 사람들에게 공표한다. 원장이 훈계를 하면 결과가 좋아지지 않고 오히려 더 악화된다. 원장이 증오심으로 그런다거나 자신을 좋아하지 않는다고 불평하기 때문이다. 하지만 사실 마리아는 원장이 그녀의 마음을 돌리려고 몸을 낮춰 노력할 필요가 없는 사람이며, 원장이 그녀에게 보이는 모든 사랑과 보살핌을 받을 가치가 없는 사람이다". 심지어 원장이 이성적인 판단이 아니라 감정에 휘둘려 행동했다고 말하여 그 벌로 회개 명령을 받은 수녀들까지 선동하는 등, "마리아는 마치 불안을 선동하기로 작정을 한 것" 같았다. "신이 마리아를 너무 가혹하게 심판하지 않으시기를 소망하자."

카타리나와 마리아 코닝크슬로에게 제기된 중대한 고발 중의 하나는 그들이 성직자들의 공식 방문을 다른 수녀들에 대한 무기로 이용했다는 것이다. 그것은 자애 정신을 위반한 것으로 모든 수녀원 법령에 엄격히 금지되어 있지만 그것을 막기는 어려웠다. 최근 열정의 시대Age of Zeal(1626년에 대주교가 법령을 공포한 이후 전개된 개혁 시기를 의미하는 것으로 추정됨—옮긴이)에 공식적인 시찰이 주로 잘못을 찾아내는 데 중점을 두었기 때문이다. 아드리아나에 따르면 카타리나, 마리아, 그리고 마리아의 사촌인 안나 코닝크슬로는 가장 최근 공식 방문 때 자신들이 공헌한 바를 열심히 자랑했다. 공식 방문 후에 대주교의 포고문이 크게 발표될 때마다, 마리아 코닝크슬로 수녀는 "자신의 부탁으로 만들어졌다고 생각하는 항목들을 손가락으로 셌다. 그리고 그러한 요구 항목에 미치지 못하는 수녀들은 마리아의 표정과 태도를 보고 그것을 폭로하고 고치려 한 사람이 그녀라는 것을 바로 알 수 있었다. 그것만으로도 충분하지 않았다. 그녀는 그들에게 확실히 들릴 때까지 오랫동안 계속 재잘거렸고, 자신이 요청한 모든 항목이 포함되었다고 뻐겼다". 안나에 따르면, 마리아 코닝크슬로는 모든 사람이 들을 만큼 크게 말했으며, 다음 공식 방문 때는 그들에게 전달할 더 많은 정보를 갖게 될 것이라고 했다. 안나는 마리아가 사랑이 없이 감정에만 치우쳐서 자기주장을 하는 것을 외부인이 깨닫지 못하게끔 능란하게 말을 꾸며낸다고 경고했다. 안나는 당연히 "그녀를 설득하려고, 그녀의 영혼을 돕기 위해 모든 수단을 시도했지만 아무 소득이 없었다. 그래서 기도하고 인내하는 수밖에 다른 방도가 없었다".

이것은 아드리아나 원장, 안나 피흐나롤라, 마리아 요스, 그리고 레스컨 요스가 본 수녀원의 결점이었다. 원장과 측근들은 수녀원 안에서 가끔 실수한 것을 인정했지만 심각한 잘못은 아니라고 했고, 어떤 불법적인 기부금 획득이나 부적절한 애착 혹은 낭비에 대해서는 일체 언급하지 않았다. 수녀원에 문제가 있다면 몇 명의 골치 아픈, 신뢰할 수 없는 사람들에만 해당되는 것이었다. 안나 피흐나롤라가 쓴 편지의 문체도 마가렛과 그 밖의 반대자들이 결코 믿을 만한 사람들이 아니라는 메시지를 전달했다. 안나의 편지는 짧고 단아하고 적절한 반면, 마가렛과 그 부류의 편지들은 장황하고 투박하고 직설적이었다. 안나의 결론은 그것을 잘 보여주었다. 그녀는 자신이 아는 것을 진실하게 썼으나, 어떤 조치가 필요한가는 대주교의 판단에 맡겼다. "왜냐하면 내 마음은 평화만을 바라기 때문이다. 우리는 다른 사람의 까다로운 성미를 참아야 한다. 그것이 우리가 함께 사는 이유이다." 공식 방문자들이 훌륭한 결정을 내리도록 성령이 인도해주기를 희망하며, 그녀는 "신의 의지라면 점심으로 벌레라도 먹겠다"고 썼다.

판결

1628년 늦은 여름, 메헬렌의 대주교 공관. 교구장 뤼시위스의 면담 요약과 수녀들의 편지를 읽은 후에, 총대리 판데르 빌은 남아 있는 세 개의 단계로 나아갔다. 즉 수녀들의 진술을 체계화하고, 대주교가 읽을 수 있게 필요한 포고문 초안을 만들고, 대주교의 서명을 받을 최종 판결문determinatio 혹은 포고문을 작성하는 것이다. 이 포고문은 공식 방문 후에 발표된 다른 포고문들처럼 수녀원의 법령에 추가될 것이며, 다른 법령들처럼 1년에 네 차례 수녀들 앞에서 크게 낭독될 터였다.

총대리는 다른 업무들이 많아 즉시 베들레헴 일을 처리하지 못했지만, 여름이 끝날 무렵에 상반된 양측의 주장을 판별할 준비가 되었다. 먼저 그는 면담 및 서신 내용을 정리하고 그것들을 주제별로 배열했다. 보통은 포고문을 한 벌만 만들지만, 마가렛의 '장황한' 편지를 보고 마치 모세처럼 바다를 둘로 나누기로 결정했다. (3쪽 분량의) 한 묶음은 마가렛을 위한 것이고, (한 쪽 반 분량의) 또 다른 묶음은 나머지 사람들의 내용을 정리한 것이다. 그가 마가렛을 특별히 좋아한 것은 아니지만, 그렇다고 아드리아나 원장 주변의 무리를 선호하지도 않았다. 사실 양측 증언에 대한 그의 충실한 요약은 가능한 한 공평하게 대하려 한 그의 노력을 보여주었다.

　그 다음으로 총대리는 자신의 노트에 기초하여 대주교를 위한 보고서를 작성했다. 이것은 가장 관심을 기울일 필요가 있다고 판단한 것들을 열거한 것이다. 여기서 페테르 판데르 빌은 그가 수녀들 중에 누구를 가장 신뢰했는가를 잘 보여주었다. 왜냐하면 이 보고서에 그는 가장 진지하고 믿음이 가는 증언들을 골라놓았기 때문이다. 그가 선호한 정보 제공자는 카타리나 레이케부르였다. 실제로 총대리가 베들레헴 수녀원을 위해 초안을 잡은 포고문은 수녀원 상태에 대한 카타리나의 견해 그리고 필요한 조치에 대한 그녀의 관점을 특별히 반영했다.

　이 보고서에서 카타리나 자신도 일부 비판을 받지만(총대리는 그녀가 신참 수녀들에게 사랑으로 다가가지 않은 점, 원장에 대한 불평에만 귀를 기울인 점은 고쳐야 한다고 기록했다), 사실상 모든 명령이 아드리아나 체제에 흠을 내는 것이었다. 원장은 친구들과 진료소에 모이는 것을 중단할 것. 마리아 요스, 안나 피호나롤라, 그리고 '평신도 수녀' 레스컨 요스하고만 어울리지 말 것. 선물 회사를 줄일 것. 사무장에게 식사 대접하는 것을 조심할 것. '개인 재산'이라는 망령을 없앨 것. 수녀원에 들어온 기부 물품을 '한쪽 편 사람들'에게만 쓰지 말고 진료소 병자들을 위해 쓸 것. 수녀원 담의 끝 부분 건설을 완료할 것. 수녀원을 개선하고 창살문에서의 행동을 고치기 위한 일곱 개의 다른 조치들을 취할 것. 성가대석의 장식과 교회의 영성체 창문에 대한 대주교의 직접 조사를 허용할 것. 성가대는 연장자 순으로 자리를 배치할 것. 수녀들이 흰 구두를 신는 것을 허용하지 말 것. 놀이를 대신할 다른 방안을 찾을 것. 축제일에 수녀에게 바보 역할 옷 입히는 것을 중단할 것.

그러므로 총대리가 마음에 생각하고 있던 대안은 카타리나의 승리(그녀는 결코 이처럼 정치적 용어를 쓰지 않을 것이다), 더 나아가서는 마가렛과 마리아 코닝크슬로의 승리였다. 총대리는 마가렛에게 기대는 것을 내키지 않아 했고 자신의 요약 메모에 마가렛의 이름을 적는 것을 주저했으며 그녀의 견해에 동의하는 것을 싫어했다. 하지만 그의 경계에도 불구하고, 수녀들이 당파적 동기를 지녔을 가능성에도 불구하고, 판데르 빌은 마가렛과 마찬가지로 베들레헴 문제의 근원은 아드리아나 자신이라고 결론지었다. 그는 심지어 이 보고서 끝에 '새 원장 선출'에 대해 생각하라는 메모를 적었다. 이것은 의례적으로 하는 말이 아니었다. 원장이 직무를 잘 수행했다면 애초에 문제가 생기지 않았을 것임을 모두 알고 있었기 때문이다.

보고서를 완성한 후에, 총대리는 그것에 대한 의견과 지시를 듣기 위해 대주교 보넌에게 제출했다. 대주교는 보고서 구석에 메모를 했고, 그 요지는 서면 판결문에 포함되어 수녀원 전체에 공표되고 원장과 비공식적으로 논의할 내용이었다. 방문자들은 어떤 수녀 특히 원장을 지나치게 곤혹스럽게 하는 것은 불화를 근절하지 않고 오히려 더 심화할 수 있다는 것을 알았다. 하지만 아무리 요령 있게 하더라도 아드리아나 원장과 그 일파에 대한 비판은 피할 수 없는 것으로 보였다. 이제 남은 것은 방문 후 대개 몇 주 내에 일어나는 마지막 절차였다. 즉 최종 판결문을 작성해서 그것을 수녀원에 전달하고 전체 수녀들 앞에서 공개적으로 낭독하는 것만 남았다. 그러나 한 가지 문제가 있었다. 몇 주, 몇 달, 몇 년이 지나도 대주교는 1628년 6월의 치열했던 공식 방문을 종결할 어떤 종류의 공식 서류도 베들레헴에 보내지 않았다. 사실 최종 판결문이 작성되지 않았을지도 모른다.

그해 가을에 그리고 1629년 봄까지, 공식 방문 결과에 목을 매고 있던 수녀들은 아드리아나의 잘못을 드러낸 모든 증거들이 무용지물이 될까봐 걱정했다. 그래서 그들은 메헬렌의 대주교와 스헤르펜회벌의 바우카르트 신부에게 판정을 청원했다. 특히 마리아 코닝크슬로는 자신의 폭로로 방문자들이 조치를 취할 것이라고 자신했기 때문에 최종 판결을 열망했다. 그 사이 마가렛, 카타리나, 그리고 교구장 뤼시위스는 대주교 보넌에게 추가로 편지를 써서, 객실에서 떠들고 뛰어노는 것이 전혀 줄어들 기미가 없고, 수녀원 담 벽은 아직도 완성되지 못했고, 베들레헴의 정결함이 큰 위험에 빠져 있다고 말했다. 그러니 대주교는 제발 포고문을 보내야 하지 않겠는가? 마가렛은 심지어 대주교가 자신에게 주는 생계비를 담 쌓는 비용에 쓰도록 자원했다. 바우카르트 신부도 그러한 탄원에 응하여, 베들레헴에서 일어난 새로운 심각한 문제들을 보고하는 것으로 편지를 가득 채우면서 대주교에게 공식 방문을 종결할 것을 압박했다. 일부 수녀들은 이제 공동 화롯불 주위에서 사람들 눈에 띄게 옷을 벗는 매우 "상스러운" 버릇으로 "몸을 따뜻하게 한다". 그러한 행동은 많은 사람들의 "육체 요동"을 부추기는 것이며, 매우 음란한 태도여서 "값싼 창녀들도" 그 저속한 행위를 참지 못할 것이다. 더구나 헨리 요스가 아직도 선사품을 갖고 수녀원을 방문하고 수녀들에게서 선물을 받았으며, 그의 존재 자체로 마가렛을 괴롭혔다. "이 작자의 육체와 영혼이 변화했고 사악한 의도도 없는지 모르지만 나는 확신할 수 없다." 예전 고해신부의 존재는 당연히 마가렛을 크게 괴롭혔고, 그 신부는 마가렛을 제대로 보살필 수 없었다.

　이러한 청원들에도 불구하고 베들레헴의 기다림은 계속 이어졌고,

그것은 충직하고 근면한 목자로서의 대주교의 명성을 알고 있는 모든 사람을 당혹시켰다. 아무도 그가 왜 그렇게 느리게 행동하는지 알 수 없었지만 단서들은 있었다. 먼저, 대주교 보넌은 그 어느 때보다 바빴다. 1627년에서 1633년 사이의 그의 일정표를 보면 그는 거의 한 곳에서 2주 이상을 머물지 않았다. 그리고 끊임없는 추천서들, 금지된 날에 소시지를 먹지 못하게 하는 반복된 법령들, 자신의 여동생 영혼을 위한 미사 봉헌, 대공비 이사벨라의 행사 안내 서찰에 회신하기, 그리고 교구민들이 "유행을 쫓는 설교자preacher à la mode"라고 놀리는 신부에 대한 비판에 응대하는 등 그가 관심을 가져야 할 사안들이 너무 많았다. 그 신부는 최근 인간의 본질적 나체성에 대해 즉흥 강론을 했고, 그 때문에 대주교는 교구장을 시켜 그러한 비유가 신심이 약한 사람들에게 불러일으킬 위험을 그 신부에게 경고하도록 했다.

그러나 최종 판결이 지체된 두 번째 그리고 더 그럴듯한 설명은 베들레헴 상황이 지닌 폭발성과 균형의 필요성이었다. 대주교가 아무리 조심스럽게 계획한 판결문을 쓴다 하더라도, 판결문이 토대하고 있는 증언들에 비추어볼 때 그 내용이 과도한 응징으로 보이지 않을 수 없었다. 그리고 그것은 지금보다 더 많은 문제를 유발할 것이다. 예전 원장인 바르바라 노선의 말을 부연하면, 공식 방문자들은 자신들의 마음에 흡족하게 판결문을 선고하고 떠나면 되지만, 수녀들은 아드리아나와 함께 매일 살아야 한다. 공식 방문자들이 그녀를 모욕하면, 수녀들에게 수녀원 생활은 더 힘들어질 수 있었다. 대주교와 총대리는 열정적인 성직자여서 수도원 생활의 이상을 중시했지만, 아드리아나에 대한 조치 혹은 그녀를 원장에서 해임하는 등의 과감하고 신속한 변화가 초래할 정치적 위험 또한 인지했다. 그들이 선호하는 (그리고 아마 유일한) 원장 후보인 카타리나가 원장으로 승진하면 그녀는 반대자들의 강한 개성과 비판적인 눈초리에 무자비하게 고통 받을 것이다. 그러므로 가능한 한 현 체제를 그럭저럭 유지하는 것이 최선이었다.

그래서 대주교와 그의 방문자들은 베들레헴을 현 상태로 두고 몇 개의 엄중한 법령 공포에 만족하기로 했다. 수녀들의 열성과 규율에 대한 요구를 충족시키기 위해 대주교 보넌은 면회실에서 먹고 마시는 것을 나무라는 짧은 편지를 베들레헴에 보냈다. 그리고 1630년 4월과 1632년 말 사이에 뒤늦은 구두 판결문을 전달하기 위해 자신이 직접 수녀원을 방문했다. 이것은 일부 열성적인 수녀들에게 대주교가 그들을 혹은 수도원의 이상을 잊지 않았음을 보여주었다. 하지만 그는 베들레헴의 미래를 바꾸지 않았고, 아드리아나를 공개적으로 훈계하지 않았으며, 심지어 그녀를 명백하게 비난하는 문서도 남기지 않았다. 왜냐하면 그것들은 상황을 분명 악화시킬 것이기 때문이다. 그는 "입으로 한 말은 달아나지만 기록된 것은 남는다"는 옛 네덜란드의 격언을 알았다.

결국 대주교는 1628년의 공식 방문 결과로 베들레헴에 두 가지 확실한 변화만을 요구했고, 더 많은 것을 기대한 수녀들에게는 그나마 위로가 되었다. 1629년 8월에 그는 아드리아나를 보좌하는 재무 담당관을 따로 선출하도록 했다. 그 결과는 마가렛과 몇몇 수녀들에게 큰 실망이었다. 승자는 다수의 표를 받은 아드리아나의 친구 마리아 요스였기 때문이다.

두 번째 변화는 마가렛에게 훨씬 더 희망적이었다. 그것은 그녀 자신의 생활 조건을 약간 개선시켰다. 1630년 9월에 대주교는 베들레헴에 대표단을 보내 마가렛의 신분 문제를 조사하게 했고, 그들은 다음과 같이 결정했다. 마가렛은 아드리아나가 바로 아래층 방에 외부인이 들어오지 못하게 하는 한 자신의 객실에서 체류한다. 다만 마가렛이 아플 때는 다른 수녀와 똑같은 대우를 받으며 독방을 쓴다. 수녀원에 중요한 손님이 오면 마가렛도 자유롭게 합류할 수 있다. 수녀원에 기부 물품이 분배될 때 마가렛도 자신의 몫을 받는다. 마가렛은 여전히 수녀원 밖에 있지만, 그리고 아드리아나가 이 사항들을 얼마나 잘 준수할지 아무도 모르지만, 적어도 마가렛이 편지에 쓴 것을 공식적으로 일부 승인받은 셈이었다.

1628년의 공식 방문자들이 헨트의 트리스트 주교가 거의 비슷한 시기에 검은 수녀회 수녀원을 방문하여 내린 매우 간단한 결론에 도달했다면, 문제는 훨씬 쉬웠을 것이고 더 많은 폭로도 없었을 것이다. 그 수녀원의 상황은 모두 잘 정리되고 모범적으로 평온을 되찾아서 더 이상의 말이 필요 없었다.

합리화

서막

1633년 10월 14일과 15일, 베들레헴. 대공비 이사벨라가 죽고, 뢰번이 네덜란드에 점령되고, 부유한 수녀원들은 만약에 대비해 다른 곳에 지어놓은 우아한 피난처에서 전쟁 기간 동안 대피하려고 뢰번을 떠난 해에, 수녀원을 떠나지 않고 지키고 있던 베들레헴 수녀들을 대주교가 보낸 사람들이 다시 방문했다. 마지막 공식 방문은 탄원으로 끝났지만, 수녀원 개혁에 대한 희망 혹은 상대의 징벌을 보고 싶은 마음이 끊임없이 솟아오르는 수녀들의 마음과 영혼의 눈에는 오래전 일로 느껴졌다.

　총대리 대주교가 다시 공식 방문단을 이끌었고, 수녀들을 입회 순서대로 응접실로 불렀다. 마가렛은 또다시 자신의 면담에 엄청난 편지를 갖고 왔다. 16쪽의 편지는 다른 수녀들의 편지 분량을 훨씬 초과

했다. 마가렛은 장문의 내용에도 불구하고 방문자들이 그 내용의 진실을 신뢰할 것이라고 역시 확신했다. 마가렛은 아드리아나 원장, 안나 피흐나롤라, 그리고 마리아 요스가 서로 과도하게 친하다고 다시 불평했다. 또한 안나는 "나를 멀리 내쫓을 것 같고", 레오파드 여인숙 주인Woman In the Leopard의 '무서운 아이들'은 손님 숙소의 의자들을 부서지게 만들고, 면회소에서 (헨리 요스를 포함한) 손님들과 만나는 불법 향연은 줄지 않고 계속되며, 외부인들이 여전히 수녀원을 보관 창고로 이용하고, 평신도 수녀들은 여전히 도도하고 사치에 빠져 있으며, 아드리아나는 여전히 축일을 멋대로 찬양하고 있다는 것이다. 아드리아나를 옹호하는 수녀들도 카타리나 레이케부르가 수녀원의 모든 파당의 원천이라고 다시 주장했다. 카타리나의 목소리도 더 나빠졌다는 것이다(하지만 그들은 카타리나의 건강이 나빠졌기 때문에 그녀를 감히 비난하지는 않았다).

1633년의 공식 방문 때는 물론 새로운 주제도 있었다. 이번에 마가렛의 주요 표적은 헨리 요스가 아니라 인색한 새 재무 담당관 마리아 요스였다. "수녀원에 가장 늦게 들어온" 마리아가 그들 모두의 수장이 되어, 수녀들에게 심지어 "하찮은 달걀", 맥주 한 모금, 혹은 "조그만 누더기"도 주지 않으려 했고 항상 "굳은 얼굴로 무례하게 허세를 부렸다". 그녀가 "인색함의 기술을 배우기 위해 평생 학교에 다녔더라도 그보다 더 잘 배울 수는 없었을 것이다". 또한 마가렛은 안나 피흐나롤라가 자신의 명예를 높이려 한 새로운 증거를 제시했다. 즉 새 오르간을 산 것인데, 그것은 가난한 수녀들의 재원을 전용하여 신이 아닌 일부 수녀의 명예를 드높임으로써 수녀원의 불평등을 심화시켰다. 한편 아드리아나의 옹호자들은 마리아 코닝크슬로가 까마귀처럼 노래한다고 하면서 음치 명단에 마리아를 추가했다. 그들은 마가렛과 평신도 수녀 요안나 스훈세터르스도 노골적으로 비난했다. 두 사람은 수녀원에서 일어나는 모든 일을 감시하고 그에 대해 "아침부터 저녁까지" 함께 부엌에서 수다를 떤다는 것이다. 한 수녀는 말하기를, 요안나가 있을 때 감히 부엌에 들어가는 사람은 누구라도 "비밀을 약속하며 성호를 긋는다"고 했다. 아드리아나의 옹호자들은 아랫방에 손님들이 방문할 때 왜 마가렛이 2층에서 그렇게 큰 소리를 내는지, 일꾼들이 수녀원에 들어올 때 왜 마차 문 가까이에 가서 서 있는지 의문을 제기했다. 마가렛은 일꾼들의 모든 행동을 "허리에 손을 대고" 관찰해서 일꾼들이 "그녀가 도대체 어떤 사람인지" 묻게 만들었다는 것이다. 그래서 가까이에 있던 수녀들은 "수녀원의 명예를 지켜야 하기 때문에 무슨 말을 해야 할지 몰랐다"고 했다. 아드리아나의 옹호자들은 또한 일부 수녀가 "과거에 일어난 일들, 우리의 세속 고해신부" 헨리 요스에 대해 신참 수녀들에게 이야기함으로써 수녀원의 명예를 손상시킨 것에 매우 당황했다. 그리고 마지막으로, 이번에는 어느 편에 있든 거의 모든 수녀가 마리아 요스가 생각해낸 새로운 돈벌이에 대해 개탄했다. 수녀들은 1년에 네 번, 한 번에 3주 동안 예수회 교회의 린넨을 세탁했는데, 거리를 "하품하며 내다보는" 다락방에서 오랜 시간 다림질을 하고 건조시켜야 했다.

구체적인 내용은 달라졌지만 베들레헴의 분노는 격렬하고 낯익은 것이었으며, 결국 이번 방문도 거의 지난번과 유사해보였다. 이번 방문과 1628년 방문의 또 다른 큰 유사점이 있었는데, 바로 결론이 없다는 점이었다. 이번에는 총대리 페테르 판데르 빌이 베들레헴에 있는 동안에 최종 판결문의 초안을 작성했다. 그리고 단 5일 만에 최종 원고를 수녀원에 바로 보냈다. 더구나 포고문은 최근 문제들만 아니라 사실상 1628년 방문 때 제기된 모든 문제들을 반영했다. 즉 과거의 노력이 결국 헛되지 않았다. 그러나 이러한 희망은 부질없는 것으로 드러났다. 베들레헴의 일반 수녀들은 결코 1633년의 판결문을 듣지 못했기 때문이다. 수녀원 지도자들인 아드리아나, 카타리나, 그리고 마리아 요스는 자기들끼리만 판결문을 재빨리 읽고, 간단한 수정 요구와 함께 즉시 그것을 메헬렌으로 되돌려 보냈다. 그리고 그것이 누구라도 그 문서를 본 마지막이었다.

아마 그 문서는 길에서 혹은 대주교의 수많은 서류들 사이에서 분실되었을지 모른다. 그러나 야코프 보넌과 그 아래 사람들이 너무 바빴거나 엄격한 개혁으로 초래될 더 큰 혼란을 다시 인지했을 가능성이 더 크다. 혹은 대주교 측 사람들이 어떤 반응도 거부함으로써, 판결문의 수정을 요청한 베들레헴 수녀들의 만용을 되갚아주려 했을 수도 있다. 이유가 무엇이었든 최종 판결문은 사라졌다. 그리고 좌절에 빠진 마가렛과 다른 수녀들에게 짧은 기간의 또 다른 공식 방문이 이루어졌다.

마가렛 수녀의 귀환

1636년. 뢰번 점령 이후 전염병이 퍼진 다음 해에, 도시의 일부 수녀들이 여전히 수녀원 소독을 위해 송진을 태우고 있을 때, 신중한 교회 세계에서는 잘 볼 수 없는 고무적인 일이 마가렛에게 일어났다. 대주교 보넌이 그녀를 수녀원 기숙사로 돌려보내기로 한 것이다.

1633년의 공식 방문은 지난번처럼 아무 효과도 없이 끝났지만, 마가렛의 일신상의 상황은 더 나아졌다. 그녀는 자신의 편지들이 조심성 많은 총대리는 아닐지라도 적어도 대주교에게는 어느 정도 영향을 미쳤다고 느꼈을 것이다.

대주교에게 간단한 요구 사항을 담은 서찰을 보내 자신의 귀환을 제안한 사람은 바로 마가렛 자신이었다. 그녀는 자애로우신 대주교님 His Most Illustrious Grace께 수녀원에 돌아가게 해달라는 자신의 청원을 살펴봐주시라고 썼다. 자신은 다른 수녀들과 오랫동안 떨어져 생활했으며, (최근 50세가 되어) 나이도 들어서 공동체 생활의 기쁨을 느끼고 싶다고 했다. 마가렛은 자신의 목적을 위해 바우카르트 신부와 뢰번의 새 교구장인 마나르츠Mannarts라는 성직자의 도움을 얻으려 노력했다. 그녀는 마나르츠에게 자신을 위해 대주교와 함께 개입해줄 것을 요청했다.

마가렛이 그러한 요청을 처음 한 것은 아니었다. 하지만 이번에는 대주교가 모두의 반대에도 불구하고 그것을 허용하고자 했다. 아마도 베들레헴에 엄중한 개혁을 밀어붙이려 하지 않은 것에 대한 보상으로 혹은 아드리아나 원장이 마가렛의 아래층 방에 손님을 들임으로써 1630년 합의를 어겼기 때문인지 몰랐다. 고해신부들로서 베들레헴에서 봉사하고 있던 뢰번의 프란체스코회는 마가렛의 귀환에 격렬히 반대했고, 그들의 말에 힘을 실어줄 고위 성직자들을 충원했다. 프란체스코회 주교이자 외교사절로 유명한 요셉 베르하이흐너Joseph Bergaigne와 함께, 그들은 만약 "그 사람"이 돌아간다면 그 결과는 "한 시간 이내에" 수녀원 안에 분명해질 것이라고 경고했다. 원장과 수녀들은 "그 사람의 복귀를 충분히 두려워하고 개탄할" 만하다고 그들은 말했다. 게다가 마가렛이 돌아온다면 프란체스코회는 어떤 수사가 수녀원을 보살펴주려고 할지 확신할 수 없었다.

베들레헴 수녀들도 마가렛이 예전처럼 손님 숙소에 머물도록 온 마음을 다해 청원했다. 총대리 판데르 빌은 수녀들의 이러한 요구를 지지했다. 그가 아드리아나 원장과 어떤 대단한 동맹을 느껴서가 아니라, 마가렛이 돌아갈 경우 곧 터질 준비가 된 거대한 '불화의 먹구름'을 예견했기 때문이다. "내가 수년 동안 모은 마가렛 수녀에 대한 정보", 그리고 베들레헴의 많은 수녀들이 그에게 보낸 '탄원' 편지들에 근거해보면, 그녀의 귀환은 공동체를 무너뜨릴 것이라고 총대리는 말했다.

하지만 대주교 보넌은 이 일을 추진했다. 대주교의 요청으로 요스트 바우카르트는 마가렛의 귀환을 위한 몇 가지 방침을 기꺼이 작성했다. 그것은 아드리아나에게 비공개로 보일 예정이었다. 마가렛은 더 이상 기숙사에서 추방되지 않고 빈 방 중에 원하는 방을 선택할 수 있다. 그녀는 대주교 보넌의 허가 없이는 다시 쫓겨나지 않는다. 아드리아나는 프란체스코회를 설득하여 마가렛을 보살피게 함으로써 그녀가 상임 고해신부의 도움을 받을 수 있게 한다. 원장은 다른 수녀들이 마가렛을 사랑으로 감내하도록 고무한다.

바우카르트 신부는 두 번째 문서도 작성했다. 그것은 수녀원 전체에 공개될 내용이었다. 그 문서는 대주교가 왜 마가렛을 수녀원에 다시 복귀시키기로 결정했는가를 더 자세히 설명했다. 즉 "신의 은총을 받은 메헬렌의 대주교 야코프 보넌"과 그 외 성직자들은 마가렛이 지난 12년간 강제로 떨어져 지냈던 수녀원에 복귀하게 해달라는 오랜 청원을 심사숙고했고, 마가렛이 수녀원의 평화를 위해 그러한 별거에 자발적인 의지로 동의했으며, 그녀가 한때 병약한 것은 본질적으로 육체적인 질병이었다고 했다. 그 말은 과거의 귀신 들림에 대한 마가렛의 유죄를 완화하려는 언급이었다. 이어서, 마가렛은 다양한 정신적 치료 덕분에 한동안 그러한 병에서 해방되었으며, 아무도 그런 문제에는 확신할 수 없지만 그녀가 오랫동안 그 병에 걸리지 않았고 특히 그녀의 굳은 결의를 보아 "우리는 기꺼이 그녀를 믿는다"고 했다. "우리는 그녀가 회복되었고 마음의 무거운 짐을 덜었으며 질병에서 해방되었고 수녀들이 그녀로 인해 고통 받을 일이 없을 것이라고 생각한다." 그러므로 마가렛이 돌아가서는 안 될 이유가 없었다.

대주교와 바우카르트는 수녀들 대부분이 과거 사건들에 대한 이러한 해석에 공감하지 못할 것임을, 악마와 연관된 마가렛의 고난은 수녀들이 그녀에게 분노한 여러 이유 중 하나에 불과하다는 것을 분명히 알았다. 그러나 참으로 중요한 것은 1636년에 마가렛이 수녀원의 어엿한 구성원으로서 자신의 생애에서 세 번째로 수녀원 기숙사에 다시 들어갔다는 것이다. 적어도 이 사안에 대해 대주교는 자기 뜻대로 했다.

마가렛 수녀의 복귀는 물론 혼란과 문제를 유발했다. 바우카르트 신부는 곧 다른 수녀들이 마가렛을 대하는 것에 불만을 표했다. 마가렛의 가장 친한 친구인 카타리나 레이케부르는 1635년 초에 40세의 나이로 사망했으므로 더 이상 그녀를 지지하기 위해 있지 않았다. 아마 그해 뢰번을 덮친 전염병으로, 혹은 그녀를 오랫동안 괴롭혔던, 자주 언급됐지만 병명을 알지 못했던 질환으로, 혹은 아드리아나의 지속된 따돌림과 마리아 요스의 끔찍한 대우 때문에 생긴 마음의 병으로 죽었는지 모른다. 마리아는 카타리나가 아직 죽기 전에도 그녀의 속치마 하나와 화로 주전자는 자기 것이라고 뻔뻔스럽게 말했다. 또한 마가렛을 속상하게 한 것은 카타리나를 대신할 재무 담당관 선출이었다. 그 승자는 다름 아닌 마가렛의 오랜 강적인 서른한 살의 안나 피흐나롤라였다. 안나는 수녀원의 스무 명 중 절반의 지지에 힘입어 (여섯 명의 평신도 수녀들 중 네 명을 포함하여) 1635년 성 발렌타인St. Valentine의 날에 선출되었다. 안나의 승리는 이제 그녀와 아드리아나 그리고 마리아 요스가 베들레헴의 주요 직위를 모두 차지한 것을 뜻했고, 그것은 마가렛에게 결코 좋은 징조가 아니었다.

그러나 이제 마가렛은 다시 수녀원 안으로 돌아왔고 거기서 자신의 여생을 보낼 것이다. 마지막으로 돌아온 것이다. 마가렛은 자신의 개인적 승리에 대담해져서 자신을 사로잡았던 감정을 한동안 무시하고 그녀가 오랫동안 추구한 베들레헴의 개혁에 대해 더 큰 희망을 키워갔다. 마가렛은 이제 수녀원 내부로 들어와 이전보다 더 많은 직접 정보를 모으고, 공식 방문자들에게 더 신빙성 있게 말하고, 그녀가 오랫동안 상실한 신망을 되찾기 위해 더욱 공격적으로 일했다. 그녀가 기다려왔던 소식이 드디어 1637년 초에 도착했다. 베들레헴은 또 다른 공식 시찰을 매우 짧게 받을 것이다. 그리고 무엇보다 마가렛에게 최상이었던 것은, 그 공식 방문을 이끌도록 임명된 사람이 바로 자신의 특별한 후원자이며 보호자인 요스트 바우카르트 신부라는 점이었다. 그는 분명히 페테르 판데르 빌이 1628년이나 혹은 1633년에 일을 바로잡기 위해 했던 것보다 더 많은 것을 이룰 것이다.

아드리아나의 치욕

1637년 3월 11일, 몰. 헨리 요스는 이 늦겨울 날에 일상적인 사제 직무를 보느라 바빴다. 한 교구민의 최종 증언을 기록하고, 세례를 주거나 매장을 하고(렌트Lent의 중심인 이곳에서 결혼식은 없었다), 미사를 집전하고, 지방 관리들에게 조언을 하고, 혹은 최근 자신의 성직자 직위를 위협하는 것들을 물리치려 노력했다. 그는 전쟁의 공포에 대해서도 걱정했다. 결코 멀지 않은 곳의 홀란트인들이 몰에 더 가까이 접근했기 때문이다. 이런 여러 가지 염려의 와중에 메헬렌 대주교의 직인이 찍힌 편지 한 통이 도착했다. 이것은 호기심을 불러일으키는 것이었다. 왜냐하면 헨리 요스의 본당은 메헬렌의 관할권 밖에 있는 덴 보스 주교 관구에 속했기 때문이다. 그것은 동시에 불안감을 자아냈다. 뜻하지 않은 곳에서 날아오는 소식은 흔한 일이 아니었기 때문이다.

이것도 예외는 아니었다. 헨리 요스 신부는 향후 메헬렌 대주교 관구의 경계 내에서는 강론을 하거나 고해를 듣는 것이 금지되었다. 어떤 설명이 첨부되었나? 만약 없었다면, 그는 베들레헴의 아드리아나 원장과 자신의 여동생 마리아가 보낸 또 다른 편지를 보고 그 이유를 추측했을 것이다. 두 사람은 지난달에 바우카르트 신부가 수녀원을 공식 방문한 것에 분노했다. 그는 이틀간 체류하며 수녀원의 현 상태에 대한 통상적인 질문뿐 아니라, 20년 전에 헨리 요스가 고해신부로서 제명된 문제를 고집스럽게 끄집어냈다.

그것은 누구에게나 충분히 굴욕적이었다. 그 오래된 이야기를 소생시킨 것이 분명 대주교 보넌을 자극하여 요스 신부의 강론과 고해에 대한 금지 조처를 발표하게 했다. 강론과 고해는 그가 1년에 두 차례 혹은 세 차례 베들레헴을 방문할 때 수행하기 좋아하는 임무들이었다. 그 금지 조처는 분명 수녀들 앞에서 그를 난처하게 하려는 것이었고, 그가 아예 수녀원을 방문하지 못하게 하려고 고안된 것이었다.

요스 신부는 곧바로 아드리아나와 마리아에게 답장을 썼다. 자신에게 가해진 새로운 제한 조치를 그들에게 말하고, 공식 방문 기간 동안 자신을 나쁘게 말한 수녀들을 비난하고, 교회 공식 방문자들이 분란을 확인하려는 의도를 가졌던 것에 놀라움을 표했다. 그리고 끝으로, 다가오는 3월 22일로 예정된 신참 수녀 착복식에 참석해달라는 수녀들의 초청을 수락했다. 그것은 그에게 최근 몇 주간 일어난 사건들의 자세한 내막을 알 수 있는 기회가 될 터였다.

1637년 렌트의 베들레헴. 1637년 2월의 베들레헴 공식 방문은 요스 신부가 두려워한 만큼 좋지 않았고, 마가렛이 희망한 것만큼 만족스러웠다. 이제 마가렛의 시대가 활짝 열리고 수녀원에서의 모든 싸움은 절정에 도달했다. 공식 방문은 아드리아나 트라위스와 헨리 요스 두 사람에게 모욕이었기 때문이다.

중요 인물은 물론 바우카르트 신부였다. 그는 최근에 수녀원에 돌아갔으나 아직 상처를 입기 쉬운 마가렛을 보호하기 위해 공식 방문 대표자로 선발된 것이 확실했다. 그러나 그 선택은 대주교 보넌이 생각한 것보다 훨씬 더 큰 결과를 가져왔다.

공식 방문은 보통처럼 조용히 시작되었다. 교구장 마나르츠를 동반하고 바우카르트 신부가 2월 말에 베들레헴에 도착했다. 그리고 수녀원 생활의 일반 문제들에 대해 수녀들과 면담을 시작했다. 그러나 바우카르트 혹은 다른 수녀들의 선동 때문인지는 모르지만, 곧 젊은 헨리 요스 신부의 '과거 지저분한 이야기'가 주요 대화 소재가 되었다. 브리Bree라는 도시의 한 수녀원 고해신부는 17년간 수녀원의 파벌 갈등을 지배한 바가 있는데, 헨리 요스는 20년 전에 베들레헴의 고해신부에서 쫓겨나고도 여전히 논란의 중심에 있었다!

수녀들과의 면담이 어떻게 진행되고 그들이 정확히 무엇을 말했는지는 기록이 남아 있지 않다. 그 요약본과 편지들은 너무 민감한 내용이어서 파기되었다. 하지만 다른 문서들을 통해 무엇이 1637년의 소란을 일으켰는지 충분히 알 수 있다. 그 이야기들은 오래된 것이며 헨리 요스에 관한 것일 뿐만 아니라 아드리아나 트라위스에 대한 것이기도 했다. 처음으로 아드리아나는 오래된 추문에 반‡공개적으로 연루되었다. 그 세부적인 내용도 역시 기록되지 않았다. 원장이 되기 전에 젊은 아드리아나가 헨리 요스와 친밀했던 것일까? 아니면 다른 누군가와? 사실 아드리아나의 과거 경솔한 행동에 대한 소문이 막연하나마 오랫동안 있었던 것은 사실이다. 면담 중에 나온 이야기와 그 구체적인 내용이 무엇이었든 간에 그것은 분명히 아드리아나를 1618년의 추문에 연루시켰고, 그녀를 '심히 치욕스럽게' 만들었다. 너무나 큰 불명예였기 때문에 즉시 새 원장 선출 이야기가 수녀원에서 나왔다.

마가렛과의 오랜 친분 과정에서 바우카르트 신부가 아드리아나와 헨리 요스에 대한 그 이야기들을 이미 들었을지도 모른다. 그가 분명히 원한 것은, 마가렛이 수년 동안 얼마나 부당하게 비난을 받아왔으며 대우받았는가를 보여주기 위해서라도 대주교와 총대리 판데르 빌이 그 이야기들을 듣게 하는 것이었다. 총대리 자신은 그 세부적인 것을 몰랐다. 마가렛이 지난 공식 방문 때 그에게 말할 기회가 있었지만, 헨리 요스에 대한 아드리아나의 열렬한 감정에 대해 단지 암시만 흘리고 자세하게 말하지 않았다. 그리고 헨리 요스가 수녀원을 자주 방문하지 못하게 해달라고 요청하고, 헨리 요스와 아드리아나 두 사

1650년, 뢰번의 회색 수녀회. 이 그림의 묘사가 정확하다면, 그림 속 수녀는 베들레헴의 원장 아드리
아나 트라위스가 거의 분명하다.
(출처: 암스테르담 시립미술관 판더르 켈런-메르턴스, 뢰번)

람의 과거 결백에 대한 몇 가지 막연한 비방을 했을 뿐이다. 대주교 호비위스가 그 문제를 몇 년 전에 총대리에게 언급할 때도, 그는 대략적으로만 말함으로써 "수녀원의 명예를 지키려 했다". 심지어 대주교 야코프 보넌도 요한 에반헬리스타의 옛 보고서를 통해 마가렛 편에서의 이야기를 분명 기억했지만, 대강의 내용 이상은 모르는 것 같았다. 어쨌든 이제 바우카르트 신부가 마가렛의 개인 고해신부로서뿐만 아니라 수녀원의 공식 시찰자로 활동하고 있고, 그는 추한 사건들을 철저히 조사하여 자신이 들은 것을 대주교 보넌에게 보고하려 했다. 그는 진실을 마음속에 가둬둘 필요가 없었다.

바우카르트 신부가 베들레헴 방문을 마치기도 전에, 수녀원은 그의 면담을 두고 혼란에 빠졌다. 그가 떠난 후에, 만족한 수녀들은 그에게 감사의 편지를 썼고, 비탄에 빠진 수녀들은 재빨리 대주교 보넌에게 하소연했고 총대리 판데르 빌에게도 화를 내며 불평했다. 이 수녀들은 관료 행정에 대한 오래된 교훈을 알고 있었다. 즉 한 명의 관리가 들어주지 않으면 거의 비슷한 영향력을 가진 다른 관리가 들어줄지 몰랐다. 공식 방문에 기뻐한 수녀들은 바우카르트 신부에게 희망을 걸었고, 공식 방문에 낙담한 수녀들은 페테르 판데르 빌에게로 향했다.

바우카르트 신부에게 불만을 품은 수녀들은 총대리 대주교가 자신들에게 공감해줄 것이라고 믿었다. 그는 수녀들만큼이나 최근의 공식 방문 행사를 유감으로 생각했다. 수녀들의 이야기가 옳고 그르고를 떠나서 공식 방문이 일으킨 다툼 때문이었다. 그가 과거에 베들레헴의 변화를 적극적으로 추진하는 것을 거부한 것도 바로 그 때문이었다. 어떤 진지한 구제책도 기존의 고질병보다 더 상황을 악화시킬 것이 분명했다. 많은 수녀들처럼 총대리도 바우카르트 신부를 비난했다. 수녀들의 과거 이야기를 용인하고, 그 이야기들 때문에 아드리아나를 해임하려 했기 때문이다. 과거 사건들은 오래된 것이고 기억도 대체로 희미했다. 총대리는 이것이 바우카르트 신부가 마가렛을 옹호하기 때문이라고 생각했다. 하지만 그것은 믿기 어려운 목적이었다. 마가렛은 이미 오랫동안 수녀원에 많은 분란을 일으켰고 누가 수녀원을 관리하든 "앞으로도 계속 그럴 것이기" 때문이다. 단지 마가렛을 만족시키기 위해서 수녀원을 벼랑에 세울 필요는 없었다.

그러한 비난 정서에도 불구하고, 베들레헴의 흐름은 짧지만 찬란한 시간 동안 분명 바우카르트 신부와 마가렛 편이었다. 바우카르트가 메헬렌에 보고서를 보낸 직후 대주교 보넌이 헨리 요스의 설교와 고해를 금지하는 통고를 몰로 보냈기 때문이다. 그리고 총대리는 공식 방문의 혼란을 개탄하면서도 헨리 요스를 나쁘게 본 바우카르트 신부의 견해를 공유했다. 총대리는 헨리 요스의 강론과 고해를 금지했을 뿐만 아니라 베들레헴 방문도 금지할 것을 대주교에게 건의했다.

그래서 수녀들의 불평이 쏟아지는 중에 바우카르트 신부는 더 밀어붙였다. 그는 "감정이나 사악한 기분"에 휩쓸리지 않고 "신의 은총" 그리고 선의로 자신의 임무를 수행했다고 대주교에게 맹세했다. 공식 방문 중에 헨리 요스에 대한 질문을 자신이 시작하지 않았고, 또한 그에 관해 말하려는 수녀들을 침묵시키지도 않았다고 그는 주장했다. 그 일을 언급하기로 결정한 수녀들은 일부 수녀가 주장하듯이 복수심에서 그렇게 한 것은 아니었다. 그는 마가렛이 다른 수녀들을 부추겼다는 것을 알았지만, 또한 "그녀가 보복하려고 가장 수치스러운 행위와 일들에 대해 선서 증언한 것은 아니라는" 것도 알았다. 그의 유일한 의도는 그리고 마가렛의 목적 역시 수녀원을 개선하는 것이었다.

대주교가 여전히 자신을 신뢰하는 것에 만족한 바우카르트는 드디어 자신의 공식 방문을 종결할 판결문을 작성했다. 과거의 공식 방문자들과 달리, 그는 이 중요한 작업을 소홀히 하지 않으려 했다. 그는 초안을 대주교 보넌에게 보냈고, 대주교는 수정 없이 그것을 즉각 승인하고 1637년 5월 20일에 자신의 이름으로 그것을 수녀원에 공표했다.

이것은 바로 마가렛이 그렇게 오랫동안 기다리던 문서였다. 그리고 1628년 혹은 1633년에 총대리 페테르 판데르 빌이 초안을 잡았지만 공표되지 못한 판결문보다 더 가혹한 내용이 담겼다. 이 문서는 분실되지 않았고, 다른 곳에 잘못 보관되지도 않았으며, 단호했고, 단순히 흘리는 말들이 아니었다. 그것은 양피지에 영구히 잉크로 새겨진 통렬한 비난이었다. 대부분의 판결문이 이름이나 세부 사항을 밝히지 않고 단지 원장의 책임을 넌지시 비추는 것과 달리, 이 판결문의 서른 가지 항목은 분명하게 원장의 책임을 밝혔다. 아드리아나는 대주교가 선정한 두 명의 새 심의회 수녀들을 임명하고 그들의 조언에 유의해야 한다. 아드리아나는 수녀원의 공동 수입을 더 잘 관리해야 하고, 창살문에서의 악습을 중단하고, 신참 수녀들이 서원 전에 마지막으로 수녀원 밖에 나가는 관행을 중지하고, 교구장에게 매년 방문할 것을 환기시키고, 1년에 18플로린이 넘는 물품을 후원자들에게 나누어주어서는 안 되고, 더 규모 있게 기부금을 책임져야 한다. 아드리아나는 또한 내년부터 시작하여 3년에 한 번씩 대주교에게 새로운 원장 선출 시기를 환기하도록 지시받았다.

총대리 페테르 판데르 빌이 베들레헴에서 중점적으로 추구한 것은 억지로 이상을 강요하기보다 수녀들이 조화를 이루는 모양새를 유지하는 것이었다. 하지만 요스트 바우카르트는 판결문을 완전히 일방적으로 작성했고, 그것을 들은 사람들은 각 조항이 지켜질 경우 아드리아나가 과연 원장의 위엄과 명예를 지킬 수 있을까 생각했다. 전체 수녀들에게 판결문 첫 줄을 읽는다는 것 자체가 아드리아나 혹은 어떤 원장에게도 충분히 치욕적인 일이었다. 더구나 판결문을 늘 하듯이 정기적으로 크게 읽을 뿐만 아니라 인쇄하여 각 수녀에게 주는 이례적인 결정은 고통을 더 가중시켰을 것이다. 바우카르트 신부의 강경한 입장이 이번에는 승리를 거두었다.

마가렛에게도 마찬가지였다. 판결문 전체가 그리고 그것을 자주 선포하게 한 것은 분명 마가렛의 생각과 손에서 나온 것이었다. 적어도 짧은 순간 동안 혹은 판결문을 처음 읽을 동안, 그녀는 분명 베들레헴에서의 그 어느 때보다 가장 만족스러웠을 것이다.

그러나 아드리아나는 달랐다. 새 포고문은 헨리 요스에게 제약을 가한 것처럼 원장의 가슴을 날카롭게 찔렀다. 더 안 좋은 것은 대주교가 바우카르트 신부 그리고 심지어 총대리 페테르 판데르 빌과 함께, 헨리 요스의 강론과 고해 및 수녀원 방문까지 모두 금지시키는 것에 동의했다는 것이다. 대주교는 총대리로 하여금 아드리아나에게 말하게 했고, 헨리 요스에게 직접 알리는 일은 아드리아나에게 부과했다. 원장은 3월 22일 신참 수녀의 착복식 때 그 소식을 알렸을 가능성이 높다. 헨리 요스는 그 행사에 이미 초대받았고, 의문에 가득 차서, 하지만 여전히 즐거움을 기대하고 달려왔을 것이다. 원장은 의식이 끝날 때까지 기다렸을까? 그가 떠나기 전에 그들의 마음속에는 어떤 감정들이 자리 잡았을까? 그들은 서로 함께하는 것을 즐긴 인정 많은 은인과 경건한 수녀로 서로를 여겼을지도 모른다. 아니면 그들은 일부 수녀가 암시했듯이 과거 사건으로 인해 더욱더 친밀하게 연결되었을까? 아마도 그들이 마지막으로 함께했을 이 장면에 대해 어떤 기록도 남아 있지 않다. 그러나 그들의 관계가 정확히 어떤 것이었든 간에, 아드리아나 트라위스에게는 매우 유감스러운 47세의 한 해였다.

항복

1638년에서 1640년까지. 마가렛의 흡족함도 원장의 불안정한 지위
도 오래가지 않았다. 가혹하고 외관상 철두철미해 보인 1637년의 포
고문은 앞선 공식 방문의 법령들처럼 취약하고 대수롭지 않은 것이
돼버렸고, 마가렛은 예전처럼 여전히 혐오의 대상이었다. 과거의 고
질적인 문제들이 포고문 이행을 방해했다.

대주교가 베들레헴에 엄격한 개혁 프로그램을 시행하려는 의지가
1637년에 더 확고한 것으로 보였지만, 문제는 누가 그것을 시행하느
냐였다. 대주교나 그의 대리인들이 밤낮으로 혹은 매주, 매달마다 수
녀원을 감시할 수도 없었다. 강제나 강요는 수도원의 이상에 바람직
하지 않기 때문이다. 대주교가 노력한다 하더라도, 베들레헴 수녀
들이 확실히 순응하도록 자주 방문하는 것은 불가능했다. 그는 시간
이 없었고 그렇게 할 성직자도 없었다.

전쟁 중이거나 전쟁이 없을 때나 대부분의 주교, 교구장, 혹은 성직

자 사절은 모든 수도원과 본당을 매년 혹은 2년에 한 번 의무 방문하지 못했고, 그들이 주교의 법령과 지침에 순응하도록 하는 것도 어려웠다. 앤트워프의 주교 말데뤼스Malderus는 1615년에 로마에 보고하기를, 자신은 매년 시온Sion 수도원을 방문했지만 다른 곳들은 방문하지 못했다고 했다. 앤트워프는 몇 개의 수도원과 150개의 본당을 관리했지만, 메헬렌에는 대주교가 관리하는 500여 개의 본당과 약 75개의 수도원이 있었다. 수백 년 후 프랑스 소설에 등장한 시골 사제는 다음과 같이 말했다. "우리는 관할 교구를 간신히 관리하고 있다." 주교의 관리 업무는 훨씬 더 힘들었을 것이다.

열정적인 대주교 야코프 보넌도 완벽하지 못했다. 그는 디스트의 회색 수녀회가 자체 정관이 없는 것을 알고 놀랐는데, 사실은 수녀들이 일부 법령의 승인을 수도 없이 요청한 바 있었다. 또한 여성 수도자들로서 35년간 모범적인 노동과 지도력을 보인 것으로 알려진 티넌 베긴회의 법령들이 "완전히" 방치된 것을 "침통한 마음으로" 바라보았다. 그곳 수녀들은 권위에 대한 존경심을 "발밑에 짓밟고", 검소한 의복을 "최신 유행, 교만, 과도한 소비"로 대체했다. 베들레헴에서 보여준 대주교의 노력만 보더라도 공식 방문의 결과를 판결문으로 만드는 것이 얼마나 힘든가를 알 수 있다. 그것을 시행하는 것이 오히려 더 쉬웠을 수 있다. 하지만 그레노블Grenoble의 장 드 아랑숑Jean d'Aranthon 주교가 맞닥뜨렸던 가파른 산들과는 싸우지 않아도 됐다. 그 주교는 교구 방문을 딱 세 번만 했다.

육체적 한계도 있지만 공식 방문자들이 할 수 있는 것에 제한이 있었다. 그들은 수도원 내의 정치권력의 영향뿐만 아니라 여성 수도자에 대한 특정한 태도의 영향을 받았다. 1640년에 베네딕트 수도회 수사인 아플리험Affligem의 판 하프턴Van Haeften은 상급 성직자들에게 아무 것도 하지 않은 것으로 보인 이유를 제시했다. 즉 까다로운 수녀원은 새로운 정관이나 많은 법령 혹은 더 잦은 방문이 필요 없다는 것이다. 왜냐하면 여성을 상대할 때는 많은 법령이 오히려 불편하기 때문이라고 했다. 여성은 '본래' 함께 의논하기 어렵고, 규칙이 많으면 그들의 타고난 고집이 더 심해진다는 것이다. 베들레헴 방문자 중 누구도 이러한 견해를 크게 표명하지 않았지만, 다른 유사한 증거들을 보면 그러한 생각이 메헬렌 성직자들의 곁을 맴돌았을 것이다.

공식 방문자들이 무엇을 하고 하지 않는가는, 요스트 바우카르트와 페테르 판데르 빌 사이처럼 그들 사이의 경쟁 관계의 영향도 받았다. 이상적으로는 주교가 어느 때에 누구라도 공식 방문자를 보낼 수 있어야 하고, 해당 기관의 상태에 대한 객관적이고 신뢰할 만한 진술을 보고받아야 한다. 하지만 기질 및 다른 세속적인 고려가 중요하며 그것은 방문자에 따라 다른 결론과 행동을 이끌어냈다. 바우카르트는 베들레헴이 1637년에 위기에 처했다고 보고 과감한 조치를 취했지만, 페테르 판데르 빌은 똑같은 상황을 보고도 상황을 더 악화시키지 않으려면 최대한 개입하지 않는 것이 최상이라고 생각했다.

1637년의 판결문에 명기한 대로, 대주교 보넌은 1638년 봄에 공식 방문자를 베들레헴에 보냈다. 그러나 이번에는 1년 전과 완전히 다른 결론을 내릴 총대리 판데르 빌을 선발했다. 대주교는 분명 이것을 알았고 그의 결정은 베들레헴에 대한 그의 지속적인 이중 감정을 반영했다. 즉 마가렛은 보호가 필요하고 수녀원은 개선이 필요하지만, 두 목표는 수녀원 내의 정치적 현실을 반영하여 균형을 잡아야 했다. 대주교의 결정은, 그가 신뢰하는 매우 다른 두 명의 성직자에 대한 그의 존중을 반영했다. 두 사람 각각의 일처리 방향은 한편으론 옳았고 또 다른 편으론 그릇되었다. 두 사람을 차례로 보냄으로써, 대주교는 바우카르트가 마가렛을 보호하고 개혁의 나팔소리를 울릴 것 그리고 총대리는 어떤 과감한 조치도 막을 것임을 확신했다. 결국 수녀원의 어느 쪽도 완전한 승리를 얻지 못할 것이며, 모두 어느 정도의 명예와 체면을 유지할 수 있을 것이었다.

실제로 총대리 페테르 판데르 빌이 1638년에 베들레헴에 갔을 때, 그는 지난 방문의 영향을 열심히 원상태로 돌려놓으려 했다. 그래서 수녀들과의 면담 후에 그는 어떤 포고문도 발표하려 하지 않았고, 아드리아나를 대체할 선거를 치를 생각도 없었다. 심지어 그는 1637년 최종 포고문 내용을 담고 있는 문서들을 수녀원장만 볼 수 있는 사적 문서로 바꿔달라는 여러 수녀들의 요청에도 귀를 기울였다. 수녀들은 그 판결에 의해 원장에게 쏟아진 공적 치욕을 조금이라도 경감하고자 했다. 총대리는 어떤 메모나 새로운 법령을 초안하지 않고, 대주교에게 수녀원 방문에 대한 비공식 보고만 올렸다. 그 보고에서 총대리는 수녀들 사이에 "상당한 불화"가 있지만, 그것은 아드리아나의 잘못이 아니라고 진술했다. 오히려 그것은 아드리아나를 원장에서 물러나게 하려고 "공모한" 요안나 스훈세터르스와 서너 명의 종신 서원 수녀들 (분명 마가렛을 포함한)의 책임이었다. 총대리가 요안나를 꾸짖고 즉시 원장에게 경의를 표하고 복종할 것을 명령하자, 요안나는 총대리의 말은 듣지 않고 바우카르트 신부의 말만 따르겠다고 응답했다. 그녀는 바우카르트가 언제라도 방문할 것으로 기대했고 총대리의 "분별없는 판단"을 그에게 알릴 생각이었다. 이것은 분명 총대리의 두 눈을 치켜 뜨게 했다. 수녀원에서 바우카르트 신부의 영향이 "매우 건전하지 않다"는 수녀원 고해신부의 말에도 놀라움을 표했고, 총대리 역시 똑같이 느끼기 시작했다. 그러나 베들레헴을 어떻게 할 것인가, 그리고 무엇부터 고칠 필요가 있는가의 문제는 분명히 보는 사람의 눈에 달려 있었다.

또 다른 마지막 요인이 1637년 공식 방문을 무효로 하는 데 공헌했다. 그것은 수녀들 자신의 완고함이었다. 아드리아나와 수녀들은 상급자와 포고문에 복종해야 할 자신들의 의무를 진지하게 받아들였지만, 결국은 자신들이 좋을 대로 했다. 그들은 성직 지도자들처럼 스스로 '훌륭한 수녀'의 기준을 만들었다. 과거에도 이러한 완고함은 다른 수백 개의 수녀원들처럼 베들레헴에서도 뚜렷했다. 하지만 바우카르트 신부의 지속적인 압력에 직면한 지금은 특히 더 분명했다. 1639년 8월에 바우카르트 신부가 비공식이긴 하지만 베들레헴을 방문하여 자신이 2년 전에 남긴 판결문을 보기를 원하자, 아드리아나는 1638년에 페테르 판데르 빌이 수정을 검토하러 가져갔기 때문에 없다고 응답했다. 또다시 베들레헴 판결문이 분실된 것에 대해 바우카르트는 노발대발했다. 화가 난 그는 자신이 곧 수녀원에 돌아와 1637년 공식 방문에 대한 재결론을 내리겠다고 아드리아나에게 약속했다.

아드리아나는 대주교에게 편지를 써서 이 일련의 일들을 알리고, 바우카르트 신부의 약속이 이상하다고 말했다. 1637년의 공식 방문은 2년 전에 결론이 났고 이미 오래된 일이었기 때문이다. 그러한 행동은, 바우카르트가 수녀원에 자신만의 통제권을 행사하려는 의도를 드러낸 것이며 페테르 판데르 빌의 더 최근 조치(혹은 무無조치)를 무시하는 것이라고 그녀는 생각했다. 바우카르트는 아드리아나가 편지를 보냈다는 소식을 듣고, 자신도 대주교 보넌에게 보고를 올렸다. 그는 자신의 건강에 별 효과가 없는 온천물을 계속 마셔야 하는지 뢰번 의사들의 조언을 얻기 위해 도시를 지나는 중이었다고 설명했다. 즉 아드리아나가 암시하듯이 그녀를 꾸짖을 목적으로 뢰번에 간 것이 아니라고 했다. 더 중요한 것은 분실된 판결문에 대한 아드리아나의 주장이었다. 바우카르트는 "관목 아래 거짓말들이 수두룩하다"고 걱정했다. 왜냐하면 바우카르트는 총대리가 1637년 포고문 원본이 아니라 복사본만 수녀원에서 가져온 것을 알았기 때문이다. 그래서 바우카르트 신부는 아드리아나가 원본을 "파기"했거나 "훼손"했을 것이라고 의심했다. 분명 아드리아나 혹은 안나 피흐나롤라가 그러한 행동을 저지를 "거친 영혼"의 소유자라고 바우카르트는 생각했다. 진실을 밝힐 유일한 방법은 대주교 자신이 아드리아나에게 원본을 건네라고 요구하는 것이었다.

하지만 보넌은 베들레헴에 점차 지쳐갔다. 그래서 분실된 판결문의 미스터리를 깊이 파헤치는 대신 더 근본적인 조치를 고려하기로 했다. 즉 베들레헴을 완전히 포기하고 그것을 프란체스코회에 넘기는 것이다. 수녀들은 과거에도 그 제안을 한 적이 있는데, 1638년에 다시 제안하자 대주교가 훨씬 더 적극적인 태도를 보였다. 아드리아나는 그것이 바로 자신을 1637년 판결문과 바우카르트 신부에게서도 벗어나게 해줄 수단이라고 보았다. 오래지 않아 대주교는 로마에 있는 프란체스코회 본부와 편지를 주고받으며 수녀원 관할의 세부 사항들을 논의했다. 그동안 베들레헴 수녀들도 교황에게 긴 청원서를 보내, 그들이 꼭 프란체스코회에 속할 필요가 있다고 설명했다. 1639년 2월경에 충분한 세목이 정리되었고, 수녀원 소속 변경을 비준하고 공포하는 교황 교서가 로마로부터 신속히 도착했다.

그러나 1618년에 대주교 호비위스가 베들레헴 감독권을 양도하려 했을 때처럼, 메헬렌의 주교좌성당(주교主教를 두고 있는, 교구 전체의 모성당母聖堂이며 교구 통할의 중심이 되는 성당—옮긴이) 참사회는 그에 반대했다. 대주교 보넌은 이러한 일이 일어날 것을 아드리아나에게 이미 경고했다. 만약 참사회가 전환에 반대하면, "당신은 큰 어려움에 봉착할 것이다". 대주교가 아드리아나에게 교섭을 비밀로 하라고 지시한 것도 그 때문이었다. 참사회는 때가 될 때까지는 그 사실을 알아서는 안 되었다. 그래서 바우카르트가 1639년에 자신의 판결문을 찾으러 왔을 때 아드리아나는 다가올 변화에 대해 그에게 아무 말도 하지 않았다. 그것은 아드리아나가 판결문을 내놓을 수 없었던 이유이기도 했다. 베들레헴이 대주교 보넌과 그의 탐탁지 않은 대리인인 바우카르트 신부의 감독을 받을 날도 얼마 남지 않았다고 믿고, 아드리아나는 그 문서가 더 이상 필요 없다는 기쁨에 아마도 그것을 찢어버렸을 가능성이 높다.

결국 대주교의 말이 맞았다. 주교좌성당 참사회를 설득해 베들레헴 양도에 동의하게 할 수 없었다. 1640년 내내 참사회는 방해물을 하나씩 제거했고, 관할권 양도는 차단되었다. 그래서 결국 베들레헴은 대주교와 그의 공식 방문자 집단의 관할 아래 남겨졌다. 하지만 베들레헴 지도자들은 관할권 위기를 통해 하나의 큰 성과를 얻었다. 관할권 문제가 1637년 공식 방문을 둘러싼 논쟁을 복잡하게 만들었고 이제 그 논제는 거의 미미하게 되어 구석으로 밀쳐졌다. 바우카르트 신부의 가혹한 판결문은 사실상 망각되었다.

마가렛은 바우카르트 신부만큼 1637년 공식 방문의 종언에 실망했다. 그것은 사실상 자신의 하소연의 종말을 뜻했기 때문이다. 마가렛이 수년간 폭로한 추문과 자잘한 잘못들이 알려졌는데도 변화가 일어나지 않는다면, 앞으로 변화는 결코 없을 것이다. 그리고 마가렛이 비난한 사람들은 예전보다 더 자유롭게 마음대로 일을 처리하며 마가렛을 무시할 것이다.

1639년 8월에 실망스러운 베들레헴 방문을 마친 후 바우카르트 신부는 대주교 보년에게 수녀들이 "죄 없는 수녀 M"을 못살게 괴롭히고 있다고 걱정했다. 왜냐하면 자신에게 그 일부 책임이 있다고 믿었기 때문이다. 수녀들은 바우카르트의 1637년 판결문 혹은 헨리 요스의 최종 추방의 '이유'가 마가렛인 것처럼 행동했다. 예를 들어 안나 피흐나롤라는 마가렛을 해하는 편지를 뢰번 교구장에게 최근에 보냈는데, 그 내용이 너무 심하여 바우카르트 신부도 안나의 주장을 차마 옮기지 못했다. 그 사이 바우카르트는 더 많이 더 자주 신앙 의식을 행하며 "괴로워하는 Ma.(이름은 생략했음)"를 위로하려 노력했다. 사실 그에게는 "나약함과 유혹 등을 이겨내는 데 그러한 의식보다 더 편리하고 강력한 수단"은 없는 것 같았다. 그는 또한 마가렛에게 교황 피우스 5세Pius V가 규정한 신앙고백을 더 자주 암송하라고 권했다. 한동안 마가렛은 너무 낙담하여 그렇게 하기를 거부했지만, "귀신 들림을 처음 처치한 신의 자비로" 결국 동의했다. "저는 신의 뛰어난 은총의 위안으로 이 편지를 씁니다."

만약 마가렛이 1637년 포고령으로 일시적 만족감을 조금 얻었다면, 이제 그녀는 그 포고문 때문에 그리고 헨리 요스를 최종적으로 쫓아내는 데 영향을 미쳤다고 알려진 그녀의 역할 때문에 가장 고통 받는 사람이 되었다. 그러한 결과는 수녀들도 암시를 했고 일부 방문자도 알고 있던 것이다. 즉 공식 방문자들이 익명성을 지킨다 하더라도, 아드리아나 원장은 판결문의 내용만으로 누가 무엇을 말했다는 것을 알아챘다.

결국 베들레헴에서 마가렛의 위치는 여러 면에서 1624년 이전 혹은 손님 숙소에 유배당한 시기와 비슷해졌다. 물론 그녀의 용기와 결의는 수십 년 동안 부풀어 올랐고, 그녀는 어엿한 수녀 신분으로 다시 수녀원 안에 들어왔으며, 헨리 요스를 완전히 쫓아냈다. 그러나 바우카르트가 언뜻 내비쳤듯이 그녀는 다시 구마 의식을 필요로 했을까? 그렇지 않았다 하더라도, 마가렛은 아드리아나가 안나 피흐나롤라를 그녀의 충직하고 영원한 재무 담당관으로 두고 원장으로 재임하는 힘든 사실에 매일 직면해야 했다. 원장과 안나가 파란을 감내했다는 것은 개혁이 실패하고 방종이 성공했다는 것을 뜻하지 않는다. 그것은 관할권 문제, 수도원 생활의 핵심에 대한 매우 다른 견해들, 수도자들 인간관계의 개인적 취향, 성직자들과 수도자들의 정치적 역학 등 오히려 한 가지 방식의 개혁 외에 고려해야 할 다른 사안들이 있었음을 의미한다. 마가렛이 더 가까이 그리고 분명히 수녀원 안에 있음에도 불구하고, 수녀원 지도자들은 자신들이 적합하다고 생각한 대로 수도회 생활과 개혁을 매우 자유로이 이끌어갈 수 있었다. 그것은 마가렛이 언젠가 말한 대로였다. "공식 방문으로는 충분하지 않다. 그들은 자신들 뜻대로 할 것이다." 원장은 "방문자들이 가자마자 어떤 것에도 개의치 않고 자신의 옛날 방식대로 할 것이다".

16

결말

1648년 12월 17일, 베들레헴의 진료소. 이해는 유럽 역사에서 베스트 팔렌 조약으로 가장 잘 알려져 있다. 이 조약은 매우 중요한 합의로, 유럽을 휩쓴 오랜 적대감을 종식시켰고 그 이후 무수히 많은 역사와 역사책의 출발점이자 종착점이 되었다. 그러나 베들레헴의 모험담에 서 1648년은 또 다른 이유로 중요했다. 그해는 여성 수도회 세계에서 자신의 영역을 만들기 위해 자기만의 성마른 방식으로 수십 여년간 고생한 한 수녀가 사망한 해였다.

유일하게 남아 있는 짧은 기록에 의하면 마가렛이 죽기 전에 고생 한 질병은 "오래된" 것이었다. 사망 이전 그녀에 관한 마지막 기록이 1639년도 것이므로, 그녀의 병은 여러 주 혹은 몇 달 심지어 몇 년간 지속되었을 것이다(마가렛은 분명히 그렇게 되지 않을 것이라고 했지만). 만약 규 정에 따라 그녀가 보살핌을 받았다면, 원장은 그녀를 진료소로 매일 방문하여 수녀원의 공동 자원에서 필요한 것들을 제공하고, 피할 수 없는 죽음과 신의 심판의 엄중함을 상기시키면서 애정을 갖고 그녀에게 회개하도록 권고했어야 한다. 원장이 없을 때는 진료소장 레스컨 요스가 진료소를 결점 없이 운영하며 자신의 뜻대로가 아니라 자애로운 신의 애정으로 환자를 정성껏 보살펴야 한다. 원장처럼 진료소장도 고통 받는 환자가 용기를 갖고 병을 인내하도록 독려하고, 부드럽고 간결하게 이야기하고, 수녀원의 모든 방문자들에게도 똑같이 하도록 권고했어야 한다. 아마 이 모든 일이 실현되었을지도 모른다. 병든 마가렛이 마침내 그녀가 그토록 오랫동안 원한 신선한 버터, 흰 빵, 좋은 생맥주나 포도주 한 잔을 돈을 내지 않고 받았을지 모른다. 아니면 아마도 고립의 악몽과 절대 빈곤에 시달렸을지 모른다.

만약 환자가 간곡한 권유에 유의했다면, 그녀는 분명 자신의 많은 죄를 고백했을 것이다. 뢰번의 교구장이 그녀의 정신과 영혼이 죽을 때까지 견실했다고 기록했으므로, 마가렛은 그렇게 할 만큼 충분히 의식이 있었다. 마가렛은 수도회 수호 성녀인 헝가리의 성녀 엘리자베스만큼 영웅적이지는 않았을 것이다. 엘리자베스 성녀는 죽기 사흘 전에, 고해성사를 위해 기억을 새롭게 하고 그녀를 기다리는 최후 심판을 묵상하려고 방에서 모든 사람을 내쫓았다. 그녀는 주위 여러 천사들과 함께 백조처럼 노래했고, 그녀의 영혼을 가로채려는 악마의 마지막 시도를 물리쳤고, 예수의 탄생에 대한 말씀을 읊으며 죽었다. 아마도 덜 극적이었겠지만, 마가렛의 마지막 시간들도 분명 간절하였을 것이다.

다행히 당시에 죽음을 맞이하는 비결을 알려주는 책들이 급격히 늘어나서 마가렛은 그것들을 이용했을 것이다. 뢰트브레버르Leutbrewer라는 프란체스코회 수사는 편리하고 대중적인 안내서 《어떤 대죄도 용서받을 것을 보장하는, 자신의 전 인생에 대한 총괄 고해를 두 시간 내에 준비하는 귀중한 방법Art of How Prepare in Less Than Two Hours for a General Confession of One's Whole Life, with the Guarantee That No Deadly Sins Will Be Forgotten》을 발간했다. 기본적인 일반 원칙은 생애 동안 정기적으로 고해하는 것이라고 저자는 상기시킨다. 적어도 수도회 기준으로 마가렛은 그렇게 하지 않았다. 또 다른 목표는 고해가 완전하도록 확실히 하는 것이다. 사람들은 특히 최후에 고해를 불성실하게 하는 경우가 많기 때문이다. 일생을 숙고하면서, 자신이 알았던 모든 사람의 이름과 그들에게 가했을 죄들, 십계명을 어긴 모든 죄의 목록, 자기 신분에서 흔히 범하는 죄의 목록을 반드시 포함해야 한다. 기억을 상기하기 위해 저자는 각 목록에 해당하는 일련의 전형적인 죄들을 친절하게 제시한다. 판 호르큄Van Gorcum의 《병자의 위안Comfort of the Sick》이라는 책은 마지막을 준비하는 방법뿐만 아니라 악마가 특히 사망의 시기에 분주한 이유도 설명한다. 그것은 마가렛의 삶을 보면 중요한 주제였다. 즉 죽음의 순간은 최종 선택이 이루어지는 때이다. 저자는 권고하기를, 악마와 싸우고 신과 성인들의 이름을 부름으로써 성스러운 천사들이 와서 주위의 악마들을 쫓아내게 하라고 한다. 모세가 뱀을 들어 올린 것처럼, 신의 위안을 얻으려면 십자가 고상苦像을 사용해라. 신의 어린 양을 바라보고, 그 십자가가 사탄을 쫓아내는 생명의 나무라고 생각해라. 촛불을 들고 누가 세상의 빛인가를 기억해라.

마가렛이 자신의 삶과 죽음을 명상할 때 그녀의 마음 안팎에서 떠올랐던 마지막 생각들, 유혹들, 과거의 장면들, 기쁨의 순간들이 무엇이었는지 누가 알겠는가? 그리고 그녀 주위에 서 있던 사람들은 무엇을 느꼈을까? 그들은 안도했을까? 그들은 적어도 한순간의 불쌍한 감정을 느꼈을까? 끝까지 마가렛에게 악의를 품었던 안나 피흐나롤라도 그러했을까? 그에 대한 기록은 아무것도 없다. 하지만 간호 수녀가 죽음이 임박했다는 신호를 했을 때 모든 수녀가 그 곁에 자리했을 것이다. 그리고 그들은 주기도문과 사도신경, 그리고 호칭 기도와 기도문들로 이루어진 일곱 개의 찬송가를 부르고, 한 수녀가 〈마르코 복음서〉 14장, 15장의 예수의 수난Passion of Our Lord 부분을 크게 봉독했으리라. 이것은 그리스도교 전통에서 하는 가장 기본적인 의식의 일부인데, 수녀들을 갈라놓기도 하지만 그들을 결속시킨 것을 재차 강조하기 위해 선택된다. 그 사이에 고해신부 혹은 수녀가 죽어가는 마가렛 가까이 앉아, 악마에게 어떤 빈틈도 주지 말고 입이나 가슴으로 가장 성스러운 예수 그리스도의 이름을 큰 소리로 부르라고 재촉한다. 마가렛은 가난했기 때문에, 그녀가 남긴 초라한 물건들을 어떻게 분배할 것인가를 생각한 수녀는 없었을 것이다. 마가렛은 그러한 관행을 항상 비속하다고 생각했다.

죽음이 가까워오자, 두 수녀가 일과기도서에 요약되어 있는 긴 찬양 기도를 암송하기 위해 자리를 떴다. 마침내 마가렛이 죽자, 다른 수녀들은 모두 자신들의 죄와 다가올 죽음을 상기하며 회초리로 스스로를 징벌했다. 그 직후에는 아홉 번의 독서와 함께 철야 기도가 이어졌고, 땅에 시체를 묻은 후 장례미사를 했다. 죽음에 대한 애도는 여러 주 동안 계속되었다. 아드리아나 원장은 뢰번과 대주교 관구의 모든 수녀원에 마가렛의 죽음을 고지했다. 그래서 망자의 영혼을 위한 사랑의 기도가 충실히 이행되게 했다. 하지만 아드리아나는 마가렛의 죽음을 대주교 보년에게 자신이 직접 알리지 않았다. 대신 교구장에게만 이야기했고, 그는 대주교 관저의 참사회 의원에게 편지를 썼다.

다른 업무로 가득 채워진 편지 아래쪽에 교구장은 다음 소식을 대주교에게 알려달라고 요청했다. 12월 17일에 뢰번의 회색 수녀회 수녀원에서 "대주교도 잘 알고 있는 마가렛 스필더르스 수녀가 오랫동안 힘든 병으로 고생하다 생을 마감했으며, 죽을 때까지 좋은 기운과 의식을 유지했다".

교구장의 말대로 마가렛이 좋은 기운과 건강한 정신으로 숨을 거두었다면, 그녀는 마지막 순간에 드디어 영원한 승리를 맞았다고 하겠다.

에필로그

    죽을 때 대략 65세였던 마가렛이 오랜 지병으로 사망했는지 새로운 병에 걸려 죽었는지에 대해 아무도 언급하지 않았다. 대주교 보년의 반응도 기록되어 있지 않지만, 교구장의 말은 대주교가 오랫동안 마가렛을 걱정했음을 보여준다. 사실 많은 서찰들 중에서 대주교의 서류철에 보관된 마가렛의 것만큼 잘 보관된 편지들도 없다. 야코프 보년은 마가렛이 자신을 힘들게 했다고 시인했지만, 당시 모습을 드러낸 예수회와의 갈등으로 인해 그녀의 사망 소식은 그에게 더 순박하던 때를 떠올리게 했을 것이다. 보년은 마가렛의 불평과 제안을 따라 행동했고, 마가렛을 완전히 불신하거나 그녀를 단지 정서장애의 혹은 '히스테리에 걸린' 수녀라고 치부해버리지 않았다. 총대리 페테르 판 데르 빌은 다분히 그렇게 보는 경향이 있었다. 보년 덕분에 마가렛 스밀더르스의 유별난 편지들이 보존되었다. 그는 뚜렷한 목적 없이 편지들을 보관했을지 모르지만, 많은 사람들이 물건을 소장하는 것과 같은 이유였을지도 모른다. 과거 특히 감정에 젖었던 과거 그리고 심지어 불행했던 과거를 생각나게 하는 물건은 아무리 사소한 것이라도 버리기 어렵기 때문이다.

마가렛이 교회의 품 안에서 신의 부르심으로 사망했으므로 당시 신학의 관점에서 그녀의 삶은 헛되지 않았다고 볼 것이다. 역사적 관점에서는 더욱 그러하다. 그녀 덕분에 수녀원 내부 삶의 스릴 있는 장면들이 보존되었다. 그렇다고 하여 베들레헴 수녀원이나 마가렛의 이야기가 일반적이었다는 것은 아니다. 하지만 수많은 다른 수녀원과 수녀들이 놀라운 유사성을 보여준다. 뢰번의 검은 수녀회 수녀 마리아는 페테르 판데르 빌에게 "정신이 온전치 않은 바르바라 수녀가 곤란을 일으키지 않을" 때만 수녀원이 평온하다고 말했다. 브뤼셀의 베타니 수도회 수녀는 1590년에 다음과 같은 항목으로 고발당했다. 두 개의 모자를 훔치고, 자기 고양이들에게 "마흔네 가지의 죄"를 범하고, 다른 수녀 중 한 명의 머리에 열쇠를 던지고(열쇠가 크기 때문에 심한 행동이었다), 성가대에서 "원장이 나를 대할 때 영혼을 잃지 않도록 주기도문과 성모송을 원장을 위해 봉독해주세요"라고 말하고, 그에 대해 훈계하는 고해신부에게 고함치며 원장에게는 "당신은 죽을 때까지 내 원수예요. 나는 당신을 보느니 차라리 악마를 보겠어요"라고 소리 질렀다. 주교 트리스트는 다음 사항들을 써놓았다. 파멜러Pamele의 검은 수녀회 수녀들 중에 "두 명의 반항적인 수녀"가 있고, 새로 온 수녀인 안나와 야코바Jacoba는 거만한 방탕자들이고, 휠스트Hulst 병원의 안나 수녀는 "매우 반항적이고, 난폭하고, 불손하며", 수녀원장은 질책할 때 너무 "침울하고, 성마르고", 분별이 없으며, 덴데르몬더Dendermonde 브리히티너스Brigittines 수도회의 콜레타Coleta 수녀는 "매우 반항적"이라고 적었다. 베들레헴 수녀원에서도 후반기에 안나 피흐나롤라는 레히나Regina라는 수녀 때문에 힘들었다. 그 수녀는 안나가 보기에 "완전히 꾸며낸 이야기"를 대주교에게 편지로 썼다. 다른 여러 수녀들이 마가렛만큼 길고 파란만장한 문서의 흔적들을 남겼을지 모른다. 하지만 그것들은 모두 파기되고 그들의 이야기도 묻혀버렸다.

마가렛은 자신의 특별한 이야기를 남겼을 뿐만 아니라, 종교개혁의 시대가 교회 공식 방문자들의 법령 삭제와 새로운 규정 선언 이상을 의미한다는 것을 보여주었다. 무엇보다 마가렛의 이야기는 인간관계의 복잡함과 수도원 법령 시행의 한계를 보여준다. 그 결과 마가렛, 아드리아나, 그리고 다른 수녀들은 공식적인 종교개혁의 영향을 받았지만, 종교적 이념을 형성하고 실천한 자신들만의 관점을 보여주었다. 그리고 그것은 어떤 공동체 소속이든 당시 대부분의 사람들이 종교를 경험하는 모습이기도 했다.

다른 등장인물들에 대하여

몰의 사제인 헨리 요스는 미사 봉헌 및 교회 기부금 장부를 매우 깔끔하게 정리했다. 그는 끝까지 교회 십일조의 우승자로 남았다. 아마 그는 나쁜 사제가 아니었을지 모른다. 몰의 행정관리들은 그가 죽자 그는 "충실하고 훌륭하게 공동체에 기여했다"고 말했다. 1637년의 공식 방문으로 베들레헴에서 벌어진 논란 후에, 헨리 요스는 1년밖에 더 살지 못했다. 그리고 그해는 불행한 해였다. 1638년 초 그는 전쟁 때문에 다른 많은 사람들과 함께 몰에서 도망쳐, 디스트의 베긴회 수도회에 사는 여동생 한 명에게서 피난처를 구했다. 그는 9월 14일에 그곳에서 사망했다. 유언으로 그는 여러 사람과 기관에 선사품을 남겼지만 베들레헴 수녀들에게는 아무것도 남기지 않았다. 그가 그들을 알았다는 어떤 단서도 남기지 않았다. 그는 1637년의 최종 추방으로 상처를 입었을까? 베들레헴 수녀들이 그를 생각한 반면, 그에게는 베

들레헴 수녀들이 별 의미가 없었을까? 아니면 마가렛이 말했듯이 그
도 베들레헴 수녀들을 중요하게 생각했을까? 디스트 베긴회 수녀원
의 철광석 교회 옆에 있는 그의 무덤 표지판에는, 1900년에는 일부 읽
을 수 있었지만 중요한 내용은 없는 비문이 있다. 대부분의 상징과 단
어들은 그때쯤에는 거의 닳아버렸다. 아마도 표지판이 교회 지붕의
구석 아래 있어서, 마치 마가렛이 그의 기억을 지우려고 하는 듯 수백
년 동안 빗물이 계속 쏟아져 내렸기 때문일 것이다. 묘비석은 20세기
세계대전 중에 파괴되었는지 존재하지 않는다.

　페테르 판데르 빌은 나이가 많았기 때문에, 마지막으로 베들레헴을
방문하고 몇 년 후인 1641년에 대주교의 총대리로 자신의 일생을 마
감했다. 그는 자신이 죽으면 '특별 제단' 앞에 혹은 적어도 성가대석
의 '적합한 곳', 즉 그가 여러 해 동안 성무일도를 찬송한 성직자석 가
까운 곳에 묻어달라고 부탁했다. 그리고 의연금은 다양한 사람과 기
관에 하사하도록 했는데, 특히 메헬렌 밖에 있는 곳도 포함하여 남성
및 여성 수도회에 전해지도록 했다. 그러나 그는 뢰번의 회색 수녀회
가 받을 만하다거나 그의 도움이 필요하다고 생각하지 않았다. 베들
레헴은 그의 유언장에 기록된 많은 이름들 속에 없었다. 그가 베들레
헴을 염려했다는 것을 보여주는 다른 어떤 유언이나 유품도 없었다.
그는 1643년 1월에 사망하여 그의 희망대로 매장되었으며, 그의 묘지
에는 신을 향한 그의 열렬한 노고를 적은 묘비석이 있다. 무덤은 나폴
레옹이 지배하던 1820년 5월 21일에 허물어졌다. 지금도 매년 6월 18
일에 그의 기일을 기념한다.

　요스트 바우카르트는 아드리아나 원장과 언쟁을 하던 즈음인 1639
년에 (스페인령 네덜란드의 서부) 이페르의 주교로 임명되었다. 그래서 그

는 32년간 사제로 봉직한 사랑하는 스헤르펜회벌과, 22년간 교구장이었던 디스트 교구를 떠났다. 그는 마가렛을 다시 보았을까? 아마도 그랬을 것이다. 하지만 그에 대한 기록은 없으며 그가 다시 베들레헴을 공식 방문했다는 기록도 없다. 그는 많은 질병에 시달리면서도 상당한 성취를 이루고, 1646년에 63세의 나이로 영령의 날All Souls Day에 사망했다. 그의 묘비석은 그를 더러운 돈이나 명예를 추구하지 않고 오로지 신과 자신의 이웃만을 사랑한 참다운 사제로 칭송한다. 실제로 그는 다른 사제들과 달리 마가렛 수녀의 청원을 결코 거만하게 묵살하지 않았다. 대주교 보넌처럼 아니면 보넌보다 더 그는 마가렛의 말을 진지하게 받아들였다.

야코프 보넌은 항상 그렇듯이 여전히 바쁘고 관대했다. 수년 동안 몽트 데 피에테Mont de Piete에 1만 플로린을, '참회자들Repentants'에게 8,000플로린을, 그리고 '개혁을 도입하는 데' 3만 플로린을 기부했다. 그는 1636년 한 해에만 (상급 성직자라 해도 엄청난 액수인) 4만 3,277플로린을 지출했다. 그 외에 개인 및 수도원 등에 많은 선사품을 증여했는데, 마가렛이나 베들레헴의 회색 수녀회에 대해서는 회계장부나 유언에서 아무 언급이 없었다. 그는 대주교 교구에서 금욕적인 삶을 계속 장려했고, 1644년 8월에는 재생과 재헌신을 촉구했다. 그는 사람들이 계속 '음란한 옷'을 입고 술에 취해 있는 한 전쟁과 전염병을 멈추게 해달라는 그들의 기도를 과연 신이 들어주실지 의심했다. 대주교가 이른바 얀선주의자들Jansenists에게 공감한 것도 엄격함을 좋아했기 때문이다. 얀선주의자들은 1640년대에 은총과 선행의 역할을 놓고 가톨릭 내에서 벌어진 논쟁에서 예수회와 심하게 대립했다. 로마에서 反얀선주의자들이 기선을 잡자, 대주교 보넌의 명예도 쇠락했고 1652

년에 완전히 몰락했다. 그해에 교황은 얀선주의자를 비난하기 위해 대주교 보넌과 헨트의 주교 트리스트를 정직시켰다. 두 사람은 그에 복종했고 1653년 8월에 복권되었지만, 야코프 보넌의 말년은 불행했다. 로마의 법령들, 즉 자신이 믿지도 않고 좋아하지도 않는 조처들을 선포하고 시행해야 했기 때문이다. 브뤼셀, 마드리드, 로마의 일부 성직자들은 그를 직책에서 쫓아내어 확실한 모욕을 주려 했다. 하지만 그들이 성공하기 전에 그가 1655년에 83세의 나이로 죽었다. 수십 년간, 심지어 수백 년간 야코프 보넌은 많은 사람에게 의심스러운 인물이었고, 언젠가는 위인으로 불릴지 모르지만 그의 이름은 항상 얀선주의자라는 꼬리표에 가려져 있다.

베들레헴의 수녀들은 오랫동안 프란체스코회 동료들과 교회 성직자들에 의해 여전히 소박하고 눈에 띄지 않는 수녀원으로 인식되었다. 뢰번의 프란체스코회 수도원장은 1646년에 "수녀원은 (내 생각에) 뢰번 사람들에게 좋은 평판을 받고 있다, 신의 은총이 있기를"이라고 그럴듯하게 말했다. 1659년에 한 공식 방문자는 "이곳의 훌륭한 단합에 칭찬이 넘치고" 이곳은 "사랑으로 가득 찬" 좋은 공동체라는 기록만을 남겼다. 1670년경의 한 부실한 문서는 뢰번의 수녀들이 오랫동안 "정신적으로 그리고 세속적으로 순조롭게" 살았다고 주장했고 그 이상의 언급은 없었다. 그리고 프란체스코회 역사가인 카를로 판 카우덴호버Carolo van Coudenhove는 1680년에 "이 수녀원에 대해 알려진 바가 거의 없다"고 썼다. 그러나 물론 베들레헴 수녀들은 많은 것을 알았다.

베들레헴 일부 수녀의 운명은 불확실하다. 덴 보스로 보내졌지만 1629년에 네덜란드 공화국 군인들에 의해 동료 수녀들과 함께 도시에서 쫓겨난 레스컨 네인스에 대해서는 기록이 없다. 브뤼셀 베긴회에서 바르바라 벨리가 어떻게 지냈는지에 대한 기록도 없다. 그곳 수녀들이 걱정한 대로 그녀는 분명 베들레헴의 이야기를 장황하게 했을 것이다. 마리아 요스 혹은 레스컨 요스가 언제 죽었는지에 대한 기록도 없다. 하지만 그들은 1669년에는 확실히 이 세상에 없었다. 그때는 마리아 코닝크슬로가 수녀원의 최고령이었기 때문이다.

코닝크슬로 수녀가 노년기에 열정이 시들해진 것은 분명하다. 1669년의 공식 방문 때 막 성년聖年을 맞은 수녀는, 원장은 수녀들과 거의 어울리지 않으며 자신은 할 바를 했다는 것 외에 "말할 것이 없다"고 했다. 무엇보다 분명한 것은 1639년 이후 시기는 아드리아나와 안나 피흐나롤라의 황금기였다는 사실이다. 그들이 베들레헴을 통제하려고 놓은 모든 초석은 튼튼했고 향후 30년간 유지되었다. 아드리아나는 1668년경 죽을 때까지 원장을 계속했다. 이후 오랜 재정 담당이었던 안나가 원장 자리를 계승했다. 이 두 사람은 함께 그리고 따로 그들이 필요하다고 생각한 만큼 수녀원 문제들에 대처했고 그 과정에서 일부 수녀들은 불만을 가졌다. 1663년의 공식 방문자는, 자매 같은 사랑, 고립 생활clausura, 창살문, 침묵, 평신도 수녀들의 올바른 위치 등 수녀원 옛 법령들의 여러 가지가 지켜지지 않는다고 결론 내렸다. 안나 피흐나롤라가 원장이던 1669년의 공식 방문은 일부 칭찬도 했지만 비판이 많았다. 많은 수녀들이 그들의 새 자금 조달처인 여학생 학교를 싫어했다. 다른 수녀들은 안나가 일부 수녀와 너무 친밀하고, 가난한 수녀들의 처우가 좋지 않고, 성가대 활동이 형편없고, 평신도 수녀들이 제멋대로라고 말했다. 나이 든 요안나 스훈세테르스는 안나 원장이 "자기 마음대로 한다"고 말했다. 가장 심한 비난으로, 레히나 수녀는 안나가 석 달간 아침 기도에 오지 않았고 정오 식사는 종종 오전 10시부터 오후 3시까지 계속되었다고 했다. 엘스 카우스만스Els Caussmans 수녀는 안나가 성가대에 있을 때는 성가를 부르지 않고 대신 돈을 세었다고 주장했다.

안나와 아드리아나는 오래된 관할권 문제에 대해 계속 갈팡질팡했다. 수녀원의 당시 이해에 따라 프란체스코회 소속을 선호하거나 혹은 대주교의 관할을 선호했다. 1672년, 그 문제에 대한 논의 중에, 나이 든 안나는 자신이 당시 선호하는 관할권을 주장하기 위해 수녀원 고해신부들의 간단한 역사를 작성했다. 그녀는 이 글에서 베들레헴에 25년 이상 헌신한 헨리 요스를 위해 특별한 칭찬을 했다. 헨리 요스의 불운한 해임을 설명하고, 마치 그 일이 몇 주 전에 일어난 것처럼 그에 대한 "불공정한" 대우에 고통스러운 분노를 표현했다. 고해신부 문제와 관할권 문제는 안나가 죽을 때까지 미결이었고 1693년에야 해결되었다. 수녀원은 새 구성원을 끌어들이고 가난에서 벗어날 희망으로 프란체스코 통회자들Franciscan Penitents의 엄격한 개혁을 채택하기로 결정했고, 프란체스코회는 당연히 수도사들의 감독권을 요구했다. 그래서 마침내 베들레헴과 메헬렌 대주교들과의 인연은 종말을 맞았다.

베들레헴은 1773년의 정치적 학살에 살아남았다. 그해에 한때 스페인이 지배한(이제는 오스트리아가 지배) 네덜란드의 새 군주인 요세프 2세 Joseph II는 "유익하고" 활동적인 수녀원들만 유지되도록 허용했다. 그러나 베들레헴 수녀원은 프랑스 혁명의 군사적 파괴를 막아내지는 못했다. 1796년에 프랑스 군인들이 베들레헴에 두 번 왔는데, 한 번은 수녀원의 세금 및 재산 기록을 요구하기 위해(수녀들은 일부 기록을 넘기기를 거부했다), 그리고 두 번째는 수녀들을 쫓아내고 건물을 허물기 위해 왔다. 파괴의 와중에 누군가가 1650년경에 완성되어 아드리아나일 가능성이 높은 단독 초상화를 비롯하여 프랑스인들에게서 다시 찾아온 기록들을 보관했다. 혁명으로 쫓겨난 많은 수녀들처럼 베들레헴 수녀원을 떠난 수녀들의 일부는 수도자 생활을 떠나 새 혁명정부의 연금으로 살아갔다. 다른 수녀들은 북쪽으로 이동하여 이른바 림뷔르흐Limburg 개혁이라는 또 다른 수도원 개혁을 수용했다. 림뷔르흐에서 1801년에 동언Dongen, 1820년에 에턴Etten 그리고 1835년에 로센달Roosendaal 수녀원이 생겨났다. 뢰번의 오래된 회색 수녀회는 20세기까지 살아남았다.

그러나 베들레헴 수녀원은 사라지고, 그 건물과 부지와 묘지는 자취를 감추었다. 수녀원이 있던 자리인 페니텐티넨스트라트Penitentienen-straat와 메헬세스트라트Mechelsestraat의 모퉁이에는 그 뒤 양조장, 정부 주택단지를 거쳐 '오 챔스 엘리제Oh! Champs Elysees'라는 카페가 들어서 있다. 여러분은 그곳에 가서 스파Spa 혹은 스텔라Stella 자리에 앉아 한 잔 마시면서, 마가렛 스뮐더르스와 아드리아나 트라위스라는 이름의 수녀들이 생사의 전쟁을 벌였던 곳이 정확히 어디일지, 혹은 성 제르트루다에서 모퉁이를 돌아 방문하러 온 요스라는 이름의 고해신부는 어떻게 생겼을지 생각해볼 수 있다.

인용 문헌 주해

나의 연구 방법에 영향을 미치고 수도원 생활 및 개혁 시기Age of Reform에 대한 일반적인 배경 지식을 제공한 저술들을, "근대 초 종교와 문화에 대한 입문" 그리고 "호기심 많은 독자에게"라는 제목 아래 적었다. 나머지 주해들은 장별로 체계화했고 각 장의 구조를 알 수 있게 했다. 나는 초판 하드커버본에 실린 참고문헌을 체계적으로 갱신하려 하지는 않았지만, 마가렛의 이야기를 하는 데 가장 영향을 미친 저술들에 초점을 맞추었다.

참고한 사료와 약자

AAM   Archive of the Archdiocese of Mechelen–Brussels

     FK   Fonds Kloosters

     FA   Fonds Archiepiscopalia

     FM   Fonds Mechliniensia

     FV   Fonds Vicariaat

ARA   State Archives of Belgium

     GR   Geheime Raad

     KAB   Kerkarchief Brabant

     RSA   Raad van State en Audiëntie

BAA   Archive of the Diocese of Antwerp, Fonds Parochialia, Parochie Mol

GZ   Archive of the Archdiocese of Mechelen-Brussels, Fonds Kloosters, Grey Sisters of Leuven

KAM   Archive of the Chapter of St. Rombout's in Mechelen (housed at the AAM)

        FA   Fonds Archiepiscopalia

KB   Royal Albert I Library, Brussels, Handschriften

RAA   State Archive of Antwerp, Fonds Kerkarchieven

RAG   State Archive of Gent

        B   Bisdom Mechelen

SAL   Municipal Archive of Leuven

ST   Provincial Archive of the Franciscans, St. Truiden

정기 간행물과 참고 문헌의 약자

AHEB   *Analectes pour servir à l'histoire ecclésiastique de la Belgique*

ARG   *Archive for Reformation History/Archiv für Reformationsgeschichte*

CHR   *Catholic Historical Review*

DS   *Dictionnaire de Spiritualité*

FL   *Franciscaans Leven*

FR   *Franciscana*

HKKM   *Handelingen van de Koninklijke Kring voor Oudheidkunde, Letteren en Kunst van Mechelen*

NBW   *Nationaal Biografisch Woordenboek*

NF   *Neerlandia Franciscana*

OGE   *Ons Geestelijk Erf*

SCJ   *Sixteenth Century Journal*

근대 초 종교와 문화에 대한 입문

P. Burke, *The Historical Anthropology of Early Modern Italy* (Cambridge, 1987).

R. Chartier, *Cultural History* (Ithaca, N.Y., 1988).

P. Mack Crew, *Calvinist Preaching and Iconoclasm in the Netherlands, 1544-1569* (Cambridge, 1978).

R. Darnton, *The Great Cat Massacre* (New York, 1984).

N. Davis, *Fiction in the Archives* (Stanford, 1987); "From 'Popular Religion' to Religious Cultures", in *Reformation Europe: A Guide to Research*, ed. S. Ozment (St. Louis, 1982); and *Society and Culture in Early Modern France* (Stanford, 1975).

C. Ginzburg, *The Cheese and the Worms* (Baltimore, 1980).

L. Hunt, ed., *The New Cultural History* (Berkeley, 1989).

J. Obelkevich, ed., *Religion and the People, 800-1700* (Chapel Hill, 1979).

E. Muir and G. Ruggiero, eds., *Microhistory and the Lost Peoples of Europe* (Baltimore, 1991), and *Sex and Gender in Historical Perspective* (Baltimore, 1990).

S. Ozment, ed., *Religion and Culture in the Renaissance and Reformation* (Kirksville, Mo., 1989).

D. Sabean, *Power in the Blood* (Cambridge, 1984).

C. Trinkaus and H. Oberman, eds., *The Pursuit of Holiness in Late Medieval and Renaissance Religion* (Leiden, 1974).

호기심 많은 독자에게

중세 여성 수도자 배경 지식을 얻을 수 있는 일반 저술로는 C. H. Lawrence, *Medieval Monaticism* (New York, 1984); L. Eckenstein, *Women Under Monaticism* (New York, 1963); E. Power, *Medieval English Nunneries, c.*

1275 to 1535 (Cambridge, 1922)；L. T. Shank and J. A. Nichols, eds., *Medieval Religious Women. II. Peaceweavers* (Kalamazoo, 1987)；P. D. Johnson, *Equal in Monastic Profession: Religious Women in Medieval France* (Chicago, 1991)가 있다; 그 외 세부 연구들로는 R. Bell, *Holy Anorexia* (Chicago, 1985), C. W. Bynum, *Holy Feast and Holy Fast* (Berkeley, 1987)가 있다.

근대 초 여성 수도자에 대한 일반 저술 내가 참고한 저술은 J. Irwin, "Society and the Sexes", in *Reformation Europe*, ed. Ozment；K. Norberg, "The Counter-Reformation and Women, Religious and Lay", in *Catholicism in Early Modern History: A Guide to Research*, ed. John O'Malley (St. Louis, 1988), 133-46；F. E. Weaver, "Women and Religion in Early Modern France: A Bibliographical Essay on the State of the Question", *CHR* 67 (1981)；50-59이다. 그 외 개별 수도회 역사와 정기 간행물은 *Franciscana*, M.-C. Gueudre, *Histoire de l'ordre des Ursulines en France*, 2 vols. (Paris, 1963), J. Moorman, *A History of the Franciscan Order... to the Year 1517* (Oxford, 1968), W. A. Hinnebusch, *The History of the Dominican Order: Origins and Growth to 1500* (New York, 1966), L. J. Lekai, *The Cistercians: Ideals and Reality* (Kent State, 1977), *Monasticon Belge*, 7 vols. (Maredsous and Liège, 1890-1984), F. Hervé-Bazin, *Les grands orders et congrégations des femmes* (Paris, 1889), K. Beloch, *Bevölkerungsgeschichte Italiens* (Berlin, 1939, 1961), G. Pellicia, G. Rocca, et al., *Dizionario degli instituti di Perfezione* (Rome, 1974-)가 있다.

근대 초 여성수도자에 대한 세부 저술(지역별) 내가 도움을 받은 저술들로는 J. Brown, *Immodest Acts: The Life of a Lesbian Nun in Renaissance Italy* (Oxford, 1986)；G. A. Brucker, "Monasteries, Friaries, and Nunneries in Quattrocento Florence", in *Christianity and the Renaissance: Image and Religious Imagination in the Quattrocento*, ed. T. Verdon and J. Henderson (Syracuse, 1990), 41-62；N. Rubinstein, "Lay Patronage and Observant Reform in Fifteenth-Century Florence", in *Christianity and the Renaissance*, ed. Verdon and Henderson, 63-

82; Fulvio Tomizza, *Heavenly Supper: The Story of Maria Janis* (Chicago, 1991); E. Weaver, "Spiritual Fun: A Study of Sixteenth-Century Tuscan Convent Theater", in *Women in the Middle Ages and the Renaissance*, ed. M. B. Rose (Syracuse, 1986), 173-206; J. Bilinkoff, *The Avila of St. Teresa* (Ithaca, N. Y., 1989); R. E. Surtz, *The Guitar of God: Gender, Power, and Authority in the Visionary World of Mother Juana de la Cruz, 1481-1534* (Philadelphia, 1990); R. Devos, *Vie religieuse féminine et société: L'origine sociale des Visitandines d'Annecy aux XVIIe et XVIIIe siècles* (Annecy, 1973); C. Dolan, *Entre Tours et Clochers: Les gens d'église à Aix-en-Provence au XVIe siècle* (Sherbrooke, 1981); W. Gibson, *Women in Seventeenth-Century France* (New York, 1989); E. Rapley, *The Dévotes* (Montreal, 1990)가 있다: 특히 G. Reynes, *Couvents de femmes: La vie des religieuses contemplatives dans la France des XVIIe et XVIIIe siècles* (Paris, 1987); F. E. Weaver, *The Evolution of the Reform of Port-Royal* (Paris, 1978)이 유익했다.

열정적인 여성 수도자 H. O. Evenett, *The Spirit of the Counter-Reformation* (Cambridge, 1968); C. Jones, *The Charitable Imperative: Hospitals and Nursing in Ancien Régime and Revolutionary France* (New York, 1988); R. P. Liebowitz, "Virgins in the Service of Christ: The Dispute over Active Apostolate for Women During the Counter Reformation", in *Women of Spirit*, ed. R. Ruether and E. McLaughlin (New York, 1979), 131-52.

스페인령 네덜란드의 여성 수도자 E. Persoons, "Panorama van de reguliere clerus in de 17de eeuw", in *(Nieuwe) Algemene Geschiedenis der Nederlanden* 8 (1980): 383-92. 이 논문은 짧은 소개 글로서 훌륭한 참고 문헌 목록을 제시한다. E. de Moreau, *Histoire de l'église en Belgique*, 5 vols. (Brussels, 1952), 5 (1559-1633)와 A. Pasture, *La Restauration Religieuse aux Pays-Bas sous les Archiducs Albert et Isabelle, 1596-1633* (Leuven, 1925), 이 두 문헌은 수도자들에 대한 귀중한 정보를 담고 있다.

더 전문적인 제목의 저술(저술 언어와 수도회별) J. Ramsey, ed., *English Benedictine Nuns in Flanders, 1598-1687: Annals of Their Five Communities* (London, 1909); J. M. Canivez, *L'Ordre de Cîteaux en Belgique des origines (1132) au XXe siècle* (Forges les-Chimay, 1926); T. Ploegaerts, *Les moniales de l'ordre de Cîteaux dans les Pays-Bas méridionaux, depuis le XVIe siècle jusqu'à la révolution française, 1550-1800* (Westmalle, 1936-37); M. Sabbe et al., *Bernardus en de Cistercieënzerfamilie in Belgie, 1090-1990* (Leuven, 1990); P. Hildebrand, *De Capucijnen in de Nederlanden en het prinsbisdom Luik*, 11 vols. (Antwerp, 1945-56); Ph. Schmitz, *Histoire de l'ordre de Saint-Benoît* (Maredsous, 1948); M.-J. Juvyns, "La communauté des Riches-Claires de Bruxelles de 1585 à 1796", *Cahiers Bruxellois* 10 (1965): 181-239; J. Corstjens, "De Franciscanessen van het klooster OLVrouw-Ter-Rivieren te Bree, 1464-1797" (Licentiaatsverhandeling, Leuven, 1984); F. van der Berghe, J. van den Heuvel, G. Verhelst, *De Zwartzusters van Brugge, Diksmuide, Oostende, Veurne, en Brazilië* (Brugge, 1986); K. Baert and J. Dauwe, *Zwarte Zusters van Sint – Augustinus te Aalst* (Aalst, 1975); J. Okeley, *De Gasthuiszusters en hun ziekenzorg in het Aartsbisdom Mechelen*, 2 vols. (Brussels, 1992); D. Laureys, "Het Elzenklooster te Zichem: Een Slotklooster van Reguliere Kanunnikessen van Sint-Augustinus, 1660-1797" (Licentiaatsverhandeling, Leuven, 1987); H. de Backer, "Het Arme Clarenklooster te Mechelen, vanaf 1500 tot de Opheffing in 1966" (Licentiaatsverhandeling, Leuven, 1977); C. van de Wiel, "Bibliotheekinventaris van de Priorij Blijdenberg te Mechelen in 1743", *OGE* 47 (1973): 170-202, and "De begijnhoven en de vrouwelijke kloostergemeenschappen in het aartsbisdom Mechelen, 1716 – 1801", *OGE* 44 (1970): 152-212, 241-327; 45 (1971): 179-214; 46 (1972): 278-344, 369-428; E. Persoons, "De bewoners van de kloosters Bethlehem te Herent en Ten Troon te Grobbendonk", *Arca Lovaniensis* (1976): 221 – 40. 특별히 회색 수녀회에 관한 자료는 1장의 주석을 볼 것.

트리엔트 공의회 이후 가톨릭 개혁의 의미 John O'Malley, *Catholicism in Early Modern History: A Guide to Research* (St. Louis, 1988); Ozment, ed., *Reformation Europe*; J. Bossy, *Christianity in the West, 1400-1700* (Oxford, 1985), and "The Counter-Reformation and the People of Catholic Europe", *Past and Present* 47 (1970): 51-70; Evennett, *The Spirit of the Counter-Reformation*. Jean Delumeau, *Catholicism Between Luther and Voltaire* (London and Philadelphia, 1977; first French edition, Paris, 1971); R. Muchembled, *Popular Culture and Elite Culture in France, 1400-1750* (Baton Rouge and London, 1985; first French edition, Paris, 1978); J. Wirth, "Against the Acculturation Thesis", in *Religion and Society in Early Modern Europe, 1500-1800*, ed. K. von Greyerz (London, 1984), 66-78; C. Harline, "Official Religion-Popular Religion in Recent Historiography of the Catholic Reformation", *ARG* 81 (1990): 239-62; R. Po-Chia Hsia, *Social Discipline in the Reformation* (New York, 1990); W. Reinhard, "Gegenreformation als Modernisierung? Prolegomena zu einer theorie des konfessionellen Zeitalters", *ARG* 68 (1977): 226-52, and "Zwang zur Kon-fessionalisierung? Prolegomena zu einer theorie des konfessionellen Zeitalters", *Zeitschrift für historische Forschung* 10 (1983): 257-77; E. Cochrane, *Florence in the Forgotten Centuries, 1527-1800* (Chicago, 1973), and "New Light on Post-Tridentine Italy: A Note on Recent Counter-Reformation Scholarship", *CHR* 56 (1970): 291-319; John O'Malley, "Was Ignatius Loyola a Church Reformer? How to Look at Early Modern Catholicism", *CHR* 77/2 (1991): 177-93. O'Malley, ed., *Catholicism in Early Modern Europe*과 Ozment, ed., *Reformation Europe*, 이 두 권의 책은 가톨릭 개혁의 복잡함을 그려낸 연구들을 소개하는 훌륭한 참고 문헌 목록을 싣고 있다.

스페인령 네덜란드의 가톨릭 개혁 James D. Tracy, "With and Without the Counter-Reformation: The Catholic Church in the Spanish Netherlands and the Dutch Republic, 1580-1650", *CHR* 71 (1985): 547-75와 M. Cloet and F.

Daelemans, eds., *Godsdienst, Mentaliteit en Dagelijks Leven: Religieuze geschiedenis in Belgie sinds 1970* (Brussels, 1988)은 가장 유용한 기본 문헌으로 서 수많은 관련 연구들을 다루었다.

프롤로그: 회상

마가렛의 편지 내용 구성, 편지 쓰는 데 걸린 시간, 수녀들의 식사, 마가렛에게 허용 된 수녀원의 공간, 그리고 다른 수녀들의 다양한 결점들 GZ/3, 1628년 공식 방문 을 대비한 마가렛의 긴 편지. 카타리나는 수녀원 내에서 마가렛의 연락 담당자 였기 때문에 식사를 갖다주고, 식사를 건네면서 공식 방문 소식을 알렸다고 생 각한다. GZ/8, "Heyrnelijcke Instructie" (dated July 10, 1636), "Secreta Instructio Matris"와 "Jacob byder gratie Godts", 이 자료들도 마가렛이 손님 숙소 로 쫓겨나 있는 동안 그녀에게 허용된 수녀원 공간들을 말해준다.

자신이 용서받으리라는 희망을 갖지 못한 마가렛, 태만한 예수회 고해신부, 성 요셉 을 그린 그림과 그 유물을 마가렛이 요구한 사실 GZ/8, February 3, 1628, 바우카 르트에게 보낸 편지. 1626년에서 1628년 사이에 쓰인 다른 수녀들의 편지에서 도 고해신부가 마가렛을 돌보는 것을 거부했다는 언급이 있다.

마리아 페티트(Maria Petyt)와 참새 A. Deblaere, *De mystieke schrijfster Maria Petyt* (Gent, 1962), 그리고 시편 102편 7절, 다섯 번째 참회 시편의 일부.

1부 어떻게 거의 모든 사람이 마가렛을 싫어하게 되었는가?

1장 시작

수녀원 입소, 수녀 선서, 수녀들의 출신 고향 AAM, FK, Generalia, "Catalogus vir-ginum quae in regione Lovaniensi examinata sunt ad professionem anno 1605" (1605년 이후도 다루고 있음); 종신 서약 선서를 위한 마가렛의 면담은 1606년 4월 13일에 있었다. 1605년에서 1640년 사이에 수녀원에 들어온 수녀들 중, 한

명은 스탈(Stalle), 또 한 명은 샤몽(Chamont), 다섯 명은 브뤼셀, 두 명은 티넌 (Tienen), 또 두 명은 발런(Balen), 네 명은 뢰번(Leuven), 한 명은 스히담 (Schiedam) 출신이었다.

마가렛의 소득 GZ/8, March 27, 1624, 마가렛이 보넌에게.

강요된 그리고 "낭만적인" 수녀원 입회: E. Power, *Medieval People* (London, 1924); Power, *English Medieval Nunneries*; Gibson, *Women in Seventeenth-Century France*.

수녀원에 갖고 온 선사품과 지참금 Brown, *Immodest Acts*; Corstjens, "De Franciscanessen van OLV-Ter-Rivieren", 50, 51, 72; Juvyns, "La communauté des Riches-Claires", 206-7; P. Hildebrand, "Le couvent des Soeurs Grises à Iseghem, d'avant 1486 jusqu'en 1796", *NF* 2 (1919): 8-55; ARA, Fonds Notariaat Leuven, 13023; SAL, 4279; L. van Buyten, "Kwantitatieve bijdrage tot de studie van de 'Kloosterdemografie' in het Leuvense: De priorij's-Hertogeneiland te Gempe, het zwartzustersklooster en de communauteit van het Groot-Ziekengasthuis te Leuven, 16de-18de eeuw", *Arca Lovaniensis* (1976): 241-76; Schmitz, *Histoire de l'ordre de Saint – Benoît*, 246-47.

입회하려는 여성의 수 Brown, *Immodest Acts*, 32-37; Weaver, "Spiritual Fun."

수녀들에 대한 후원 GZ/6, 베들레헴 창건자 중 한 명의 후손이 대주교 하우히뉘 스(Hauchinus)에게 보낸 1587년 편지; 그리고 GZ/8, 보넌에게 보낸 바르바라 판 헤르선(Barbara van Herssen)의 편지는 후원에 대한 몇 가지 가설을 보여준 다.

뢰번 회색 수녀회의 기원 "Le couvent des Soeurs Grises de Louvain", *AHEB* 7 (1870): 213-17, 수녀원의 초기 시절; E. van Even, *Louvain dans le passé et dans le présent* (Leuven, 1895); R. van Uytven, ed., Leuven: "de beste stad van Brabant" (Leuven, 1980), 1, "De geschiedenis van het stadsgewest Leuven tot omstreeks 1600"; Van de Wiel, "Franciscaanse Archiefbronnen"; 그리고 GZ에 있는 1605년까지의 몇 가지 사료.

수녀원의 외형적 성장 SAL, 4262-63, 클라라(Clara) 수녀원에 대해. 여러 통의 편지가 베들레헴의 외형적 배치에 대한 단서를 알려준다.: ARA, GR, 1125, 1594년 8월 10일의 편지와 9월 10일의 답장, 그리고 1665년에서 1669년 사이의 서류들; SAL, 4278, 1666년 자료.

제3수도회와 회색 수녀회 Moorman, *History of the Franciscan Order*; Hinne-busch, *History of the Dominican Order*; and Lekai, The Cistercians. 회색 수녀회에 대해서는, J. de Cuyper, "Het 'Susterhuys' van Kortrijk: Het klooster van de Grauwe Zusters in de 15de en 16de eeuw", *De Leiegouw* 24 (1982): 3-15; G. van de Castele, "Grauwe Zusters of PenitentenRekollektinen te Nevele: 1502-1784", *Het Land van Nevele* 9 (1978): 155-247; J. Grauwels, "Een lijkbaarkleed der Grauwzusters", *Limburg* 62(1983): 189; L.-L. Gruart, "Les Soeurs Grises de Comines", *Bulletin de la Comité Flamand de France* 14 (1951): 53-87; Hildebrand, "Le couvent des Soeurs Grises à Iseghem"; H. Lemaître, "Les soins hospitaliers à domicile, donnés dès le XIVe siècle par des Religieuses Franciscaines, les Soeurs Noires et les Soeurs Grises", *Revue d'histoire Franciscaine* 1 (1924): 180-208, 그리고 "Statuts des Religieuses du Tiers Ordre Franciscain dites Soeurs Grises Hospitalières", *Archivum Franciscanum Historicum* 4 (1911): 713-31; A. Roeykens, "Het Onstaan van het Klooster der Grauwzusters te Edingen in het begin van de 16de eeuw", *FR* 27 (1972): 51-90; H. Roggen, "Le Tiers Ordre Séculier et Régulier", in *Dictionnaire d'histoire et de géographie ecclésiastiques* 18 (Paris, 1977): cols. 965-71; G. Schoonaert, "Onderwijsstructuren in de 16e eeuw te Poperinge: de graeuwe susteren alleene-lyck dochterkens leerende", *Aan de Schreve* 14 (1984): 28-31. 레오 10세의 규정은 GZ/1을 참조.

도시 뢰번 Van Even, *Louvain*; Van Uytven, *Leuven: "de beste stad"*; A. Meulemans, *Atlas van Oud-Leuven* (Leuven, 1981); H. van der Wee, ed., *The Rise and Decline of Urban Industries in Italy and in the Low Countries, Late*

Middle Ages–Early Modern Times (Leuven, 1988).

성 레닐디스와 다른 유물들 GZ/7, September 26, 1603; Pétin, ed., *Dictionnaire Hagiographique* 2 (Paris, 1850): col. 872; O. Wimmer and H. Melzer, *Lexicon der Namen und Heiligen* (Innsbruck, n.d.), 705; 안나 피흐나롤라가 대주교 관구 성직자들에게, GZ/10, February 25, 1661; Gruart, "Les Soeurs Grises de Comines", 그곳의 유명한 유물들에 대해.

베들레헴의 소박함 P. Carolo van Coudenhove, OFM, *Provinciae Germaniae Inferioris Compendiosa Descriptio* (1680); 헤르토헨달(Hertogendaal)과 보프레 (Beaupré)에 대한 정보, J. de Brouwer, *Bijdrage tot de Geschiedenis van het Godsdienstig Leven… in het Land van Aalst tussen 1550 en 1621…* (Aalst, 1961), 256; Fra Angelico in W. Hood, "Fra Angelico at San Marco: Art and the Liturgy of Cloistered Life", in *Christianity and the Renaissance*, ed. Verdon and Henderson; 데일 강에서의 통행, SAL, 3825–27, Dyle, 1628년과 1633년 공식 방문 때의 마가렛의 편지들, GZ/1 and 3.

새 수녀 지망자와 수련수녀의 입회 절차와 의식 베들레헴의 경우는 GZ/1에 있는 레오 10세의 규정과 1626년 수녀원 정관, P. F. X. de Ram, *Synodicon belgicum, sive acta omnium ecclesiarum belgii a celebrato concilio tridentino usque ad concordatum anni 1801*, 4 vols. (Mechelen and Leuven, 1828–58), 2:492, 그리고 AAM에 있는 "Catalogus virginum", op. cit.를 볼 것; 수녀 지망자와 수련수녀의 수습 기간은 판 바위턴(Van Buyten), "Kloosterdemografie"를 참조; 입회 의식의 구체적인 내용은 베들레헴 정관에 없으므로 Petrus Marchant, *Den Reghel der Derder Orden van S. Fransoys* (Gent, 1626)와 *Af-beeldinghe Des waerachtigh Christen Mensch, Naer het voor-beelt vanden Reghel der derder Ordre Van den Godt-salighen Vader S. Franchois* (Gent, 1639)를 볼 것.

수녀 지망자와 수련수녀의 양성 및 유지 GZ/1의 베들레헴 수녀원 정관; AAM, FM, Hospital Ninove/8, statutes; Bonaventure's *Spieghel der Goeder Manieren veur de Novitie, dat is, Proef-ionghers der Minder-broeders Ordene* (Antwerp,

1605); Cartusianus, *De Leere der Religieusen* (Brussel, 1626); Reynes, *Couvents de femmes*, 41-45, 50-51; Moorman, *History of the Franciscan Order*, 33.

서약 의식 베들레헴 정관에는 의식의 자세한 사항이 없어서 다음 자료들로 보충했다. GZ/11에 있는 헤네랄 카라파(General Caraffa)의 1647년 1월 19일 편지; M. Hereswitha, "Reguliere Kanunnikessen van het Heilig-Graf", *OGE* 50/4 (December 1976): 401-2; Marchant, *Af-beeldinghe*; RAG, B, M242/22, "Forma vestitionis et professionis monialium in hospitali Gerardimonten/"; 그리고 De Ram, *Synodicon belgicum*, 1:322.

2장 악마들

1616년의 공식 방문 GZ/3. 안나 피흐나롤라는 GZ/8에 있는 1672년 12월 29일 글에서 마가렛의 병이 1606년 수녀 선서 "직후에" 시작되었다고 적었다. 하지만 마가렛이 언제 수녀원을 떠나야 했는지는 정확히 나와 있지 않다.

마법과 동물 F. Vanhemelryck, *Heksenprocessen in de Nederlanden* (Leuven, 1982), 110; J. Sumption, *Pilgrimage: An Image of Mediaeval Religion* (Totowa, N. J., 1975), 16; K. Thomas, *Religion and the Decline of Magic* (New York, 1971), 481; 그리고 J. Klaits, *Servants of Satan: The Age of the Witch Hunts* (Bloomington, 1985), 110.

마법 일반 P. Bange, ed., *Tussen Heks en Heilige* (Nijmegen, 1985); M. Caron, ed., *Helse en Hemelse Vrouwen* (Utrecht, 1988); Thomas, *Religion and the Decline of Magic*; Vanhemelryck, *Heksenprocessen*; Christian, *Local Religion*; Klaits, *Servants of Satan*; Th. Penneman, "Processen en Moeilijkheden wegens Toveren en Onttoveren in het Land van Waas tijdens de XVIde en XVIIde eeuw", *Handelingen van het XLIe Congres, Federatie van de Kringen voor Oudheidkunde en Geschiedenis van Belgie* 2 (1971): 221-40; L. T. Maes, "Un procès de sorcellerie en 1642, évalué à la lumière de récentes études

européennes et d'après la législation et la théorie du droit du XVIIe siècle",
HKKM 79 (1975): 243-68; R. Muchembled, "The Witches of the Cambrésis:
The Acculturation of the Rural World in the Sixteenth and Seventeenth
Centuries", in *Religion and the People*, ed. Obelkevich.

귀신 들림 H. C. Erik Midelfort, "The Devil and the German People: Reflections
on the Popularity of Demon Possession in Sixteenth-Century Germany", in
Religion and Culture, ed. Ozment; D. P. Walker, *Unclean Spirits: Possession
and Exorcism in France and England in the Late Sixteenth and Early Seventeenth
Centuries* (Philadelphia, 1981); A. Lottin, *Lille: Citadelle de la Contre-Réforme?
1598-1668* (Paris, 1984), 177; Vanhemlryck, *Heksen-processen*, 57. 4장과 5장
의 주석도 볼 것.

마리 에베라르츠(Marie Everaerts) Maes, "Un procès de sorcellerie en 1642",
and *Vijf eeuwen stedelijk strafrecht: Bijdrage tot de rechts-en cultuurgeschiedenis
der Nederlanden* (Antwerp and The Hague, 1947), 211; R. Foncke,
"Mechelsche Folklore: Een heksenproces ten jare 1602", *Mechlinia* 4 (1925):
121-32; AAM, FV, V/11은 날짜는 적지 않고 마리를 회색 수녀회 수녀라고 적었
다.; AAM, FM, 3/fols. 253-55, 그리고 6/fol. 58vo., 174vo.; GZ/5, 1597, 마리
스비턴(Marie Switten)의 증언. GZ/8에 있는 1624년 3월 28일 대주교 보넌에게
보낸 바르바라 노선 원장의 서명 없는 편지는 과거 마녀들에 대한 그녀의 진술
을 담고 있다. 쾰른(Köln)으로 피난했을 동안 수녀들이 타락하게 되었다는 것
은 안나 피호나롤라가 베들레헴 고해신부들의 과거 행적에 대해 남긴 짤막한
기술에서 발췌한 것으로, GZ/8에 있는 1672년 12월 29일자 기록에 있다.

3장 고해신부들

여성, 성직, 그리고 고해신부들 D. Herlihy, *Opera Muliebria: Women and Work
in Medieval Europe* (New York, 1990), 118-19; Norberg, "The Counter-
Reformation and Women"; J. Bilinkoff, "Confessors, Penitents, and the

Construction of Identities in Early Modern Avila", in *Culture and Identity in Early Modern Europe: Essays in Honor of Natalie Zemon Davis*, ed. B. Diefendorf and C. Hesse (Ann Arbor, 1993), 83-102. 당시 남성들이 고해 여성들에게서 감지한 문제점들은 7장에서 논의된다.

문제 있는 고해신부들 Brown, *Immodest Acts*, 38; Van de Casteele, "Grauwe Zusters te Nevele", 181-83; AAM, FK, Begijnhof Aarschot/2, 1628년 9월 7일과 1629년 3월 29일 바우카르트 신부의 방문; AAM, FK, Black Sisters Leuven/32, 1689; AAM, FK, Bethanie Brussels/4, 1590 visitation; C. Harline and E. Put, "A Bishop in the Cloisters: The Visitations of Mathias Hovius, Malines, 1596-1620", *SCJ* 22/4 (Winter 1991): 611-12.

헨리 요스와 성 제르트루다 ARA, KAB, 10752는 일부 영수증 "편람"이다.; AAM, FK, St. Gertrude's Leuven/8은 1624년 6월 8일의 공증 행위와 함께 다른 두 권의 회계장부를 보여준다.; AAM, FK, St. Gertrude's Leuven/2는 성 제르트루다 수도원의 정신적 문제들을 포함하여, 1631년 11월의 공식 방문 때 드러난 수도원의 다른 정보도 담고 있다. 대주교 공식 방문단이 요스를 사제로서 평가한 내용은 AAM, Fonds Dekenale Verslagen/L1에 있다.

베들레헴 고해신부로서의 헨리 요스 GZ/5, December 30, 1610; SAL, 7334, fol. 388v and 487; GZ/1, 1616 visitation; 1672년의 간략한 역사에 대한 안나 피흐나 롤라의 기록은 GZ/8에 있다.

레스컨 네인스(Lesken Nijns) 레스컨 수녀의 이야기는 거의 전적으로 AAM, FM, 10에 있는 대주교 호비위스의 일기(journal)에서 모은 것이다. 베들레헴 수녀들이 쓴 문서에서는 레스컨의 이름이 딱 한 번만 언급된다. 하지만 (마가렛의) 이 유일한 언급은 대주교 호비위스의 일기에 기록된 사건들이 정확하다는 것을 증명하며, 레스컨이 베들레헴 및 헨리 요스와 맺은 관계도 확증한다. 이 문서철에서 가장 중요한 부분은 1618년 6월 22일, 7월 4, 6, 7, 8, 14, 17, 19일, 8월 8, 11, 25, 26, 27, 28, 30일, 9월 2, 7, 11, 16일, 10월 20, 27, 30일, 11월 3, 5일, 그리고 12월 4, 9일이다.; 그리고 1619년 3월 5일 기록도 참조할 것.

마가렛과 헨리 요스 마가렛을 명확히 다루고 있는 것은 1618년 7월 14일, 8월 1일, 9월 20일, 10월 18-20일, 11월 23일, 12월 12일 내용이다(일기의 여러 비밀스런 내용 중에 다른 여지도 있다).

뢰번 회색 수녀회와 메헬렌과의 연계, 특히 메헬렌 흑색 수녀회와의 관계 "Cession du couvent de Louvain aux Soeurs Grises de Malines", *AHEB* 7 (1870) : 217-19 ; G. Marnef, *Het Calvinistisch Bewind te Mechelen, 1580-1585* (Kortrijk, 1987) ; AAM, FK, Black Sisters Mechelen/57 (회색 수녀회에 대한 내용도 많음) ; AAM, FM/2, fol. 55, February 7, 1586 ; AAM, FM/7, fo1. 21, October 10, 1606, 그리고 AAM, FM/6, fo1. 182, 같은 날짜 ; ST, folder "Documenten Grauwsusters Leuven, Mechelen."

베들레헴의 고해신부 자리에서 쫓겨난 헨리 요스, 그리고 마가렛의 비난 GZ/5, July 5, 1618. 요스의 유혹에 대해 마가렛이 나중에 주장한 것은 GZ/8의 1624년 2월 23일 내용에 있다. 그것은 에반헬리스타 신부가 대주교 보넌에게 보낸 편지이다. 마가렛의 비난을 적은 편지는 중요한 부분이 찢겨져 있고, 이름의 끝 철자인 's'만 남아 있다. 나는 그 이름이 '헨리 요스(Henri Joos)'라고 생각한다. 편지의 중요 구절은 다음과 같다. 찢어진 부분은 〔 〕로 표시하고, 생략은 { }로 표시했다. : "그녀가 몇 년 전에 수녀원을 떠났을 〔때〕, 그것은 악마에 사로잡힌 병에서 〔벗어나기〕 위해서였다고 모두 생각한다. ; 하지만 그녀는 그렇지 않다고 부인하면서, 자신은 당시 수녀원의 정신적 책임자인 〔…요아〕를 피하려 했다고 말한다. 그가 욕망을 참지 못하고 그녀를 성가시게 조르며 매우 괴롭혔기 때문이라고 한다. 그리고 이 때문에 뒤이은 귀신 들림을 〔주어 동사 없음〕." 라틴어로는 "omnium est opinio q〔uod〕 〔…〕 〔a〕nte annos aliquot e monasterio exivit, iliud fecerit ut a daemonis posses〔sionem〕 〔…〕etur ; quod it〔a〕 non esse affirmat, sed potius ut per hoc evadere posset 〔…Joo〕s, qui eo t{em}p{o}re 〔mo〕nasterii curam habebat, is enim hanc aff{ect}u carnali mu〔ltum〕 〔se〕quutus 〔est…〕 importune, ut ex hoc 〔…〕 sequentem daemonis possession〔em〕." 분명이 부분에는 여러 추측이 있다. 하지만 특히 "affectu carnali"와 "당시 수녀원의 정신적 책임자였던" 부분이 많은 것을 시사한다. 이 부분에 대한 루이 페라우트 (Louis Perraud)의 해설에 감사한다.

귀신 들림과 인간 대리인 Thomas, *Religion and the Decline of Magic*; Midelfort, "The Devil and the German People", 109; Walker and Dickerman, "'A Woman Under the Influence'"; Walker, *Unclean Spirits*, 8.

악마를 쫓는 구마사들 AAM, FV, V/11 (Toverye), February 27, 1627, 마리아 스 파던스(Maria Spadens)의 사례; Vanhemelryck, *Heksenprocessen*, 52; AAM, FV, V/11, October 5, 1616, 카푸친 수도사 프라터르 하윌릴뮈스(Frater Guilielmus); 스페인의 사례는 S. Nalle, *God in La Mancha: Religious Reform and the People of Cuenca, 1500-1650* (Baltimore, 1992), 19-20을 볼 것; 그리고 브뤼셀 스캔들은 C. Harline and E. Put, *A Bishop's Tale: Mathias Hovius Among His Flock in Seventeenth-Century Flanders* (New Haven, 2000), chapter 7을 참조.

성, 수녀원, 그리고 귀신 들림 Sumption, *Pilgrimage*, 17; Lottin, *Lille*, 특히 178; Caron, ed., *Helse en Hemelse Vrouwen*은 성 안토니우스에 대해; Klaits, *Servants of Satan*, 113-14; Reynes, *Couvents de femmes*, 160; Thomas, *Religion and the Decline of Magic*, 478-81; Walker and Dickerman, "'A Woman Under the Influence,'" 549; M. de Certeau, *La possession de Loudun* (Paris, 1970); J. Bilinkoff, "A Spanish Prophetess and Her Patrons: The Case of María de Santo Domingo", *SCJ* 23/1 (Spring 1992): 21-34.

마가렛, 레스컨, 그리고 헨리 요스에 대한 추가 문헌 위에 인용한 안나 피흐나롤라 의 1672년 진술은 마가렛과 레스컨의 이름을 언급하지는 않는다. 하지만 다른 자료들에 비추어볼 때 안나가 지칭한 사람은 분명 그들이었다.; 안나의 진술은 (1) 세 명의 주요 인물들을 연결시키며, (2) 레스컨이 귀신 들림 문제와 관련되 어 있고 그녀 역시 헨리 요스와 사적인 시간을 가졌음을 확증하며, (3) 대주교 호비위스가 헨리 요스를 싫어해서가 아니라 다른 이유로 그를 쫓아냈다는 것을 암시하며, (4) 1618년에 그가 쫓겨난 후에 수녀들이 그를 고발한 사람이 누구인가를 의심하거나 알게 되었다는 것을 말해주며, (5) 수녀들이 곧 자신들의 생각을 나누었다는 것을 입증한다. 왜냐하면 안나는 1624년에 수녀 선서를 했고 다른 수녀들에게서 1616-1618년의 사건들을 알게 되었기 때문이다.

유도카(Judoca) 수녀원장의 죽음, 베들레헴의 새 수녀원장 선출, 그리고 관할권을 양도하려는 시도 호비위스의 편람, 1619년 2월 1, 2일, 4월 30일, 그리고 5월 21-23일.

베들레헴을 떠난 후의 헨리 요스 R. Knaepen, *Mol-Baelen-Desschel, 1559-1795: De oude Keizerlijke Vrijheid en haar Voogdijdistrict* (Mol, 1982), 71-89; 그리고 특히 BAA, Parochialia, Mol/XI, November 21, 1623; XIII, ca. November 6, 1623, September 16, 1623, October 2, 1623, 추가로, 여러 예수회 수사들이 헨리 요스를 몰의 사제로 임명되도록 지지한 편지들. 몰에 임명된 뒤에 불거진 여러 불미스러운 일은 XIII의 1624년 3월 20일, 6월 29일, 그리고 1624년 7월 13일 기록을 볼 것. 이 맨 마지막 참고 자료에 대해 마리-율리터 마리뉘스(Marie-Juliette Marinus)에게 감사한다. 이 장의 앞부분에서 언급한 헨리 요스의 회계장부도 참조할 것.

4장 절망

마가렛의 소동과 도움 요청 GZ/8, 1624년 1월 16일, 페테르 뤼시위스(Peter Lucius)가 보넌에게 쓴 글; GZ/8에 있는 마가렛의 호소는 날짜가 없다. 하지만 사건들이 묘사된 것을 보면, 날짜가 적힌 다른 사료에 기술된 사건들을 보면, 수련수녀의 물건들이 흩어져 있었다는 시기(1623년 12월)를 보면, 에반헬리스타 신부가 1624년 2월에 이 소동에 대한 최종 평가서를 쓴 것을 보면, 마가렛이 호소 편지를 쓴 시기는 1월 17일 자살 시도 이전이라고 생각한다.

마가렛의 자살 시도 GZ/8; 바르바라 원장의 짧은 기록은 27일에 쓰였는데 몇 월인지는 말하지 않았다. 그러나 그녀가 마가렛이 회복한 날짜로 언급한 성 바오로의 개심 축일이 1월 25일이므로, 1월 27일이 맞을 것이다. 역시 GZ/8에 있는 카타리나의 편지도 날짜가 없지만, 자살을 시도한 날이 1월 17일과 18일의 밤이었다고 명확히 적었다. 바르바라 원장과 카타리나의 편지는 수녀들이 청원서를 보낸 날짜와 같은 1월 27일에 송부되었다고 생각한다. : 청원서 작성 시나리오는 청원서 내용, 수녀들 사이의 관계, 그리고 여러 문서들을 참조하여 만들었다. 바르바라 원장과 카타리나가 편지를 쓰게 되는 시나리오도 마찬가지이다. GZ/5에서 1625년 1월 2일 대주교 보넌이 뢰번의 교구장에게 보낸 답변도 역시 참고할 것. 수녀 베일과 수녀복을 찢은 귀신 들린 수녀들에 대해서는 Klaits, *Servants of Satan*, 116을 참조. 악마와 연관된 야간 소동의 다른 사례들은 C. Thielemans, *Cort Verhael van het Leven der Heylighen van S. Franciscus Oirden met Haer Levende Figuren wt Diversche historie scryvers genomen* (Den Bosch, 1620)과 Maes, *Vijf Eeuwen Mechelen*을 참고. 후자의 책은 악령을 쫓는 의식을 할 때 악마의 소동이 일어난 사례를 인용하고 있다.

야코프 보넌 P. Claessens, *Histoire des archevêques de Malines*, 1 (Leuven, 1881) ; J. Lefèvre, "La nomination des archevêques de Malines sous l'ancien régime", *HKKM* 63 (1959) : 75–92; L. Ceyssens, "Jacobus Boonen", in *NBW*, 2 (Brussels, 1966) : cols. 74–89; L. Jadin, "Procès d'information pour la nomination des évêques et abbés des Pays-Bas, de Liège et de Franche-Comté d'après les Archives de la Congrègation Consistoriale, 1637-1709", *Bulletin de l'Institute historique belge de Rome* (1929) : 133–38, 148–55. 이 글은 특히 보넌에 대한 다른 성직자들의 생각을 잘 보여준다. ; G. de Munck, "Het bisdom Gent van 1609 tot 1621 : Carolus Maes (1609-1612), Franciscus van der Burch (1613-1616), Jacobus Boonen (1617-1621)", *Collationes Gandavenses* 14 (1927) : 40–45. 모세와의 비교는 미헬 자흐트모르터르(Michel Zachtmoorter), *Thalamus Sponsi, oft t'Bruydegoms Beddeken* (Antwerp, 1623)의 서문에 있다. ; 다른 칭찬은 KAM, FA, Boonen/73 (Bewind, Varia)의 *Tragicomedie, Isaacus Angelus Comnenus, Empereur de Constantinople* (Mechelen, 1628)이라는 제목의 프로그램에 실림. 대주교 관구의 모든 기관에 대한 그의 의욕적인 활동은 AAM, FK, Aarschot Begijnhof/2, 1631년 공식 방문 등에 실려 있다. ; AAM, FK, Mechelen

Leprozije/1, 1632년 법령들, 이들 자료의 여백에 그의 자필이 쓰여 있다.; ARA, RSA, 2041/1, 1625년 3월 21일, 1622년 9월 12일, 1622년 12월 31일; AAM, FA, Boonen/186 (그의 비망록), 1622년 1월 12일, 20일, 4월 27일, 5월 10일, 6월 8일, 10월 26일, 11월 10일; 1623년 1월 11일, 2월 4일, 5월 10일, 20일, 7월 9일, 10월 5일, 12월 26일; 1624년 1월 5일.

모범적인 주교들에 대해 P. 브루탱(Broutin), *Le Réforme pastorale en France au XVIIe siècle*, 2 vols. (Paris, 1956), 그리고 *L'évêque dans la tradition pastorale du XVIe siècle* (Brugge, 1953; H. Jedin, *Das Bischofsideal der Katholischen Reformation*을 브루탱이 프랑스어로 번안한 것). 끝으로 AAM, FA, Boonen/157-58, Smeekbrieven, 223에 실린 보넌에게 보낸 수많은 청원서들을 볼 것.

보넌과 마가렛 GZ/8, 카타리나가 1624년 3월 14일에 보넌에게 보낸 편지는 마가렛이 그보다 앞서 보넌에게 편지했음을 암시한다.

보넌, 수녀들, 그리고 구마 의식 L. Malherbe, "Le pastorale de Malines: Son histoire", *FM* 28 (1939): 369-88; J. Laenen, "Heksenprocessen:" *FM* 7 (1913): 181-91, 239-47, 407-18, 459-80, 537-60. 이 자료들은 귀신 들림이 의심된다고 보넌에게 보고된 여덟 명 수녀들의 사례를 적고 있다.; Lottin, *Lille*, 170 ff., 그리고 Vanhemelryck, *Heksenprocessen*, 53은 마법 스캔들과 그에 대한 성직자들의 견해를 논의한다.

5장 해결사

뢰번의 카푸친 수도사들 P. Hildebrand, *De Capucijnen*, 특히 5: 71-78; 마지못해 집을 판 사람의 이야기는 학식 있는 연대기 작가 아코뷔스 바이위스(Jacobus Baius)가 했다. 그는 자신보다 더 유명했던 같은 이름의 신학자의 조카이다.

요한 에반헬리스타 P. Leonardus, "De Capucijn Joannes Evangelista van 's-Hertogenbosch: Zijn betekenis als geestelijk schrijver", in *FL* 43 (1960): 172-83; P. Gerlachus, "Onze Ascetische Schrijvers: P. Joannes Evangelista van 's-

Hertogenbosch, 1588-1635", *FL* 14 (1931): 73-83; Hildebrand, *De Capucijnen*, 5:115-31, 6:558, 7:11, 397, 9:389-93; Fr. Clarentius, "Pater Joannes Evangelista van 's-Hertogenbosch", *OGE* 8 (1934): 369-97; S. Axters, *Geschiedenis van de Vroomheid in de Nederlanden. IV. Na Trente* (Antwerp, 1960), 47-56, 135, 302-4; "Jean-Évangéliste de Bois-le-Due, capucin, 1588-1635", *DS*, 8 (Paris, 1974): cols. 827-30.

요한 에반헬리스타와 마가렛 GZ/8, 1624년 2월 23일, 에반헬리스타가 보넌에게.

귀신 들림과 그 해결책에 대하여 Klaits, *Servants of Satan*, chapter 5; Thomas, *Religion and the Decline of Magic*; Walker and Dickerman, "'A Woman Under the Influence,'" 535-54; AAM, FK, Begijnhof Aarschot/2, 1629년 조사; 또한 AAM, FK, Bethanie Brussels/4, 1590년 공식 방문에 실린 사례.

귀신 들림 진단과 귀신 들림에 굴복함 GZ/8, 1624년 3월 28일 바르바라 노선이 보넌에게 보낸 편지; Bilinkoff, *Avila of St. Teresa*, 119; M. Hovius, *Pastorale ad usum romanum accomodatum* … (Antwerp, 1598, 1608), 특히 177; Walker, *Unclean Spirits*, 특히 8-13; Caron, ed., *Helse en Hemelse Vrouwen*; 카테리너 얀선스(Catherine Janssens)에 대해 Maes, *Vijf Eeuwen Mechelen*, 727을 참조; Midelfort, "The Devil and the German People", 109; Vanhemelryck, Heksenprocessen, 146; Klaits, *Servants of Satan*, 110.

귀신 들림의 다양한 원인 Walker, *Unclean Spirits*, 6; Midelfort, "The Devil and the German People", 111; P. Croon, *Onse Lieve Vrauwe van Hanswyck* … (Mechelen, 1670), 162-63; 안나 피흐나롤라의 1672년 간략사 기록은 위에 인용함; Thomas, *Religion and the Decline of Magic*, 480-81; Klaits, *Servants of Satan*, 111; 그리고 발커르(Walker)와 디케르만(Dickerman), "'A Woman Under the Influence.'"

구마 의식 여기 기술한 것은 대주교 호비위스의 *Pastorale*, 183-86 참조; 하지만 당시의 가장 유명한 의식은 Maximilian van Eynatten, *Manuale exorcismorum* (수많은 인쇄판) 참조; Walker, *Unclean Spirits*, 46.

주술사(mugus) 뢰번에 마르하레타 스밋(Margareta Smit)이라는 사람의 사례가 있었는데 그가 지칭한 주술사는 대장장이였다.; AAM, Fonds Dekenale Verslagen/D3, 1620.

요한 에반헬리스타의 저술 *Het Ryck Godts Inder Zielen oft Binnen U Lieden* (Leuven, 1637), 그리고 *Het Eeuwigh Leven, Qui manducat meam Carnem, et bibit meum Sanguinem, habet vitam Aeternam* … (Leuven, 1644). 에반헬리스타의 저술은 그의 사후에 출판되었지만 1620년대와 1630년대에 원고 형태로 유포되었고, 그가 고해를 듣거나 상담을 하는 동안 사람들은 분명 그 가르침을 깨달았다.

마가렛의 슬픔 GZ/8, 1624년 3월 14일, 카타리나 레이케부르가 보넌에게.

대주교 보넌의 반응 GZ/8, 1624년 3월 27일 마가렛이 보넌에게; GZ/8. 1624년 3월 28일 바르바라 노선이 보넌에게.

6장 순례자

수녀들의 외출 AAM, FK, Thabor Mechelen/3, 1650; AAM, FK, Tienen GZ/6, February 1644; GZ/8, 1625년 1월, 뤼시위스가 보넌에게; GZ/5, 1625년 1월 2일, 보넌의 글; GZ/8, 1625년 3월 14일, 카타리나 레이케부르의 글; AAM, FM, 10 (호비위스의 소책자), 1618년 6월 29일, 그리고 떠나려는 수녀들과 그것을 막는 호비위스에 대한 1618년과 1619년의 다양한 기록들.

마가렛의 외유와 스캔들 가능성 Walker, *Unclean Spirits*; Walker and Dickerman, "'A Woman Under the Influence'" 1624년 3월 27일, GZ/8, 마가렛이 보넌에게; 1624년 3월 28일, GZ/8, 바르바라 노선이 보넌에게. 이 편지는, 마가렛이 성지에 갈 경우 수녀원에 "다시" 닥칠 고난을 적고 있다. 즉 마가렛이 과거에 그곳에 갔었다는 것을 의미한다. 아마도 마가렛이 처음 수녀원을 떠났을 때였거나, 아니면 단지 그녀가 수녀원을 떠날 경우 초래될 문제점을 언급한 것일 수 있다. GZ/8, 1624년 12월 6일, 카타리나의 글은 수녀원에 돌아온 지 "3개월"이 되었다고 적고 있다.

스헤르펜회벌, 순례, 그리고 성지 P. Numan, *Historie vande Miraculen die onlancx In grooten getale ghebeurt zyn, door die intercessie ende voorbidden van die Heylighe Maget* (Leuven, 1604); P. Croon, *Onse Lieve Vrauwe van Hanswyck ...* (Mechelen, 1670), 162–63; Sumption, *Pilgrimage*, 175; Vanhemelryck, *Heksenprocessen*, 105, 114; Klaits, *Servants of Satan*, 62; Christian, *Local Religion*, chapter on chapels and shrines, 93, 94, 98, 123; Burke, *Historical Anthropology*, "Rituals of Healing"; Thomas, *Religion and the Decline of Magic*; A. Boni, *Scherpenheuvel: Basiliek en gemeente in het kader van de vaderlandse geschiedenis* (Antwerp, 1953); T. Morren, "Bastion op de 'scherpenheuve,'" in *Spectrum Atlas van Historische Plaatsen in de Lage Landen*, ed. A. F. Manning and M. de Vroede (Utrecht and Antwerp, 1981), 125 ff; Balduinus Iunius, *'t Huys der Wijsheyt* (Antwerp, 1613).

요스트 바우카르트 Boni, *Scherpenheuvel*; P. Declerck, "De priesteropleiding in het bisdom Ieper, 1626–1717", *Handelingen van het Genootschap voor Geschiedenis te Brugge*, 105 (1968): 56–59; Jadin, "Procès d'information", 30–32; L. Ceyssens, "Joost Boucakert", in *NBW*, 4: cols. 97–99; W. Verleyen, *Dom Benedictus van Haeften, Proost van Affligem, 1588–1648* (Brussels, 1983), 191–92; AAM, Fonds Dekenale Verslagen/Diest; ARA, RSA, 2042/1, and 1947/2; AAM, FK, Diest, Grijze Zusters/1; Hildebrand, "Couvent des Soeurs Grises à Iseghem."

읽었을 법한 신앙서들 마가렛이 어떤 책을 읽었는지 아무도 알 수 없다. *Bibliotheca Catholica Neerlandica Impressa, 1500–1727* (The Hague, 1954)은 1605년과 1648년 사이 출판된 5,208개의 가톨릭 저술 목록을 담고 있으나 완전한 것은 아니다. 여기서는 속어로 저술된 것을 골랐고, 특히 수도자들을 대상으로 한 저술, 특정 수녀원에 소장되거나 혹은 특정 수녀원을 위해 쓰인 저술을 선택했으며, 여러 번 인쇄되는 등 그 인기를 보여주는 증거를 제시했다. 그것들은 다음과 같다. P. van Alcantara, OFM, *Instructie om wel te mediteren, met*

meer andere Gheestelycke leeringhen ende devote gebeden (Mechelen, 1618,
1707년까지 네덜란드어로 열한 번 인쇄, 메헬렌의 클라라 수녀원에 헌정);
Bernardin de Balbano, OFM Cap, *Theylich Mysterie Van die Gheesselinghe ons
heeren Iesu Christi: Ghestelt in seven Meditatien, voor elcken dach vander weke*
(Leuven, 1607; 17세기 초 네덜란드어로 네 번 인쇄); Fulvius Androtius, SJ, *Een
Devoot Memoriael, Van die heylighe Mysterien vander doot ende Passie ons
Salichmakers ende verlossers, Jesu Christi* (Leuven, 1607); F. Vervoort, OFM,
*De Woestijne des Heeren, leerende hoe een goet kersten mensche, Christum
d'licht der warheyt sal navolghen in dese duyster Woestijne des bedroefder
wereldts* ... (Antwerp, 1613; 1650년경 네덜란드어로 열두 번 인쇄; 베긴회 부
속 진료소에 소장); Alphonsus van Madrid, OFM, *Een gulden Boecxken ghe-
noemt De Conste om Godt Oprechtelyck te Dienen* (Leuven, 1607; 17세기에 네
덜란드어로 다섯 번 인쇄); G. Spoelberch, OFM, *Sommighe Meditatien ende
Devote Oeffeninghen, opde merckelijckste Poincten vande goetheyt Godts* ...
(Leuven, 1615; 네덜란드어로 한 번 더 인쇄됨); C. Thielemans, *Cort Verhael
van het Leven der Heylighen van S. Franciscus Oirden met Haer Levende
Figuren wt Diversche historie scryvers genomen* (Den Bosch, 1620); 틸레만스
(Thielemans)의 다른 저술로는, B. de Troeyer, OFM, "De Brusselaar P.
Cornelius Thielmans: Reanimator van het Franciscanisme Tijdens de
Contrareformatie", *FR* 43 (1988): 143; J. Ferraria, OFM, *Vande dry gheloften der
Religien, alle Religieuse personen seer oerbaerlyck* (Mechelen, 1618, 두 개의 다
른 네덜란드어 인쇄판이 있음); L. Pinelli (Carthusian), *Den Costelycken
Spieghel der Religieuse Volmaecktheydt, Leerende hoe een iegelijc Religieus ver-
bonden is daer toe te arbeyden* (Antwerp, 1605; 대부분 프랑스에서 출판되거나
라틴어로 출판됨); 앤트워프 클라라 수녀원의 고해 신부인 얀 판 알런(Jan van
Alen OFM)이 번역한 *Contemplationes Idiote* (Antwerp, 1607); 보나벤투라의
ABC는 *Soliloquium oft Alleenspraecke des H. tSeraphischen Leeraer Bonaventure*

(Antwerp, 1624)의 부록이다.

마가렛의 선서와 그녀의 참회 AAM, FK, Grijze Zusters Zoutleeuw/1; Psalm 6:2-3, 6, Psalm 38:4, 그리고 Psalms 38:19, 102:8.

마가렛이 디스트에 남았을 가능성 GZ/8, 1624년 12월 28일, 바우카르트의 글; GZ/10, 1624년 8월 20일의 공식 방문; GZ/8, 바르바라 원장의 날짜 없는 글. 유명한 격정적 분노의 이미지는 시편 2장에서 추출한 것임.

7장 폭발

바르바라 벨리 GZ/8, 1624년 6월 5일의 증언; GZ/8, 1624년 11월 7일, 12월 6일, 카타리나 레이케부르의 판단; "Catalogus virginum", July 13, 1624.

마지못해 하는 고해신부들 GZ/10, 1624년 6월 25일, 요한 크라넨동크(Johan Cranendonck); J. T. Schulenburg, "The Heroics of Virginity: Brides of Christ and Sacrificial Mutilation", in *Women in the Middle Ages and the Renaissance*, ed. M. B. Rose (Syracuse, 1986), 29-72; 프란체스코회 남자 수사들의 태도에 대해 모르만(Moorman), *History of the Franciscan Order*; 도미니크회 수사들에 대해 히네뷔스(Hinnebusch), *History of the Dominican Order*; 시토회 수사들에 대해 레카이(Lekai), *Cistercians*; 베네딕트회 수사들에 대해 스미츠(Schmitz), *Histoire de l'ordre de Saint-Benoît*; 카푸친 수사들에 대해 Hildebrand, *De Capucijnen*, 9: 150 ff.; Caron, ed., *Helse en Hemelse Vrouwen*; Vanhemlryck, *Heksenprocessen*; J. Delumeau, *Sin and Fear: The Emergence of a Western Guilt Culture* (New York, 1990), 164-65; H. L. De Boer, "De Verlening van de Biechtjurisdiktie in de Germania Inferior van de 17de en 18de eeuw", *FR* 28/1 (1973): 63-125. 고해하는 여성 수도자들의 유혹에 대해 J. 빌링코프(Bilinkoff), "Confessors, Penitents, and the Identities"를 참조.

뢰번의 프란체스코회 수사들 S. van Ruysevelt, "De Franciskaanse Kerken: De stichtingen van de dertiende eeuw (vervolg): IX. Leuven", *FR* 27/3 (1972): 107-21; J. Baetens, "Minderbroederskloosters in de Zuidelijke Nederlanden,

Kloosterlexicon : 44. Leuven", *FR* 42/2 (1987) : 특히 81-105 ; B. De Troeyer,
"Bio-bibliografie van de Minderbroeders in de Nederlanden, 17de eeuw,
Voorstudies : 3. Arnold Ab Ischa (Aert van Overijse)", *FR* 32/1-2 (1977) : 3-38 ;
1618년 7월 26일, 11월 5일, 그리고 1620년 1월 3일에 자신의 비망록에서 호비
위스가 수사들에게 요청한 것 ; GZ/8, 베들레헴 고해 신부들에 대해 바르바라
노선이 1624년 초에 쓴 글 ; GZ/10, 1622년 6월 14일, 1624년 7월 18일에 쓴 노선
의 글과 다른 편지들, 그리고 1624년 8월 20일의 공식 방문 ; GZ/10, 1624년 8월
21일에 뤼시위스가 보넌에게.

바르바라 노선의 고난 바르바라 원장이 날짜를 적지 않은 편지에서 마가렛이 나
왔다는 소식을 기록한 것은 앞에서 인용했음. ; GZ/8, 1624년 8월 21일, 수녀들
의 청원 ; GZ/8, 1624년 9월 27일, 바우카르트가 보넌에게 보낸 편지.

8장 불청객

마가렛의 귀환 G. Hanegreefs, *De steenweg Diest : Leuven, 1777-1797* (Leuven,
1980)은 도로의 역사와 초창기를 다룬다. ; GZ/8, 1624년 12월 17일, 마가렛의
"내적 따스함"에 대해 카타리나가 보넌에게 ; GZ/8, 1624년 11월 6일, 바우카르
트가 보넌에게 ; GZ/1, 소소한 의식들에 대한 1626년 법령들.

귀환에 대한 반응 귀환의 줄거리, 그리고 그것이 "저녁에" 일어났다는 기록,
GZ/8, 1624년 11월 7일, 레이케부르가 보넌에게 ; 1624년 11월 6일과 12월 17일
의 레이케부르의 편지는 이 장의 다른 부분에서도 이용되었다. ; 저녁기도 후에
종을 울리는 것은 틸레만스(Thielemans), *Heylighen van S. Franciscus Oirden*을
참고 ; GZ/8, 1624년 11월 6일, 보넌에 대한 바우카르트의 반응 ; GZ/8, 보넌에
게 보낸 마가렛의 편지는 날짜가 없지만, 그 내용으로 보아 그녀가 돌아온 직후
인 1624년 11월로 보인다. ; GZ/8, 1624년 12월 18일, 뤼시위스의 글 ; 이 장에
실린 바르바라 원장의 편지들은 1624년 11월 13일, 12월 13일, 17일, 30일을 참
조. 은둔 생활에 대해서는 J. Cruls, *Le S. Sacrement* (Liège, 1881), 186-87의 제
3수도회 사례를 볼 것 ; AAM, FK, Generalia, 대주교 호비위스가 (1620년 이전

에) 프랑스어로 쓴 은둔 수도원의 법령들.

요스트 바우카르트의 베들레헴 방문 GZ/8, 1624년 12월 28일, 바우카르트가 보넌에게; GZ/8, 1624년 12월 26일, 마가렛이 바우카르트에게. 그리고 기술한 사건들로 보아 12월 15일과 31일 사이에 썼을 것으로 보이는 보넌에게 쓴 날짜 없는 두 통의 편지.

바르바라 벨리를 둘러싼 논란 GZ/8, 날짜는 없고 1624년 11월 혹은 12월에 바르바라 판 헤르선이 보넌에게; GZ/5, 1625년 1월 2일, 보넌이 뤼시위스 교구장에게. 수녀들의 청원서는 남아 있지 않지만, GZ/8의 1625년 1월 8일자 보넌의 편지에 언급되었고, 뤼시위스 교구장에게 보내졌음.

바르바라 원장의 사망 C. Vleeschouwers, "Joes van Dormael's Kroniek der Hervorming Binnen de Brabantse Cistercienserinnenabdij Hertogendaal, 1488", *OGE* 47/2 (June 1973): 173-220, 특히 192, 원장 사직의 어려움에 대해; Triest, *Itinerarium*은 많은 사례를 인용함; GZ/8, 1625년 1월 16일, 레이케부르가 보넌에게; GZ/8, 1625년 1월 22일, 바르바라 노선이 보넌에게; GZ/8, 1625년 1월 24일, 바우카르트가 바르바라의 임종에 대해 보넌에게.

2부 마가렛은 어떻게 복수를 준비하고 수녀원의 감시원이 되었는가?

9장 베들레헴의 수난

세상 종말의 메시지로서의 고난 이사야, 13:1.

마가렛이 소식을 얻는 곳 GZ/3, 1633년 10월 14-15일의 공식 방문, 수녀 두 명이 마가렛이 부엌에서 잡담을 나눈 사람으로 평신도 수녀 요리사인 요안나 스훈세터르스(Joanna Schoensetters)를 들었다. 카타리나는 마가렛이 가장 신뢰했던 사람으로 종종 언급되었다.

수녀원의 선거 권력 변동의 양태는 L. Von Pastor, *History of the Popes*, 40 vols. (London, 1932-50)와 L. Von Ranke, *History of the Popes During the Last Four*

Centuries, 3 vols. (London, 1913)에서 수많은 교황 선거 회의로 묘사되었다.; C. B. De Ridder, "Les élection abbatiales dans les Pays-Bas avant le dix-neuvième siècle", *AHEB,* 5 (1868): 315-28; AAM, FK, Black Sisters Mechelen/4, January 9, 1629, 수녀들이 자신들의 선택 이유에 대해 말한 것; AAM, FK, Grijze Zusters Diest/2, 1652년 선거와 그 다음 선거; AAM, FK, Begijnhof Aarschot/2, September 7, 1628. 아드리아나가 친구들을 다른 직책에 임명한 것은 1628년 2월 3일 마가렛의 편지에 있다. GZ/8.

공식 방문자들 GZ/8, 1626년 5월 17일, 보넌에게 보낸 것으로 추정되는 편지에서 판데르 빌이 마가렛을 평가한 내용; AAM, FA, Boonen/186 (비망록), 1626년 6월 9-10일, 수녀원에서의 보넌, 그리고 그가 마가렛과 대화한 사실을 말해 준다.; GZ/1, 1626년 법령들.

개혁 특히 앞의 "호기심 많은 독자에게"의 주(註)들을 볼 것; Vleeschouwers, "Kroniek der Hervorming", 173; Bilinkoff, *Avila of St. Teresa,* 37; Rubinstein, "Lay Patronage", 64; J. Olin, *Catholic Reform* (New York, 1990); Schmitz, *Histoire de l'ordre de Saint-Benoît,* 238; 트리엔트 공의회는 훌륭한 고해신부의 규정을 1년에 두세 번 강조했다. 또한 사제 선서의 절대적 자유, 여자 대수녀원장과 수련수녀가 되거나 수도자 서약을 할 수 있는 교회법상의 나이를 준수할 것, 수도자 서약을 위한 면담, 확고한 수습 기간의 설정, (자유롭게 떠날 수 있도록) 서약을 할 때까지 머리 자르는 것을 금지할 것, 그리고 특히 고립 생활(clausura)을 강조했다.; De Ram, *Synodicon belgicum,* 1:254.

마가렛의 상태 GZ/11, 1626년 9월 23일, 1627년 12월 6일, 레이케부르가 보넌에게; GZ/9, 1628년 3월 15일 혹은 19일, 아드리아나 트라위스가 보넌에게; 위에 인용한 2월 3일자 마가렛 자신의 편지; AAM, FA, Boonen/186, 비망록, 1627년 11월 12일. 에반헬리스타는 수사 생활을 시작하기 위해 브뤼셀 근처의 테르뷔런(Tervuren)으로 이주했다. Hildebrand, *De Capucijnen,* 5: chapter 8. 마가렛이 그 유품을 갖고자 했던 성 요셉의 미덕에 대해서는 A. De Soto, *Leven van St. Jozef* (Brussels, 1615; 2d edition 1628)을 볼 것.

공식 방문의 상대적 익명성 아드리아나가 여러 수녀들을 의심한 것은 마가렛의 1633년 공식 방문 편지에 나와 있다.

마가렛의 문자 해독 능력과 편지 작성 앞서 인용한 마가렛의 수녀 서약 면담 이후, 마가렛은 서툴게 'X'라고 서명했다. 32장으로 된 마가렛의 편지는 보통 페이지가 나뉠 때 그리고 가끔 주제가 갑자기 바뀔 때 내용이 구분되면서 총 43개 군(群)으로 나누어진다.

10장 총애

수도원 생활과 공식 방문의 주제들 배경 지식과 비교를 위해 Reynes, *Couvents de femmes*.

1628년 공식 방문 서찰들 모두 GZ/3에 있으며 방문자들의 기록도 있음.

아드리아나의 모범과 수녀원장 직무 Triest, *Itinerarium*, May 21, 1624, 아우데나르더(Oudenaarde)의 검은 수녀회; ARA, KAB, 15307(18세기 기록부)는 아드리아나가 1613년에 재무 담당관으로 서명한 것을 보여준다. 즉 그녀가 재무 담당관을 맡았을 때 스물네 살이 되지 않았다.; 1626년 법령들은 수녀원장으로서의 그녀의 책무를 개관한다. 수녀원장에게 보여야 할 경의에 대해서는 A. de Guevera, *Leeringhe der Religieusen ende Godtvruchtighe Oeffininghen* (Antwerp, 1627)을 볼 것; Ferraria, *Vande dry gheloften*; AAM, FK, Thabor Mechelen/4, 1600년 4월 28일, 경의와 복종에 대한 호비위스의 포고문.

편애 Bilinkoff, *Avila of St. Teresa*, 131; Lottin, *Lille*, 110; Harline and Put, "A Bishop in the Cloisters", Table 2; AAM, FK, Thabor Mechelen/4, *determinatio* of 1632; AAM, FK, GZ Zoutleeuw/1, 1625년 12월 법령, 24장; 베들레헴의 1626년 법령들; AAM, FK, Black Sisters Mechelen/41, 1615년과 1618년의 공식 방문; AAM, FK, Bethanie Brussels/4, 1590년 3월의 공식 방문; Brown, *Immodest Acts*, 89, 90.

부원장의 직무 Marchant, *Den Reghel*; GZ/8, 1625년 1월 16일, 레이케부르가 보년에게; 베들레헴의 1626년 법령, 4장; AAM, FK, Black Sisters Leuven/32,

1583년 공식 방문, 수녀원장과 부원장 사이의 경쟁심을 보여준다..

평신도 수녀들 베들레헴의 1626년 법령, 18장.

재산과 연금 Hereswitha, "Reguliere Kanunnikessen", 424; AAM, FK, Black Sisters Mechelen/39, 1626년 포고문; 베들레헴의 1626년 법령, 2장; AAM, FM, 6/234-234v, 1608년 9월 10일, 레스컨 네인스의 연금; Susanna Haecht, GZ/6, 1628년 10월 13일, 카타리나 레이케부르의 자필서; AAM, FM, 8/fol. 144-45, 성 모니카의 뢰번에 대해; GZ/5, 150플로린의 하사금에 대한 기록; RAG, B, M211, Begijnhof Aalst, Account of 1619; Juvyns, "La communauté de Riches-Claires", 207; Brucker, "Monasteries, Friaries, and Nunneries in Quattrocento Florence"; Schmitz, *Histoire de l'ordre de Saint-Benoît*; AAM, FK, Thabor Mechelen/4, 사적 재산을 금지하는 1592년 포고문; GZ/5, 1597년 1월 22일, 마리 스비턴의 유언; Ferraria, *Vande dry gheloften der Religien*; Guevera, *Leeringhe*; Alcantara, *Instructie om wel te mediteren*; Lekai, *Cistercians*, 368; GZ/8, Barbara van Craesbeek, 날짜 없음; Triest, *Itinerarium*, 1624년 5월 21일, 검은 수녀회 파멜러(Pamele), 1627년 4월 26일, 검은 수녀회 아우데나르더, 그리고 1643년 10월 18일, 검은 수녀회 덴데르몬더(Dendermonde).

공통 조항 베들레헴의 1626년 법령, 12장.

이야기하기 AAM, FK, Bethanie Brussels/4, 1590년 3월의 공식 방문.

11장 기부받기

1628년 이전 음료에 대한 논의 GZ/1, 1627년 12월 6일; GZ/9, 1628년 2월 3일, 3월 15일 혹은 19일, 아드리아나 트라위스에게; GZ/11, 1625년 7월 1일, 마리아 코닝크슬로로부터; GZ/1, 1626년 9월 23일, 카타리나 레이케부르로부터; GZ/8, 1627년 9월 19일, 보넌이 바우카르트에게; GZ/1, 1627년 11월 17일, 보넌의 특별 포고. 수녀들과 접촉하기를 좋아했던 아빌라의 여성들, Bilinkoff, *Avila of St. Teresa*. 심지어 폭력을 불러일으키는 창살문에 대해, J. E. Sayers, "Violence in the Medieval Cloister", *Journal of Ecclesiastical History* 41 (1990):

533-42; Schmitz, *Histoire de l'ordre de Saint-Benoît*, 237; Power, *Medieval Women*, 99. Bishop Triest, *Itinerarium*, 1624년 5월 21일, 1627년 4월 26일, 1640년 5월 20일 아우데나르더.

지참금에 대한 추가 자료 Devos, *L'origine sociale des Visitandines*, 13; Hildebrand, *De Capucijnen*, 5:332; Gruart, "Les Soeurs Grises de Comines", 62, 그리고 많은 자료들.

수녀원의 수입과 지출 RAG, B, M211/Beguinage Aalst, 1619년 회계장부의 사례들; AAM, FK, St. Gertrude's Leuven/9, 1607, 남자 수도원과 여성 수녀원의 수입과 지출을 비교한 것; P. Hildebrand, "Le couvent des Soeurs Grises à Iseghem, d'avant 1486 jusqu'en 1796", *NF* 2 (1919): 40; 그리고 AAM, FK, St. Niklaasberg/ 1625-26년의 수입 기록. 베들레헴의 기부금과 접대, GZ/7, GZ/5, 날짜가 없는 회계장부.

수녀원에서의 노동 활동적인 수도회들, AAM, FK, Grey Sisters Zoutleeuw/1, 1625년 법령들; Schoonaert, "Onderwijsstructuren Poperinge", 28, 그리고 Hildebrand, "Couvent des Soeurs Grises à Iseghem", 25, 44 (병자 간호와 학교); Van de Casteele, "Nevele", 169-70, 그리고 Gruart, "Les Soeurs Grises de Comines", 67, 70 (학교, 숙박소, 바느질); Grauwels, "Een lijkbaarkleed der Grauwzusters", 189 (장례용 관덮개 대여). 수도자 사회는 Schmitz, *Histoire de l'ordre de Saint-Benoît*, 254-55의 베네딕트 수도회(와인, 맥주, 독한 술, 숙박업)를 볼 것; P. Hildebrand, "De Kapucijnen te Leuven", *NF* 3/3 (1920): 245, 세탁업을 했던 성 수태고지(St. Annunciation) 수녀들에 대해, 그리고 AAM, FK, Bethanie Brussels/4, 1590년 3월의 공식 방문 (세탁); 뢰번의 흰색 수녀회, ARA, RSA 1947/1, 1618 (육아); AAM, FK, Blijdenberg/8, 1621년의 공식 방문 (학교); Hereswitha, "Reguliere Kannunikessen", 390 (학교); AAM, FK, Black Sisters Mechelen/57 (바느질, 하숙업 등), KAM, FA, Hovius/Processen Algemeen, 1599년 참사회 의원 퓌시위스(Pussius)의 재판, 그리고 Van de Castele, "Nevele", 169 (숙식인들과 하숙인들).

수지 장부 ARA, KAB, 15307, 베들레헴의 구문서 복사본이 포함된 거대한 18세기 기록부는, 1645년에서 1654년까지 베들레헴의 연간 평균 수입이 3,721플로린이었고 평균 지출은 3,707플로린이었음을 보여준다. 다른 해에도 지출과 수입은 거의 비슷했다.; GZ/5, 1631년 2월 13일, 전형적인 연금 조정의 사례; 그리고 ARA, KAB, 15306, 공문서로 가득한 약 가로 15센티, 세로 23센티미터의 책; Schmitz, *Histoire de l'ordre de Saint-Benoît*, 254: "여성 수도원 다수는 지속적인 불안정에 처해 있었고…… 때로는 극빈 상태였다."

우호적인 후원자들 덴 라위파르트(Den Luypaert)와 덴 수턴 인발(Den Soeten Inval)의 수도원들, Meulemans, *Atlas van Oud-Leuven*; RAA, Kerkarchieven, Mol/236bis, 요스는 유언으로 라위파르트 수도원에 유산을 남겼다. 이는 그가 그곳의 후원자였음을 뜻한다. 집사의 의무에 대한 예, AAM, FM, 8/fol. 153, 1619년 흐로트 베이하르던(Groot Bijgaarden); AAM, FK, Gasthuis St. Peter's Leuven/6, 1652년 6월 20일, 집사 봉급을 언급; AAM, FK, Jericho Brussels/1628년 9월 2일의 공식 방문, 집사와의 갈등.

어린아이들과 수녀들 Axters, *Vroomheid*, 128, 프란체스코회의 명상에 대해; Arenal and Schlau, *Untold Sisters*, 119, 190, 수녀원 예술에 표현된 어린이들에 대해.

신앙이 깊은 사람 *L'origine sociale des Visitandines*의 도입부.

12장 세속적 풍습

작은 제단들 Bange, ed., *Tussen Heks en Heilige*, 86; "Les jardins clos et leurs rapports avec la sculpture Malinoise", *Bulletin du circle archéologique, littéraire, et artistique de Malines* 22 (1912): 51-114.

덜 눈에 띄는 성가대석 AAM, FK, Mechelen Thabor /4, 1610년 2월 15일, 호비위스 포고령, 그리고 1632년 보넌의 공식 방문; Blijdenberg AAM, FK, Blijdenberg Mechelen/chart. 8, 1620년 1월 21일의 공식 방문; Weemaes, *Visitationes omnium ecclesiarum … per Carolum Masium*, 1609-1612, 28-29.

묵상 수도자들의 우월함 De Soto, *De Schofe van de Eenicheydt*; and Vervoort, *Bruydegoms Mantelken*.

성가대석의 장식 베들레헴의 1626년 법령, 1장; AAM, FK, Black Sisters/32, 판데르 빌의 공식 방문(날짜 미상); AAM, FK, Grey Sisters Zoutleeuw/1, 1625년 12월; GZ/10, 1624년 6월 20일, 문자 해독력에 대해; ARA, RSA/receipt 1594 (재무 담당관이 'X'로 서명한); Tomizza, *Heavenly Supper*, 73, "종교적 음성"에 대해; 남자 수도원의 미사 횟수에 대해, M. Ultee, *The Abbey of St. Germain des Prés in the Seventeenth Century* (New Haven, 1981); Corstjens, "De Franciscanessen van OLV-TerRivieren", 116; *Monasticon Belge*, 4(1):262; Arenal and Schlau, *Untold Sisters*, 95.

신앙의 다른 형태들 M. Cloet, *Karel Filips van Rodoan* (Brussels, 1970), 190; Pinelli, *Costelycken Spieghel der Religieuse Volmaecktheydt*; P. Camporesi and T. Croft-Murray, *The Incorruptible Flesh: Bodily Mutation and Mortification in Religion and Folklore* (Cambridge, 1988); 베들레헴 수도원 법령 9장; Marchant, *Den Reghel*; Alcantara, *Instructie om wel te mediteren*; Thielemans, *Heylighen van S. Franciscus Oirden*; Guevera, *Leeringhe*; Vervoort, *Woestijne*; GZ/10, 안나 피흐나롤라가 넌시오(Nuncio)에게, 1673년 2월 28일; Am. van Dijk, ed., *Verspreide Sermoenen van Johannes Brugman* (Amsterdam, 1948); Van de Putte, *Claren Spiegel der Waerachtiger Christelijcker Maechden*; Evangelista, *Rijk Godts*.

놀이와 의례 N. Davis, *Society and Culture*; Darnton, *Great Cat Massacre*; E. Van Autenboer, *Volksfeesten en Rederijkers te Mechelen, 1400-1600* (Gent, 1962), 72; E. Weaver, "Spiritual Fun"; Guevera, *Leeringhe*, chapter 28; AAM, FK, Grey Sisters Diest/ 1, 수녀원장의 편지(날짜 미상).

수도원 Van de Castele, "Nevele:" 184; Ferraria, *Vande dry geloften*; Brucker, "Monasteries, Friaries, and Nunneries in Quattrocento Florence", Bange, ed., *Tussen Heks en Heilige*, 84; Schmitz, *Histoire de l'ordre de Saint Benoît*; A. de

Vogüé, "Caesarius of Arles and the Origin of the Enclosure of Nuns:" in *Women in Monasticism*, ed. J. Leclerq et al. (Petersham, Mass., 1989), 16–29; J. T. Schulenburg, "Strict Active Enclosure and Its Effects on the Female Monastic Experience, ca. 500–1100", in *Medieval Religious Women. I. Distant Echoes*, ed. J. A. Nichols and L. T. Shank (Cistercian Publications, 1984), 51, 58, 63; Moorman, *History of the Franciscan Order*, 36; 베들레헴의 1626년 법령들.

수도원에 대한 스캔들과 방종 De Brouwer, *Land van Aalst*, 255, 260; Hinnebusch, *The History of the Dominican Order*, chapter 13; AAM, FK, 호로트 베이하르던, 고해신부 케레만스(Kerremans)에 대한 다양한 문서 묶음; Harline and Put, "A Bishop in the Cloisters", 239, 지험(Zichem)의 수녀들에 대해; AAM, FK, Bethanie Brussels/4, 1592년 2월 28일, 그리고 1608년 10월 8일 교구장 핀크(Vinck)의 공식 방문.

수도원 생활의 강요와 네덜란드 수녀들 Triest, *Itinerarium*, 52, Cruybeke, 1626년 5월; R. De Ganck, "Marginalia to Visitation Cards for Cistercian Nuns in Belgium", *Citeaux* 40 (1989): 236–37.

수도원의 명성 AAM, FM, 8/130, 1618년 블레이덴베르흐(Blijdenberg) 공식 방문, 그리고 AAM, FK, Blijdenberg Mechelen/72; Brown, *Immodest Acts*, 114–15; Rubinstein, "Lay Patronage and Observant Reform in Fifteenth Century Florence"; AAM, FK, Grey Sisters Diest/9, 1628년 11월 28일, 사제가 보낸에게.

창살문에 대한 추가 자료 Sayers, "Violence in the Medieval Cloister"; Schmitz, *Histoire de l'ordre de Saint-Benoît*, 237; Ferraria, *Vande dry gheloften; Bilinkoff, Avila of St. Teresa*; 베들레헴 수도원 1626년 법령의 16장; Marchant, *Den Reghel*; Hereswitha, "Reguliere Kannunikessen", 402; J.-B. Thiers, *Traité de la clôture des religieuses* (Paris, 1681); AAM, FK, Grey Sisters Zoutleeuw/1, 1625년 12월, 여자 문지기에 대한 항목 11.

수녀원에 있는 교회 창살문 P. Octave D'Angers, "Le chant liturgique dans l'ordre de Saint François aux origines", *Études Franciscaines* 75/3 (1975):

300；AAM，FK，Forst/3，바르바라 수녀에 대해；Triest, *Itinerarium*, May 16, 1624, Oudenaarde.

13장 공식 방문자들

페테르 판데르 빌 GZ/10, 베들레헴에 대한 과거 공식 방문들의 요약 (날짜 미상)；AAM, FK의 여러 파일에 있는 피터의 자필과 서명, 그리고 수많은 다른 사료 모음집을 볼 것；AAM, FK, Black Sisters Mechelen/42, December 17, 1637；Jadin, "Procès d'information"；AAM, FK, Poor Clares Mechelen/1에 있는 여러 공식 방문들；AAM, FK, Tienen Cabbeeck/ 1633 visitation；AAM, FK, Beguinage Tienen/1, 날짜 미상의 판결문(*determinatio*), 그리고 1630년 10월 9일, 사료 묶음 5에 있는 면담 요약；AAM, FK, Mechelen Leprosy House/3, 1624년 11월 7일과 1631년의 공식 방문；AAM, FK, Brussels Leprosy House/2, 1632년 판데르 빌의 공식 방문；AAM, FK, Mechelen Hospital/3, 1635년 10월 4일의 공식 방문, 1620년 3월 16일；AAM, FK, Bethanie Brussels/4, 1613년 3월 19일, 1614년 6월 27일, 1624년 1월 29일의 공식 방문들；AAM, FK, Forst/3, 1626년 이후의 공식 방문들, 날짜 미상. 총대리 대주교에게 제기된 예민한 질문들은 AAM, Fonds Amatus Coriache, 3:62, 215, 217, 221, 223, 226, 227, 229, 296에 있음. 심각한 문제들은 AAM, FK, Groot Bijgaarden/3, 1630년 4월의 공식 방문에 기록됨；AAM, FK, Beguinage Vilvoorde/2, 1629년 4월과 5월의 공식 방문. 그의 면담 책자는 AAM, FM, 9에 소재. 독일 수녀원의 사례는 Eckenstein, *Women Under Monasticism*, 417에서 발췌.

힘든 공식 방문들 AAM, FK, Bethanie Brussels/4, 1590년 공식 방문；Power, *Medieval Women*, 99；호로트 베이하르던에 대한 호비위스의 소책자；AAM, FK, Diest Cellesusters/Statutes 1625, fol. 42；Harline and Put, "A Bishop in the Cloisters"；Power, *Medieval People*, 76.

페테르 뤼시위스 AAM, Fonds Dekenale Verslagen/L3, 1619-29；AAM, FK, Florival (서명은 없지만, 내용은 자필로 기술).

공식 방문 조서, 그리고 공식 방문자들이 베들레헴에 대해 알게 된 것 각 수녀를 위한 반지는 아드리아나 트라위스의 편지에서 언급된다. GZ/9, 1628년 3월 15일 혹은 19일. 또한 GZ/1, 1627년 12월 6일, 1628년 2월 3일; GZ/3, 1669년 5월 24일의 공식 방문, 앞선 공식 방문의 조서에 대해: 뤼시위스의 기록과 1628년 공식 방문의 모든 문서, GZ/3.

수녀원장의 사임 AAM, Black Sisters Mechelen/4; 1629년 1월 9일 선거.

다른 수녀들의 편지 모두 GZ/3에 소재.

파벌 알레이디스 둘만스(Aleidis Doelmans), 야코민 더 라 하이어(Jacomyn de la Haye), 마리아 더 스멧(Maria de Smet), 안나 판덴 브룩(Anna van den Broek), 그리고 몇 명의 수녀들은 내분을 벌인 양쪽을 모두 비판했다.

안나의 좌우명 "Spijs der wormen" 혹은 "벌레를 점심식사로"는 안나만 사용한 모토는 아니다. Alcantara's *Instructie*(ST가 소장한 복사본)를 갖고 있던 17세기 말 혹은 18세기 초 베긴회 수녀인 카타리나 판 하브룩(Catharina van Habroeck) 역시 그 표현을 썼기 때문이다.

판결문(Determinatio) 작성 GZ/3, 1628년, 판데르 빌의 메모(Memoriale)와 개요; 이 공식 방문 때 판데르 빌이 작성한 여러 문서의 여백에 흘려 쓴 자필은 보넌이 쓴 것으로 보인다.

공식 방문의 결론을 신속하게 내리지 못한 것 AAM, FA, 1628년 8월 14일, 보넌 비망록의 두 차례 기록; GZ/11, 1628년 11월, 바우카르트가 보넌에게; GZ/3, February 5, 1629; AAM, FK, St. Niklaasberg Aarschot/9, fol. 63; GZ/8, 1629년 2월 3일, 마가렛이 보넌에게; GZ/8, 1629년 2월 5일, 카타리나가 보넌에게; GZ/8, 1629년 4월 21일, 마리아 코닝크슬로가 보넌에게; GZ/11, 1629년 9월, 뤼시위스가 보넌에게; 1628년 6월 6일에서 23일 사이에 두 차례 제목을 붙이지 않은 보넌 비망록의 기록, 이 글에서 그는 베들레헴을 방문할 필요가 있다고 적었다.; 1629년 10월 8일, 1630년 3월 4일; the preacher à la mode in AAM, FA, Boonen/223. 아드리아나 트라위스의 1637년 편지는, 1628년 공식 방문에 대한 판결문(*determinatio*)이 결코 수녀원으로 송부되지 않았다고 주장했는데, 이는 최종 문서가 없는 이유를 말해준다, GZ/3, 1637년 3월 19일.

수녀원장의 권위에 대한 염려 이것은 최종 판결문(*determinatios*) 구성에서도 드러나지만, AAM, CK, Grey Sisters Zoutleeuw/1, statutes, point 4에 있는 규정들에서도 알 수 있다. 즉 원장은 "자신의 권위가 손상되지 않도록" 신 앞에서 혹은 고해신부 앞에서만 죄를 고백한다.

재정 담당관의 선출 GZ/8, 1629년 8월 6일, 카타리나 레이케부르로부터; GZ/4, 1629년 8월 20일, 투표에 대한 교구장 뤼시위스의 개요글.

마가렛의 상태에 대한 심리 GZ/8, 1630년 9월 12일.

용이한 공식 방문 Triest, *Itinerarium*, May 21, 1624, Black Sisters Pamele: *Omnia hic utcunque bene ordinata fiunt et tranquille et exemplariter vivunt.*

3부 마가렛이 힘들게 얻은 승리는 어떻게 일부 실패로 돌아가게 되었는가?

14장 합리화

뢰번의 포위와 일부 수도회의 피난 Claessens, *Histoire des archevêques*, 277; P. Guilday, *The English Catholic Refugees on the Continent, 1558-1795* (London, 1914), 383.

1633년 베들레헴 공식 방문 GZ/1과 GZ/3에 있는 모든 문서. 이 파일에 있는 판데르 빌의 글은 순서가 없고 날짜도 적혀 있지 않지만 1633년도 자료인 것으로 보인다. 일부 글은 1633년도 혹은 1637년도 글로 보이는데, 그만큼 같은 주제의 글들이 많다는 것을 말해준다.

잃어버린 1633년 판결문 GZ/3, 1637년 3월 19일, 아드리아나 트라위스로부터.

뢰번의 전염병 Guilday, *English Catholic Refugees*, 383.

마가렛의 귀환 GZ/8, 날짜가 적히지 않은 여러 문서들, 특히 1636년 4월 16일 판데르 빌의 편지와 1636년 5월 23일 휘버르트(Hubert)와 베르하이흐너

(Bergaigne)의 편지; 귀환에 관한 문서는 모두 바우카르트가 작성한 것이다. 즉 "Heymelijcke Instructie" (July 10, 1636), "Secreta Instructio Matris", 그리고 "Jacob byder gratie Godts" 등이다.

카타리나의 죽음 베들레헴 수녀원의 사망자 명부는 남아 있지 않다. 그녀가 사망한 시점에 대한 직접적인 증거도 없다.; 하지만 GZ/3, 1637년 3월 13일, 판데르 빌은 카타리나가 더 이상 자신들과 함께 있지 않다고 슬퍼했다. 그녀의 사망 시기에 대한 단서는 1635년 새 부원장 선출에서 찾을 수 있다.

안나 피흐나롤라를 부원장으로 선출 GZ/2, 1635년 2월 14일, 면담 기록, 그리고 그 다음날 파리다뉘스(Paridanus)의 편지.

수녀원에 대한 반영구적인 공식 방문에 대해 Verleyen, *Benedictus van Haeften*, 181; AAM, FM, 140/fol. 199v, 1616, 그리고 8/163, 1619, 예리호(Jericho) 수녀원을 위해; AAM, FM, 8/fol. 147, 1618, 뢰번의 검은 수녀회.

1637년 헨리 요스의 추방 1637년 3월 9일, 보년의 비망록. 요아스가 소식을 듣는 장면은 당시의 여러 사건들과 이후 요스가 베들레헴과 나눈 서신들에 기초하여 내가 구성한 것이다. 특히 1637년 3월 19일, 아드리아나가 판데르 빌에게 보낸 편지를 참고했다. GZ/3. 아드리아나와 요스가 바우카르트의 공식 방문에 대해 의견을 교환했다는 것이 내 추측이다. 그들은 3월 22일로 예정된 수련수녀의복식에 대해 분명 서신을 나누고 있었기 때문이다. 교구장 마나르츠(Mannarts)도 1637년 공식 방문 후에 판데르 빌에게 1618년의 요스 추방에 관한 서류를 요청했다.; GZ/3, 1637년 3월 13일, 판데르 빌로부터. 브리(Bree)의 고해신부, Corstjens, "De Franciscanessen van OLV-Ter-Rivieren", 91.

공식 방문에 대한 페테르 판데르 빌의 반응과 옛 사건들에 대한 그의 지식 1637년 3월 13일자 그의 편지와 비슷한 시기의 날짜 미상 편지들은 그가 알고 있었던 것과 그의 감정에 대한 단서를 가장 잘 보여준다.

요스트 바우카르트의 반응 수녀들이 1637년 공식 방문에 대해 불만을 토로하고 그 취소를 요청하는 편지를 페테르 판데르 빌에게 계속 보냈다는 사실을 바우카르트 자신이 기록했다. 바우카르트의 반응은 1637년 3월 21일, 4월 6일, 4월

14일의 편지들에서 볼 수 있다. GZ/1, 1637년 5월 20일, 그의 최종 판결문 (*determinatio*)과 그 초안.

정례 선거의 가능성에 대해 타보르(Thabor)에서 1634년에 새 부원장과 재무 담당관이 선출되었고, 1637년에 판데르 빌은 수녀들이 그들의 직무 수행을 계속 원하는지 알아보기 위해 다시 방문했다.; AAM, FK, Thabor Mechelen/3. 디스트에 있는 회색 수녀회 수녀원은 원장 임기 3년이 다 되었다는 이유로 1652년 선거를 실시했다.; AAM, FK, Grey Sisters Diest/2. 헨트에 있는 브리히티너 (Brigitinne) 수녀원에서 대수녀원장과 부원장은 직위에서 해임되었을 뿐만 아니라 그 도시에 있는 회색 수녀회 수녀원으로 보내졌다.; Triest, *Itinerarium*, 240. Verleyen, *Van Haeften*, 188, 1623년 알스트(Aalst)의 검은 수녀회에 대하여, 이 글은 리더십을 둘러싼 혼란을 해결하는 다른 방법을 적고 있다. 즉 수녀들이 보기에 중립적인 입장을 가진 외부인을 영입하는 것이다. AAM, CK, Grey Sisters Zoutleeuw 11, Statutes, 1625년 12월, 3장, "새 수녀원장 선출에 대해"도 볼 것: 현 수녀원장이 만족스러운 경우를 제외하고는 교황 레오 10세의 규정에 따라 3년마다 선출하도록 했다. 브리(Bree)의 성모 테르-리퍼덴(Our Lady Ter-Rivieren), 수녀원에서는 17세기 초에 한 수녀가 아홉 번이나(연속으로는 아니지만) 수녀원장으로 선출되었다. 이는 두 세력 사이에서 왔다 갔다 하는 수녀원 내부의 전형을 보여준다. 이 수녀원은 해당 시기에 3년 임기를 한 차례 이상 재직한 수녀원장이 한 명도 없다.; Corstjens, "De Franciscanessen van OLV-Ter-Rivieren", 96-100. Groart, "Les Soeurs Grises de Comines", 84-85, 이 논문은 1481년에서 1787년 사이에 이 수녀원의 원장으로 파악된 27명의 재임 기간이 약 8년이었음을 보여준다(그 사이 몇 개의 누락된 정보가 있지만). 그중 여러 명은 새 수녀원을 이끌기 위해 그만 두었고, 또 다섯 명은 다른 시기에 두 차례 원장을 맡았다(이는 원장이 사망하지 않은 때에도 선거가 시행되었다는 것을 보여준다). 그들 중의 한 명은 1582년에서 1610년 사이에 28년간 수장이었다. 메헬렌의 가난한 클라라 수녀원에는 1500년에서 1783년 사이에 23명의 수녀원장이 있었다. 즉 그들의 평균 재임 기간은 약 12년이었다.; De Backer, *Het Arme*

Klaren Klooster, 111을 볼 것. 재임 기간은 수녀원마다 달랐지만, 수녀원장이 강력하거나 존경을 받거나 혹은 둘 다일 경우에 사실상 죽을 때까지 재임하는 것이 보통이었다.

보넌이 바우카르트를 신임한 것에 대해 여러 가지 신임의 표시가 있는데, 1637년 12월에 보넌은 바우카르트가 공석인 덴 보스(Den Bosch)의 주교로 고려되고 있다고 기쁘게 기록했다.; 보넌 비망록, 12월 10일.

15장 항복

강행에 대한 항의 앤트워프 주교의 견해, C. B. De Ridder, "Rapport adressé au Souverain Pontife, Paul V, par Malderus … en 1615", *AHEB* 1 (1864) : 113. 가짜 사제, G. Bernanos, *Diary of a Country Priest* (New York, 1986; 프랑스어로 된 원저의 번역본), 83. 대주교 관구의 본당 수와 수도원 수는 증가하는 추세로 유동적이었다., 보넌이 로마에 보낸 보고서; J. Paquay, *Les rapports diocésains de la province ecclésiastique de Malines et du diocèse de Liège* (Tongeren, 1930), 2-4, 9-10, 14, 23을 볼 것.

보넌의 한계 디스트의 회색 수녀회에 대한 견해, AAM, CK, 1625 법령. 티넌 (Tienen)에서의 실패, AAM, CK, Beguinage Tienen/1. 그레노블(Grenoble)의 주교, P. Broutin, "Les visites pastorales d'un évêque au XVIIe siècle", *Nouvelle revue theologique* 71 (1949) : 942.

여성에 대한 판 하프턴(Van Haeften)의 견해 Verleyen, *Van Haeften*, 194-95.

1638년 판데르 빌의 공식 방문 GZ/1, 1638년 5월 27일. 자신의 편지에서 다시 진술함. 바우카르트가 자기 교구 보고서를 판데르 빌에게 보내고, 판데르 빌이 그 여백에 지시 사항들을 작게 적어서 바우카르트에게 보낸 것이 두 사람의 갈등 해소에 도움이 되지는 않았다. 하지만 스헤르펜회벌 성지에서의 지위 및 마가렛과의 연관 때문에 바우카르트는 대주교 보넌과의 특별한 관계를 향유했다.

잃어버린 1637년 판결문에 대한 아드리아나의 편지 GZ/10, 1639년 8월 6일. 아드리아나의 변명에 대한 바우카르트의 반응, GZ/10, 1639년 8월 19일. 문서 내용을 바꾼 사례를 보면, 1689년 공식 방문에서 뢰번의 검은 수녀회에 제기한 20개의 질문 중에 두 개는 교구장이 최근의 공식 방문 포고문을 변조했다는 일부 수녀의 고발과 관련된 것이었다.; AAM, CK, 뢰번의 검은 수녀회. 그러므로 그런 일들이 일어나지 않은 것은 아니었다.

베들레헴 관할권 보넌의 편지, 1639년 4월 8일, GZ/ 10. 아마도 보넌의 요청으로, 판데르 빌은 수년간 베들레헴에 행해진 감독 방문의 횟수를 적은 문서를 1638년 혹은 1639년에 작성했다. 자신의 기억과 기록에 의존하여 판데르 빌은 공식 방문이 1611년, 1616년, 1624년, 1626년, 그리고 1628년, 1633년, 1637년, 그리고 1638년에 있었다는 것을 기록했다. 분명 1638년 이후에 작성되었으나 날짜 미상인 GZ/10의 문서를 볼 것.

관할권에 대한 로마 및 다른 곳에서의 공식 서한 GZ/10, 1638년, 1639년; 주교좌 성당 참사회 문서들은 KAM, FA, 보넌(Boonen)의 Bundle 73에 있으며, 관할권에 관한 서류들로 가득하다. 그중 하나는 1639년 3월 30일자이고, 다른 것은 1640년 6월 8일자이며, 다른 많은 문서는 날짜가 적혀 있지 않다.

16장 결말

죽어가는 사람에 대한 보살핌 GZ/1, rule, 그리고 1626 statutes, chapter 14; C. Leutbrewer, OFM, *Gulde biecht-konste om op den tijdt vanmin als twee uren sich te bereyden tot een generale biechte van heel syn leven, sonder peryckel van eenighe doodt-sonden achter te laten* (Brussels, 1646), 이후에 나온 13쇄 인쇄본도 함께; J. van Gorcum, *Troost der Siecken* (Antwerp, 1644), 여러 개의 초판본도 함께; Marchant, *Af-beeldinghe*.

마가렛 사망 선고 GZ/3, 1648년 12월 18일, 아마 당시 뢰번의 교구장이었던 헤라르트 판 레이던(Gerard van Reijden)이 대주교 관구 관리에게(당시 교구장이 누구였는지 아무도 모르지만 그였을 가능성이 있다). 수녀원의 사망 기록부는 남아 있지 않다.

에필로그

또 다른 마가렛 AAM, FK, Black Sisters Leuven/32, 판데르 빌의 날짜 미상 공식
방문; AAM, FK, Bethanie Brussels/4, 1590년 공식 방문; Triest, *Itinerarium*, 65,
121, 158, 492; GZ/10, 1666년경 안나 피흐나롤라의 날짜 미상 편지.

헨리 요스의 운명 AAM, FK, St. Gertrude's Leuven/3-4; AAM, Dekenale
Verslagen/L3, 1628, 뤼시위스의 기록; RAA, Kerkarchieven, Mol/3-4, 82, 796,
236bis, and BAA, Parochialia Mol, 11-13; T. I. Welvaerts, "Geschiedkundige
Bijdragen over de Voogdij van Molle," *Het Kempisch Museum* (1890), 디스트에
있는 그의 무덤과 사망에 대해; RAA, Voogdij MolBalen-Dessel, 208/1. 그의 나
이가 어느 문서에도 언급되지 않은 점에 주목할 것. 만약 그가 성 제르투르다에
서 시작하여 1604년에 베틀레헴에 갔다면, 25세와 30세 사이였을 것이다. 그렇
다면 1615년경에 마가렛과 최초 스캔들이 일어났을 때는 35세에서 40세 사이였
고, 1624년에 몰로 떠났을 때는 45세에서 50세 사이였다. 그리고 1638년에 디스
트에서 사망했을 때는 60세에서 65세 사이였다.

페테르 판데르 빌의 운명 보넌 비망록, July 22, 1641; KAM, Personalia/438; J.
Baetens, *Verzameling van Naamrollen betrekkelijk de kerkgeschiedenis van
Mechelen*, 3 vols. (Mechelen, 1881); J. Schoeffer, "Archidiaconorum Ecclesiae
Metropolitanae Mechliniensis Notitia Chronologica" (Ms. 1845, AAM).

요스트 바우카르트의 운명 Jadin, "Procès d'information"; P. de Clerck, "De
Priesteropleiding in het bisdom Ieper, 1565-1626," *Annales de la Société
d'émulation de Bruges* 100 (1963): 7-67; J. Philippen, "Joost Bouckaert,
Pastoor van Scherpenheuvel, Overste van de Oratorianen Aldaar, Landeken van
Diest, Bisschop van Ieper," *Oost-Brabant* 28 (1991): 56-61; AAM, FA,
Boonen/192; ARA, KAB, 23349 (그의 묘비로 보이는 것에 새겨진 비문).

야코프 보넌의 운명 ARA, RSA, 945, AAM, FA, Boonen, 223, 그리고 지출금은
KAM, FA, 223; KAM, FA, Boonen/73, August 13, 1644, 신앙에 대해;
Ceyssens, "Boonen," *NBW*, 그리고 "Les dernières années de Boonen,

archevêque de Malines," *Augustiniana* 11 (1961): 87-120, 320-35, 564-82; KAM, FA, Boonen/74 (유언); KAM, FA, Boonen (도서관의 재산 목록).

베들레헴의 운명 P. Carolo van Coundenhove, OFM, *Provinciae Germaniae Inferioris Compendiosa Descripto* (n. p., 1680), 8; GZ/10, October 17, 1646, from Steenbergh; GZ/3, GZ/1, 1663년, 1664년, 1669년, 그리고 1671년 공식 방문; 1635년과 1660년 사이에 '부원장'으로서 GZ의 수많은 파일에 나오는 안나, 그리고 아드리아나가 계속 수녀원장이던 시기는 ARA, KAB, 15307; 세속적인 문제들에 대해 GZ/8, GZ/5, 그리고 GZ/11; 관할권 문제를 질질 끈 것에 대해 GZ/10; 뢰번에서의 소송에 대한 다른 문서들, SAL, 3331, 3332, 4272; 수녀들의 사망 이후, ARA, KAB, 15309, November 7, 1693; 도움을 요청하는 탄원, GZ/3, October 3, 1693; GZ/11, November 7, 1695; GZ/3, 1695년 공식 방문; 1717년과 1793년의 부유한 신입 입회자들, SAL 4279; Van de Castele, "Nevele," 프랑스 혁명 중 수녀원 폐쇄에 대해; 베들레헴의 수녀원장 마리아 테레사 (Maria Theresa)의 문서 양도 거부, ARA, Dijledepartement, 2035, 폐쇄된 수녀원 의 물품 분리, Trente Vendémiaire, neuf heures du matin, Ans 5.

감사의 말

이 연구에 도움을 준 미국국립인문학기금, 아이다호 대학교 연구위원회, 브리검영 대학교의 사학과, 가족·가정·사회과학대학, 그리고 여성연구소에 감사를 표한다. 나는 미국철학회의 연구비를 받고 다른 프로젝트를 수행하는 중에, 이 연구의 토대가 된 중요한 사료들을 발견했다.

역사가가 책 한 권을 펴내는 데 도움을 준 기록보관소 담당자들과 사서들에게는 아무리 감사를 표해도 결코 지나치지 않다. 먼저, 여전히 훌륭한 콘스탄트 판더 빌 교수는 메헬렌-브뤼셀 교구 서고의 풍부한 사료 모음을 체계화하기 위해 문서고 계승자인 알로이시위스 얀스 씨와 함께 너무도 열심히 작업해주었다. 또한 당시 성 트라위던st. Truiden의 프란체스코회 교구 문서고에 있던 요섭 바턴스 형제와 그의 조교 알프레드 페리, 그리고 브뤼셀의 알헤메인 국립기록보관소, 헨트의 국립기록보관소와 앤트워프의 국립기록보관소, 뢰번의 시 기록보관소, 뢰번의 시 박물관, 그리고 브뤼셀 왕립도서관의 직원들에게 감사한다.

벨기에의 동료들과 친구들에게 진 빚도 크다. 특히 내가 처음 벨기에에 도착했을 때부터 나를 환영하고 격려해준 뢰번 가톨릭 대학교의 미헬 클룃, 같은 대학의 얀 루히르스, 브뤼셀 알헤메인 국립기록보관소의 에디 퓌트에게 감사한다. 그리고 마리-율리터 마리뉘, 히도 마르너프, 발터르 프레베니르, 한스 스토르머, 마르크 테리, 헤오르히 페르베이크, 헤르만과 모니크 판데르 베, 요한 페르베르크무스, 그리고 그 외 사람들이 고대와 근대 네덜란드의 사료, 해석, 장점들에 대해 해준 조언언에 감사한다.

루디 벨, 요디 빌링코프, 톰 브래디, 캐런 카터, 켄트 하크만, 마사 하웰, 카린 매카디, 셔린 마셜, 시어도어 랩, 허버트 로웬, 카를로스 스반터스, 월터 시몬스, 밥 스크리브너, 그리고 제임스 트레이시 등 모두가 이 책을 만드는 데 기여했다. 수업에 쓰기 적합하도록 분량을 줄인 페이퍼백본을 준비할 것을 처음으로 제안한 에리카 럼멜에게 특히 고마움을 표하고 싶다. 루이 페로드는 교회 라틴어에 대한 전문 지식 외에 많은 도움을 주었다. 존 웨어는 원고를 한 번이 아니라 두 번씩이나 떠맡아주었고, 톰 카힐, 롭 라딕, 그리고 더블데이 출판사의 트레이스 머피, 특히 예일 대학교 출판부의 찰스 그렌치, 필립 킹은 책에 새로운 생명을 불어넣어 주었다.

마지막으로 폴라, 앤드루, 조너선, 케이트는 기꺼이, 열정적으로, 때론 불편한 외국에 함께 여행하고, 내 삶을 더 풍요롭게 하고, 수녀들이나 다른 주제를 연구하는 이유를 항상 상기하면서 균형 잡힌 시각으로 연구할 수 있게 도와주었다.

옮긴이의 말

　수도원이나 수녀원은 '금욕적인 삶'을 연상시킨다. 우리는 세상을 떠나 은둔하는 삶을 살면서 기도와 명상, 가난과 순종, 경건한 노동을 통해 신에 헌신하는 수도자들의 엄숙한 생활을 경이로운 마음으로 상상하게 된다. 더구나 여성 수도자들이 거처하는 수녀원은 마치 '비밀의 사원'처럼 그 내부 생활을 엿보고 싶은 궁금증과 호기심을 불러일으킨다. 세속과 담을 쌓은 수녀원 내부의 모습은 어떠했을까?

　이 책의 저자인 크레이그 할라인은 우리를 17세기 유럽의 한 조그마한 수녀원으로 안내한다. 이야기는 스페인령 네덜란드 즉 지금의 벨기에에 있던 베들레헴이라는 수녀원이 배경이다. 저자가 벨기에의 기록보관소에서 찾아낸 한 다발의 자료에는 베들레헴의 수녀들이 남긴 생생한 육성이 담겨 있었고, 그 중심에는 마가렛 스밀더르스라는 수녀가 있었다. 동료 수녀들에 의해 '귀신 들린' 수도자로 몰려 신부의 구마(퇴마) 의식을 받기도 했던 그녀는 자신의 눈에 비친 수녀들의 온갖 부도덕한 처신과 수녀원 안팎에서 벌어진 다채롭고 놀라운 장면들을 고발하는 수십 통의 편지와 기록을 남겼다.

　당시 유럽은 16세기 종교개혁 이후 교황과 가톨릭의 교권에 대한 도전과 저항이 이어졌고 수도원들도 큰 위기에 봉착했다. 많은 수도원이 폐쇄되고 수도자들은 추방되었고, 살아남은 수도원과 수도자 들은 개혁에 힘을 쏟아 구제나 봉사활동 등 일반인에게 도움을 주는 사회활동을 강화했다. 병자 치료와 간호, 빈민 구제와 구호, 혹은 타락한 여성 선도 등을 목적으로 하는 수도원들이 세워지기도 했다. 종교개혁에 대응하기 위해 열렸던 트리엔트 공의회는 교회 내의 권한 남용과 퇴폐 근절, 성직자 계층의 기강 확립 등의 개혁 법령을 통과시켰다. 수도회 문제도 중요 의제로 다루어 수도자 칙령을 발표했는데, 이 칙령은 각 수도회가 다양한 모습으로 일반 민중에게 다가갈 수 있도록 수도회의 독자성과 수도자의 면책 특권을 인정해주었다. 이 책은 이러한 시대적 배경 속에서 가톨릭의 관할 교구 및 수도원에 대한 성직자들의 관리, 대주교, 귀족-주교, 교구 신부, 수사 등 성직자 사회의 역할, 그리고 수도원 내부의 모습과 활동을 보여주며 가톨릭 종교개혁의 모습을 추측해볼 수 있게 한다.

사실 베들레헴 수녀원이 있던 벨기에는 한때 프로테스탄트 세력에 넘어갔다가 예수회의 노력으로 다시 가톨릭으로 돌아온 지역이었다. 가톨릭교회와 교황의 권위를 회복하는 데 앞장섰던 예수회는 그리스도의 삶과 고난 그리고 부활에 동참하는 영적 체험을 할 수 있도록 신앙인의 영성 수련과 신비 체험을 중시했는데, 신과의 합일 체험은 수도자나 성직자 같이 신이 선택한 특별한 사람에게만 나타나는 기적으로 인식되었다. 일반인들도 노력을 통해 은혜 체험이 가능하다고 인정된 것은 17세기였다. 마가렛 스밀더스 수녀가 병을 치유하기 위해 머물렀던 성지에도 그러한 은총과 기적을 바라는 사람들의 발길이 끊이지 않았다. 또한 이 시기는 유럽에서 약 10만 명의 여성이 마녀재판을 받고 그중 절반이 교수형이나 화형으로 사형당한 '마녀사냥'의 시대였다. 희생자 대부분은 가난하고 늙었거나 독신 또는 과부였는데, 이 책은 마녀로 몰린 여성들 중에 수녀들도 다수 있었음을 기록하고 있다.

베들레헴은 지역에서 가장 초라한 수도원에 속하는 소규모 수녀원이었다. 스물한 살의 나이에 수녀원에 발을 들여놓게 된 마가렛 수녀는 예순다섯 살에 사망할 때까지 수녀 20여 명과 지내면서 겪은 수난의 역사를 자세히 남겼다. 당시 베들레헴이 있던 뢰번을 비롯하여 주변 지역에는 여성 수도자의 수가 많았고, 특히 수녀원이 개혁에 대한 요구에 직면해 있었으며, 마가렛은 그러한 개혁의 선봉에 있었던 것으로 그려진다. 그녀는 수녀원을 더 엄격하게 유지하고, 성가를 주의 집중하여 부르고, 근면하게 노동하고, 검소하게 옷을 입고, 기도를 열심히 해야 한다는 원칙주의자의 모습을 보인다. 하지만 다수의 동료 수녀들은 이러한 마가렛 수녀의 주장을 수녀원 내부에 분란과 분열을 일으키는 것으로 치부한다.

마가렛이 남긴 편지들은 열정, 회한, 분노, 절망 등 극도의 개인적인 감정을 담고 있다. 편지 내용 중에 흥미로운 점은 마가렛 수녀가 우울증, '귀신 들림'으로 진단받고 수녀원 안에서 신부의 구마 의식 치료를 받는 장면이다. 하지만 더 놀라운 내용들이 마가렛 수녀의 편지들에서 드러나는데, 바로 마가렛이 상급 성직자들에게 고발한 수녀원장과 수녀들의 부도덕한 실상이다. 마가렛 수녀가 고해신부에게서 당한 '성적 굴욕'과 그에 이은 자살 시도를 비롯하여, 외부 남자들을 '밝히는' 수녀들의 모습, 수녀들 사이의 동성애적 애정 관계, 수녀원 안에서 외부인들과 벌이는 음주 파티, 수녀원 내의 축제와 밖으로의 잦은 외유, 무성의하고 경건하지도 않은 성무일도 모습 등은 믿기지 않는 내용이다.

더구나 이 수녀들은 자매애와 청빈, 금욕의 삶과도 거리가 멀어 보인다. 수녀들은 입회할 때 가져온 개인 재산에 따라 불평등한 처지에 놓이게 되며 식사 외의 모든 필요한 것을 각자 알아서 마련해야 했다. 한때 수녀원을 떠나 있어야 했던 마가렛 수녀는 결국 생계비를 빚질 수밖에 없었다. 부유한 수녀와 가난한 수녀의 구별은 수녀들 사이의 편 가르기와 따돌림으로 이어진다. 만성적인 기금 부족, 재정 적자에 시달리는 수녀원은 결국 정신 수행이 목적이 아니라 돈을 벌기 위한 '노동'으로 수녀들을 내몰게 된다. 수녀들은 지역사회 후원자들의 기부를 얻기 위해 세탁, 재봉, 다림질, 음식 장만, 아이 돌보기 등 온갖 봉사에 나선다. 일부 수녀는 성가대석이나 성물함을 촛불이나 꽃 장식으로 과도하게 꾸미는 사치를 보이기도 한다.

당시 베들레헴 수녀원에서 벌어진 일들이 단순히 이 수녀원만의 일은 아니었을 것이다. 트리엔트 공의회 이후 요구된 규약에 따라 수녀원의 생활을 변화시켜야 했고, 그 점에서 당시 수도원 생활은 새로운 도전에 직면한 것으로 보인다. 이 과정에서 고위 성직자와 하위 성직자, 남자 성직자와 여자 수도자, 수녀원장과 수녀들, 수녀와 수녀, 수녀와 평신도 사이에 다양한 갈등이 노정되었다. 남성 수도원은 수녀들의 고백성사를 맡아줄 수사나 신부들의 파견을 거부하기도 하고, 수녀원장은 수녀원 내의 차별 대우를 묵인하거나 조장하며, 수녀들은 먹을 것과 입을 것이 풍요로운 부자 수녀 곁에 모여들고, 지역의 평신도는 수녀원에 기부를 한다는 명목으로 수녀들의 지극정성 노력과 봉사를 요구했다. 수도원의 '고립 생활'이라는 규약도 거의 지켜지지 않았다. 수녀원을 관리, 감독해야 할 교구와 대주교 등 상급 성직자들이 보여준 우유부단함과 무능력도 베들레헴 수녀원을 갈등과 소란의 소용돌이에 빠져들게 하는 데 한몫을 한 것으로 보인다.

이 책은 17세기 서유럽의 거시사가 다루지 못한 수도원 내부의 미시사를 흥미롭게 구성한 역작이다. 주류 역사를 다루는 책도 아니고 옮긴이 역시 유럽 종교사의 전공자가 아님에도 불구하고 이 책의 출간을 흔쾌히 결정한 도서출판 책과함께의 류종필 대표께 고마움을 전한다. 그리고 네덜란드어 사전을 뒤져서 인명과 지명을 교정하고 꼼꼼한 편집에 힘써준 편집부에도 감사를 표하고 싶다. 이 책이 수녀원의 내밀한 일상을 궁금해하는 독자들에게 재미와 경탄을 함께 안겨주기를 기대한다.

2012년 10월
이영효

마가렛 수녀는 왜 모두의 적이 되었는가

1판 1쇄 2012년 10월 25일

지은이 ㅣ 크레이그 할라인
옮긴이 ㅣ 이영효

편집 ㅣ 최연희, 천현주, 박진경
마케팅 ㅣ 김연일, 이혜지, 노효선
표지디자인 ㅣ 석운디자인
본문디자인 ㅣ 글빛

펴낸곳 ㅣ (주)도서출판 **책과함께**
　　　　주소 (121-840) 서울시 마포구 서교동 395-178 영산빌딩 201호
　　　　전화 (02) 335-1982~3
　　　　팩스 (02) 335-1316
　　　　전자우편 prpub@hanmail.net
　　　　블로그 blog.naver.com/prpub
　　　　등록 2003년 4월 3일 제25100-2003-392호

ISBN 978-89-97735-10-5 (03920)

이 도서의 국립중앙도서관 출판시도서목록(CIP)은
e-CIP 홈페이지(http://www.nl.go.kr/ecip)와 국가자료공동목록시스템
(http://www.nl.go.kr/kolisnet)에서 이용하실 수 있습니다.
(CIP제어번호: CIP2012004563)